YUNDONG SUNSHANG YU FANGHU

运动损伤与防护

刘 楠 杨虎强 刘 凯 主编

北京体育大学出版社

策划编辑： 韩培付　史仲华
责任编辑： 曹晓燕
责任校对： 仝杨杨
版式设计： 李　鹤

图书在版编目（CIP）数据

运动损伤与防护 / 刘楠，杨虎强，刘凯主编 . 北京 ：北京体育大学出版社，2024. 7（2025. 2重印）.
ISBN 978-7-5644-4156-2

Ⅰ . R873

中国国家版本馆 CIP 数据核字第 2024DB9740 号

运动损伤与防护
YUNDONG SUNSHANG YU FANGHU
刘　楠　杨虎强　刘　凯　主编

出版发行：北京体育大学出版社
地　　址：北京市海淀区农大南路1号院2号楼2层办公B-212
邮　　编：100084
网　　址：http：//cbs.bsu.edu.cn
发 行 部：010-62989320
邮 购 部：北京体育大学出版社读者服务部 010-62989432
印　　刷：河北鸿运腾达印刷有限公司
开　　本：787mm × 1092mm　　1/16
成品尺寸：185mm × 260mm
印　　张：17
字　　数：371千字
版　　次：2024年7月第1版
印　　次：2025年2月第2次印刷
定　　价：58.00元

编委会

主　编：刘　楠　杨虎强　刘　凯

副主编：王玉斌　许　华

编　委：马　璐　云南体育运动职业技术学院

王玉斌　山西体育职业学院

公璐璐　广西体育高等专科学校

平　静　山西体育职业学院

许　华　山西省体操武术运动中心

许志强　山西医科大学第一医院

刘　凯　长治学院

刘　楠　山西体育职业学院

许薇娜　山西体育职业学院

宋子凡　广东体育职业技术学院

杨虎强　山西体育职业学院

杨　莹　湖南体育职业学院

侯德红　广东科学技术职业学院

董垭峰　中山市体育运动学校

免责声明

前言

感谢您采用我们撰写的《运动损伤与防护》作为教材。本教材配有在线开放课程，您可以登录智慧树网（或手机下载“知到”App），搜索“运动损伤与防护”课程，观看线上资源。团队竭诚为师生服务，帮助学生学好相关技能，配合老师讲好这门课。

“运动损伤与防护”课程是体育类专业的基础课或核心课。它也可以作为面向高校各个专业对运动损伤处理和损伤康复感兴趣的同学们开设的选修课，同时还面向社会学习者提供学习平台和资源。

本教材由院校、行业、企业合作开发，共包括6个模块，每个模块包含多个任务，均有清晰模块导读和学习目标，每个任务包括情景导入、任务要求、任务说明、任务准备、任务实施、思政园地、任务评价板块。本教材围绕防护优先原则，介绍运动损伤与防护的基本原理、工作内容、技术手段；按照损伤救护流程，示范基本的运动损伤救护技术和常见运动损伤处理方法；立足常见的具体运动损伤，分析损伤原理，讲解评估方法，串联训练思路，展示贴扎技术，总结生活管理知识。

与以往相关教材相比，本教材主要有以下特色：

（1）落实立德树人根本任务。本教材围绕中国学生发展核心素养和中华体育精神两条主线，在“推进健康中国建设”“加快建设体育强国”的进程中弘扬中华体育精神，讲好中国故事，引导学习者肩负起建设体育强国、健康中国的历史责任和时代担当。

（2）教材开发主体多样化。本教材充分发挥教师的主体作用，编委分别来自普通高等教育、高等职业教育、中等职业教育等院校以及行业专家，纵向贯通中、高等职业教育，横向融通、衔接职业教育与普通教育。充分发挥行企专家的参与作用，编委有全国职业院校技能大赛健身指导赛项设计专家、原国家自行车队专职队医、国家蹦床队备战奥运体能训练专家、省队运动防护师、体能康复机构创始人，具有教师、医师、运动防护师、康复治疗师等多种专业技术职务的人员参与，能够及时吸收行业发展新知识、新技术、新方法。

（3）突出职业性。结合工作岗位设计教学项目，创设工作岗位情境，分解岗位工作任务，按照典型工作任务实施流程编排模块学习和实践内容，实现教学内容与典型工作任务对接。

（4）突出适用性。本教材根据学生认知规律，以任务实践为主线，将理论知识穿插到岗位工作任务中，基于行动导向构建理论知识体系，在技能训练中确保理论知识“够用”，实现教学过程与岗位工作流程对接。

（5）突出实用性。本教材依据典型工作任务特征，以教案、伤情报告、设备（物品）检查清单、康复方案为基础开发任务单，将无形的“服务”转化为有形的“任务单”，实现学习实践成果与岗位工作过程性资料对接。

此外，本教材采用活页式设计，通过二维码链接的形式植入了大量生动的教学视频和案例，对接《社会体育指导员国家职业标准》，融入红十字救护员证、社会体育指导员职业技能等级证书的培训考核技能点，引进全国职业院校技能大赛健身指导赛项的竞赛方式与评价标准，力争打造“岗、课、赛、证”融通的立体化教材，使本教材成为老师们的教学日志、学生们的成长手册。

本教材由刘楠、杨虎强、刘凯担任主编，负责统稿、审稿，王玉斌、许华担任副主编。编写具体分工如下：王玉斌负责模块一，杨虎强负责模块二，刘楠负责模块三，马璐、杨莹、许志强负责模块四，公璐璐、宋子凡、董垭峰负责模块五，侯德红、平静、刘凯负责模块六。图片及二维码链接的训练动作与贴扎视频拍摄由许薇娜、许华完成，全书肌骨插图及二维码链接的动画引自西安维萨里数字科技有限责任公司研发的解剖大师App（已获授权），山西体育职业学院学生李佳明、邢强伟、王家辉、王杰、王雅芝、刘景、李海飞为本教材提供了照片和视频的实操展示，在此一并感谢。

由于编者水平有限，本教材如有不妥之处敬请指正，以便在今后的修订中改进和完善。

目录

模块一　了解运动防护……1
任务一　认知运动损伤……2
任务二　辨析运动项目损伤特点……9
任务三　探索运动防护的主要工作……16

模块二　预防运动损伤……21
任务四　检查设施和装备……22
任务五　配置运动急救包……28
任务六　实施运动评估与筛查……35
任务七　应用护具和贴扎技术……40

模块三　提供急救处理……46
任务八　认知现场检查程序……47
任务九　成人单人心肺复苏和AED操作……51
任务十　止血和包扎操作……60
任务十一　骨折临时固定操作……70
任务十二　伤员搬运操作……79
任务十三　处理常见环境运动伤害……87

模块四　头部和躯干部常见运动损伤的防护……94
任务十四　头前伸的康复与防护……95
任务十五　颈部活动度不足的康复与防护……108
任务十六　躯干活动度不足的康复与防护……124
任务十七　躯干稳定性不足的康复与防护……142
拓展阅读：腹直肌分离的康复与防护、盆底损伤的康复与防护……156

模块五 上肢部常见运动损伤的防护……157
任务十八 肩峰下撞击综合征的康复与防护……158
任务十九 肱骨外上髁炎的康复与防护……174
任务二十 腕管综合征的康复与防护……184
任务二十一 桡骨茎突部狭窄性腱鞘炎的康复与防护……197

模块六 下肢部常见运动损伤的防护……207
任务二十二 髂胫束综合征的康复与防护……208
任务二十三 髌股关节痛的康复与防护……220
任务二十四 踝关节韧带扭伤的康复与防护……234
任务二十五 跟腱炎的康复与防护……250

参考文献……264

模块一　了解运动防护

模块导读

本模块的主要内容是认知运动损伤的基本术语，辨析运动损伤产生的原因和规律，探索运动防护的主要工作内容。通过完成本模块的任务，学生应掌握运动损伤的概念和类型、常见运动损伤产生的原因和处理方法、常见运动项目的损伤特点和运动防护的主要内容与工作流程。

学习目标

1. 描述运动损伤的概念和类型
2. 判断运动损伤的原因
3. 掌握常见运动项目的损伤特点及其防护知识
4. 熟悉运动防护的工作流程
5. 培养职业志向和职业规划意识
6. 培养国家认同和家国情怀

任务一
认知运动损伤

情境导入

周教练是某小学篮球队的教练员，在一次校际篮球赛中，他所带球队中的一名队员受到轻微的运动损伤。请你帮周教练简单处理该队员的损伤，让该队员和家长了解受伤类型，为什么受伤，伤口愈合需要多长时间，这期间如何参加训练，并为受伤队员送医治疗提供伤情信息。

任务要求

任务类型	认知运动损伤	学习维度		
		识记	理解	应用
学习任务	运动损伤的概念、分类和原因	★		
	损伤愈合过程	★		
	轻微运动损伤的处理方法		★	
实训任务	总结归纳汇报运动损伤的类型、原因和恢复周期			★
	能够运用轻微运动损伤处理原则			★
个人目标				

任务说明

现场确定具体损伤类型，通过小组协作和角色扮演（教练员、受伤队员、家长等），询问受伤过程，判断损伤类型，并对损伤进行简单的现场处置，向家长和医疗人员说明伤情，向家长和受伤队员解释受伤原因、愈合过程以及期间的训练安排，填写伤情说明任务单（表1–1）和安全教育任务单（表1–2）。

表1-1　伤情说明任务单

队员姓名		日期		时间	
受伤过程					
损伤名称					
损伤位置					
急救措施					
转诊建议					

表1-2　安全教育任务单

损伤名称			损伤组织	
损伤类型		□急性　□慢性		
受伤原因		□挤压　□牵拉　□剪切		
愈合周期与训练安排				
周期	时间（周）	训练安排		注意事项
炎症期				
修复期				
重建期				

任务准备

1. 阅读任务说明，识读任务单。
2. 观看“运动损伤的概念与分类”相关的线上资源。
3. 收集运动损伤基本原理和损伤组织愈合的知识。
4. 结合运动损伤的知识与任务要求，总结认知运动损伤过程中的难点和常见问题。

任务实施

1. 识别运动损伤类型

通过小组协作和角色扮演（受伤队员、队友、教练员、教师等），填写伤情说明任务单（表1–1）和安全教育任务单（表1–2）的部分内容。

1.1　运动损伤的概念

从广义上来讲，运动损伤是在体育运动过程中发生的各种伤病，像跑步锻炼时由于地面不平整导致脚踝扭伤，久坐办公室不经常运动的人突然参加单位组织的足球比赛时出现肌肉拉伤等都可以视为运动损伤。就狭义而言，运动损伤指运动特殊技术或训练造成的特殊伤病，也就说只有像踢足球时被防守人员铲伤，篮球运动员在带球过人时踝关节扭伤等与运动项目直接密切相关的伤病才是运动损伤，狭义上的运动损伤也可以称作运动技术伤。根据不同的标准，运动损伤可以分为不同类型。

1.2 运动损伤的分类

运动损伤的分类有很多种，可以根据损伤病程、损伤性质、损伤组织结构、损伤轻重程度等进行分类，具体如下：

（1）根据损伤病程进行分类，可以将运动损伤分为急性损伤和慢性损伤。

①急性损伤是指一次外力或内因造成的组织破坏。如踢足球跌倒时手撑地的动作，可能导致上肢关节过度伸展，造成肌肉拉伤和韧带扭伤，这就是急性损伤。挫伤、擦伤、刺伤、切伤、扭伤、关节脱位等都是常见的急性损伤。

②慢性损伤是指长期微小损伤累积而造成的损伤，主要是由于长时间的磨损、压迫与拉扯造成的伤害，往往与肌力和柔韧性不平衡、运动过度有关。短道速滑运动员由于长期保持躬身弯腰的滑行姿势所产生的腰肌劳损就属于慢性损伤。

近80%的损伤为慢性损伤。慢性损伤除了局部过劳和细微损伤累积所造成，还有一部分是由于急性损伤处理不当转化而成的。

（2）根据损伤性质进行分类，可以将运动损伤分为开放性损伤和闭合性损伤。

①开放性损伤即运动损伤伤处的皮肤或黏膜完整性遭到破坏，伤口与外界相通。常见的开放性运动损伤有刺伤、擦伤、切伤等。

②闭合性损伤即运动损伤伤处的皮肤或黏膜没有破损。如挫伤、肌肉拉伤、关节扭伤、闭合性骨折等均为闭合性损伤。

（3）根据受伤组织结构进行分类，可以将运动损伤分为皮肤损伤、肌肉损伤、关节损伤、内脏损伤等类型。

（4）按照损伤轻重程度，运动损伤可以分为轻伤、中等伤和重伤。50%以上的运动损伤属于轻伤，轻伤不影响原训练计划的执行，不妨碍日常生活，但是如果不及时进行纠正会影响训练水平和成绩。

2. 了解运动损伤原因并处理

请通过小组协作和角色扮演（受伤队员、队友、教练员、教师等），完善伤情说明任务单（表1–1）和安全教育任务单（表1–2）。

2.1 运动损伤的原因

出现运动损伤的原因主要是过度的挤压、牵拉或受到剪切应力。在运动中出现身体接触，或运动员身体撞到器械、场地时，身体受到强烈挤压等，可能引起出血、软组织挫伤、骨折或关节损伤。当身体组织紧绷或牵拉超过正常范围时，可能出现撕脱伤、扭伤、拉伤、关节脱位等损伤。剪切力是相距很近，来自两个相反方向的力，垂直于肢体，其可能造成擦伤、裂伤、撕脱伤、扭伤等损伤。

2.2　常见运动损伤的处理

发生运动损伤时，要及时给予适当的处理，否则会影响其恢复，甚至发展成慢性损伤。常见运动损伤的处理方法见表1–3，止血、包扎及骨折临时固定的具体方法见模块三。

表1–3　常见运动损伤的处理方法

损伤	原因	处理
水泡	过度挤压	（1）小水泡清洗表面后不处理； （2）大水泡须挤出液体，碘伏消毒并包扎伤口
擦伤	剪切力	（1）生理盐水清洗伤口； （2）碘伏消毒并包扎伤口； （3）若伤口感染渗出浓稠组织液则应尽快就医
刺伤	过度挤压	（1）临时固定，且不可拔出穿刺物； （2）及时就医
挫伤	过度挤压	（1）PRICE法； （2）大面积肌肉挫伤或脑、内脏挫伤应及时就医
拉伤	过度牵拉	（1）PRICE法； （2）较为严重的拉伤应通过影像观察是否有结构破坏
扭伤	过度牵拉、剪切力	（1）PRICE法； （2）关节或韧带扭伤应通过影像观察是否有结构破坏或伴有骨折
关节脱位	过度挤压、过度牵拉	（1）预防休克，如有伤口出血应先止血再包扎伤口； （2）对脱位的部位进行临时固定并尽快就医
骨折	过度挤压	（1）预防休克，如有伤口出血应先止血再包扎伤口； （2）对骨折的部位进行临时固定并尽快就医

2.3　轻微运动伤害的处理原则（PRICE法）

急性损伤发生后的24～48小时是治疗的黄金时间。当发生扭伤、肌肉拉伤、撕裂伤等软组织损伤时，可以使用PRICE（保护、休息、冰敷、加压、抬高5个词语对应英语单词的首字母缩写）法达到止血、镇痛、消肿、促进及早康复的效果，该方法也可以用作慢性损伤的保养。PRICE法见表1–4。

表1–4　PRICE法

步骤	含义	处理
P	Protection（保护）	立即停止活动，限制超常活动，避免负重或二次伤害
R	Rest（休息）	积极休息，避免从事激烈活动，只能进行简单的无痛训练
I	Ice Compress（冰敷）	伤后1小时内尽快在伤处冰敷，每次15～20分钟，冰块不直接接触皮肤，可多次进行，直至肿胀不再发展
C	Compression（加压）	用弹性绷带或护具包扎伤处，包扎时无需刻意施加张力，固定后检查肢体远端血液回填情况
E	Elevation（抬高）	抬高伤肢，上肢高于心脏部位，下肢令踝关节高于髋关节

3. 安排运动损伤愈合阶段的训练

请通过小组协作和角色扮演（受伤队员、队友、教练、教师等），完成伤情说明任务单（表1-1）和安全教育任务单（表1-2）并进行汇报。

运动损伤的愈合可以分为炎症期、修复期和重建期。愈合时间与损伤程度、部位、血液供应、年龄等因素有关。运动损伤的愈合分期、表现、处理与运动安排见表1-5。

表1-5 运动损伤的愈合分期、表现、处理与运动安排

周期	表现	处理与运动安排	愈合时间	
			软组织	骨骼
炎症期	红、肿、热、痛、功能障碍	制动、止血、消肿、镇痛	24～48小时	3～4天
修复期	形成瘢痕、骨痂	有保护的情况下优先恢复关节活动度，适当参加伸展、拉伸练习	6～12周	8～12周
愈合期	分化和再生成正常组织	逐渐恢复损伤前的训练	1年及以上	2～4年

◆ 思政园地

学校教练员岗位的职责和发展通道

2023年1月，国家体育总局、中央编办、教育部、人力资源和社会保障部等多部门联合颁布了《关于在学校设置教练员岗位的实施意见》。鼓励义务教育阶段学校、普通高中、职业院校、普通高校根据工作实际，设立专（兼）职教练员岗位，承担学生体育运动专项技能、体能训练和体育后备人才选育工作，承担学校体育赛事活动组织、学校运动队训练与竞赛管理、运动损伤防护与康复等知识技能传授，以及学校体育社团、体育俱乐部的建设管理等工作。并按照《人力资源社会保障部 体育总局关于深化体育专业人员职称制度改革的指导意见》，实现职称层级、岗位等级晋升。

这项政策拓宽了体育类专业人才的就业方向。随着社会的发展，就业方向、职业能力、岗位要求也在不断转型、提质。培养终身学习的意识和能力，乐学善学，不断学习和提升自己，才能获取知识、提升就业竞争力，适应不断变化的社会发展和就业需求。

《关于在学校设置教练员岗位的实施意见》

《人力资源社会保障部 体育总局 关于深化体育专业人员职称制度改革的指导意见》

任务评价

1. 实训评价

学生自评、互评实训成果及实训表现，填写实训评价表（表1–6）。评分时，先确定评价等级，再从相应的等级中勾选相应的分数。

表1–6　实训评价表

评价内容	评价等级					
	✿		✿✿		✿✿✿	
要素齐全	30	32	34	36	38	40
描述准确	30	32	34	36	38	40
表达流畅、教态自然	5	6	7	8	9	10
创新思维（方法）	5	6	7	8	9	10
总分						

2. 学习评价

学生自评、小组互评，评价自己是否完成认知运动损伤的学习，是否完成任务表等实训成果资料，实训任务有无遗漏。老师对学生进行的评价包括任务书书写是否工整规范，报告成果是否出自实训、是否真实合理且阐述详细，学生自评分析是否合理、收获体会是否深刻，个人能力是否得到提升。（表1–7）

评价按照A（优秀）、B（良好）、C（合格）、D（努力）4个档次进行。

表1–7　学习评价表

任务	完成情况记录
相关理论学习情况	
技能训练情况	
任务完成情况	
任务创新情况	
成果上交情况	
收获	

3. 知识测评

（1）[判断题]大部分运动损伤属于急性损伤。（　　）

（2）[判断题]中等伤不影响运动训练的实施。（　　）

（3）[判断题]处理轻微运动损伤时，可以用冲凉水代替冰敷。（　）

（4）[判断题]刺伤时，应该立即拔出穿刺物并按压伤口，然后尽快就医。（　）

（5）[判断题]当发生关节扭伤后，应立刻采取局部热敷、活血化瘀治疗。（　）

（6）[单选题]急性软组织损伤在伤后（　）小时即可开始活动。

A.12～24　B.24～36　C.24～48　D.48 以上

（7）[单选题]软组织损伤时，适宜优先恢复的运动是（　）。

A.提高关节活动度　B.提高肌力　C.恢复正常姿势　D.恢复专项运动

（8）[单选题]以下属于急性运动损伤的为（　）。

A.肱骨外上髁炎　B.股骨开放性骨折

C.胫腓骨疲劳性骨膜炎　D.跟腱炎

（9）[多选题]属于开放性损伤的有（　）。

A.擦伤　B.刺伤　C.切伤　D.挫伤

（10）[多选题]出现运动损伤的原因有（　）。

A.剪切力　B.压缩力　C.牵拉　D.挤压

扫码答题

任务二
辨析运动项目损伤特点

情境导入

丁老师是某小学五年级《体育与健康》课程的老师，正在编写跑、跳、投掷等基本身体活动部分的教案，请你帮助丁老师整理相应项目的安全防护措施，让学生能够安全有效地参加学校体育活动。

任务要求

任务类型	辨析运动项目损伤特点	学习维度		
		识记	理解	应用
学习任务	运动损伤的一般规律	★		
	常见球类、田径、中华传统体育、新兴体育运动的损伤特点		★	
实训任务	总结、归纳、汇报常见运动的损伤特点			★
	总结、归纳、汇报常见运动的防护措施			★
个人目标				

任务说明

根据跑、跳、投掷的项目易发损伤特点，梳理小学《体育与健康》课程中的安全防护措施，填写安全防护措施任务单（表2-1），并进行汇报。

表2-1　安全防护措施任务单

项目	易发损伤	安全防护措施

任务准备

1. 阅读任务说明，识读任务单。
2. 观看“运动项目及相关损伤”相关的线上资源。
3. 收集运动项目损伤特点的知识。
4. 结合运动项目损伤特点的知识与任务要求，总结难点和常见问题。

任务实施

1.了解运动损伤的一般规律

据统计运动损伤呈现如下的规律。首先，轻度损伤多，大多为运动技术伤，不影响原有训练计划和日常生活，但是可能影响训练水平和成绩。其次，软组织损伤多，如腰背肌筋膜炎、踝关节韧带扭伤、半月板损伤、肩袖损伤等。再次，慢性损伤多，约占80%，多由局部过劳、细微损伤积累而成，也有一部分因急性损伤处理不当转化而来。最后，复合损伤多，且复发率高。

2.梳理常见运动项目的损伤特点

不同的运动项目易发损伤、损伤类型有所区别，一些损伤具有明显的项目特点。根据不同的运动项目特点，避免训练错误，终止不安全的运动，应用贴扎技术，选择有效的护具都是预防运动损伤最直接的手段。请通过小组协作，完善安全防护措施任务单（表2–1）。

2.1 足球运动的损伤特点

足球运动是世界上参与人数最多的运动项目之一，足球运动过程中的很大一部分损伤是由身体接触造成的，且大多的运动损伤发生在下肢，并以急性损伤为主。（表2–2）球员在场上的位置与运动损伤也有关系，例如，在顶级职业足球运动员中，中场队员和锋线队员受伤最频繁，青年职业球员中守门员更容易受伤。

表2–2 足球运动的损伤特点

易伤部位	踝部、膝部、大腿和腹股沟
损伤类型	关节扭伤、肌肉断裂、前交叉韧带扭伤
预防策略	提高运动员体能，检查场地草皮、保护装备，关注天气，限制犯规动作

2.2 篮球运动的损伤特点

篮球运动是在快速、激烈、对抗的情况下进行的综合性运动项目，由各种跑、跳、投等基本动作组成。篮球运动经常运用快速转动、跳起落地、突然加速或减速等动作，所以无论是职业运动员还是业余篮球爱好者，最常见的损伤部位是膝部和踝部。（表2–3）

表2–3　篮球运动的损伤特点

易伤部位	踝部、膝部、腕部、头面部
损伤类型	踝关节韧带扭伤、前交叉韧带断裂、半月板撕裂、髌腱炎、跟腱病、骨折、挫伤
预防策略	提高身体机能和对抗性，佩戴护具或支持带，选用场地的地板弹性合适

2.3　排球运动的损伤特点

排球运动要求运动者身体在水平方向和垂直方向快速有力地移动，手和手臂扣球时快速有力地挥动。起跳、落地、扣球时手与球的接触、拦网时手与球的接触、场地硬度、鞋的减震性能、身体状态、训练水平等因素都与运动损伤的发生有关。（表2–4）

表2–4　排球运动的损伤特点

易伤部位	膝部、踝部、手指、腰背部
损伤类型	关节扭伤、腰痛、髌腱炎
预防策略	提高训练水平，佩戴护具，选择合适的鞋和场地

2.4　网球运动的损伤特点

网球运动能够发展神经肌肉机能和灵活性。网球运动技术要求比较高，每一次协调的击球动作都需要跑动、追逐、击打等多方面动作的配合。网球运动时，当身体突然扭转或改变方向时，由于惯性和支撑力不足，易发生关节扭伤或脱臼。长时间运动引起的肌肉疲劳也可能导致肌纤维拉伤或撕裂。（表2–5）

表2–5　网球运动的损伤特点

易伤部位	踝部、膝部、腿部、腰背部
损伤类型	踝关节韧带扭伤、髌股关节损伤、半月板损伤、躯干和腿部肌肉拉伤、肩部肌腱炎、足底筋膜炎、跟腱损伤
预防策略	提高身体机能，提升技术水平，选择合适的球拍

2.5　羽毛球运动的损伤特点

羽毛球运动是一项老少皆宜的运动项目，不同水平的人都能进行，具有很强的娱乐性。羽毛球运动的基本动作容易掌握，但是想要达到较高的水平就需要快速的反应能力和速度，良好的协调性和体力。一般来说，羽毛球运动是一项低风险的运动，主要的致伤原因是过度训练。（表2–6）

表2-6 羽毛球运动的损伤特点

易伤部位	上肢、下肢
损伤类型	足跟痛、跟腱损伤、髌股关节疼痛、网球肘（肱骨外上髁炎）
预防策略	提高身体机能，选择合适的球鞋和场地

2.6 高尔夫球运动的损伤特点

高尔夫球虽是一项低强度的运动，但是参与运动人员年龄的高龄化使得运动损伤发生的数量并不少。挥杆动作需要躯干产生明显的旋转，需要双肩在超过正常角度的范围内高速运动，这对身体运动系统产生了巨大的负荷，容易引发损伤。高尔夫球运动的损伤特点见表2-7。

表2-7 高尔夫球运动的损伤特点

易伤部位	腰部、肘部、左腕（右利手）、左肩（右利手）
损伤类型	肌腱损伤、韧带撕裂、肌肉劳损
预防策略	充分热身、提高技术水平、增加躯干和肩部柔韧性和力量

2.7 跑步的损伤特点

跑步已经成为非常流行的休闲运动和比赛项目之一，跑步过程中发生的运动损伤大部分出现在下肢。（表2-8）

表2-8 跑步的损伤特点

易伤部位	膝部、小腿、足部
损伤类型	肌肉拉伤、肌腱损伤、关节面磨损、滑囊炎
预防策略	改善跑步技巧、更换跑鞋、选择硬度合适的场地、调整跑步距离

2.8 投掷运动的损伤特点

投掷运动利用腿和躯干将动力传递到上肢，对力量、技术和速度要求高。投掷运动过程中发生的损伤主要在上肢。（表2-9）

表2-9 投掷运动的损伤特点

易伤部位	肩关节、肘关节
损伤类型	肩袖撕裂、盂肱关节松弛、肘关节过度外翻、尺侧副韧带撕裂
预防策略	调整技术、科学训练、提高身体机能

2.9 武术运动的损伤特点

武术是起源于中国的体育项目，包括套路和散打两种形式。武术运动能提高身体素质和格斗技能，同时还能提升武德修养。武术运动过程中发生的运动损伤主要是由准备活动不充分，保护措施不到位等引起的。（表2-10）

表2-10　武术运动的损伤特点

易伤部位	头面部、手部、膝部、足踝部
损伤类型	肌肉拉伤、韧带拉伤、软组织挫伤、关节扭伤、骨折
预防策略	调整技术、提高身体素质、佩戴护具、严格管理赛风赛纪

2.10　滑雪运动的损伤特点

随着北京冬奥会的成功举办，我国冰雪运动参与人数超过3亿，居民参与率近四分之一，截至2023年底，我国冰雪场地达到2847个，是2015年的4倍多。和其他娱乐性运动相比，滑雪运动由于速度较快且较易摔倒，因而运动损伤发生率较高。（表2–11）

表2-11　滑雪运动的损伤特点

易伤部位	膝部、小腿、足部、头面部、手部
损伤类型	膝关节扭伤、拇指损伤、胫骨骨折、头面部撕裂伤、踝关节骨折
预防策略	提高身体机能、提升技能水平、避免疲劳、避免侥幸心理和碰撞

2.11　户外运动的损伤特点

徒步、攀岩、登山等户外运动让人感到愉悦，并能促进健康。但户外活动场所的地理环境复杂，给参与户外运动的人员带来了一定的挑战。（表2–12）

表2-12　户外运动的损伤特点

易伤部位	膝部、足踝部、肩部、腰背部
损伤类型	水泡、昆虫叮咬和蜇伤、膝关节和踝关节扭伤、肩部和背部过劳、冻伤、晒伤、缺氧、雪盲
预防策略	提高身体素质、调整步行姿势、穿戴合身耐用的装备、准备急救用品、掌握急症处理方法、学习相关知识

◆ 思政园地

《义务教育体育与健康课程标准（2022年版）》

课程标准是课程教学内容、组织实施、评价考核的指导性文件，为了全面贯彻党的教育方针，落实立德树人根本任务，发挥好体育课程落实“五育并举”教育方针的重要作用，教育部持续组织专家在课程教学实践的基础上修订了体育与健康课程标准。目前，最新的《义务教育体育与健康课程标准（2022年版）》已于2022年秋季学期开始执行。学生通过《体育与健康》课程的学习，可以培养运动能力、健康行为和体育品德等核心素养。

《义务教育体育与健康课程标准（2022年版）》

实践—反思—改进是一个人成长的必经之路，不论是学习生活还是职业生涯，乃至人生，都是持续变化的。坚持对学习状态或工作经验进行审视和总结，勤于反思，根据环境和自身实际情况，调整学习策略和工作方法，才能与时俱进，不落后于行业发展。

任务评价

1. 实训评价

学生自评、互评实训成果与实训表现，并填写实训评价表（表2–13）。评分时，先确定评价等级，再从相应的等级中勾选相应的分数。

表2–13 实训评价表

评价内容	评价等级					
	✿		✿✿		✿✿✿	
要素齐全	30	32	34	36	38	40
描述准确	30	32	34	36	38	40
表达流畅、教态自然	5	6	7	8	9	10
创新思维（方法）	5	6	7	8	9	10
总分						

2. 学习评价

学生自评、小组互评，评价自己是否完成运动项目损伤特点的学习，是否完成任务表等实训成果资料，实训任务有无遗漏。老师对学生进行的评价包括任务书书写是否工整规范，报告成果是否出自实训、是否真实合理且阐述详细，学生自评分析是否合理、收获体会是否深刻，个人能力是否得到提升。（表2–14）

评价按照A（优秀）、B（良好）、C（合格）、D（努力）4个档次进行。

表2–14 学习评价表

任务	完成情况记录
相关理论学习情况	
技能训练情况	
任务完成情况	
任务创新情况	
成果上交情况	
收获	

3. 知识测评

（1）[判断题]网球运动发生率最高的运动损伤是半月板损伤和腰背肌筋膜炎。（　）

（2）[判断题]足球运动员更容易发生后交叉韧带损伤。（　）

（3）[判断题]休闲跑步时，路面硬度越硬越容易出现运动损伤。（　）

（4）[判断题]武术运动发生率较高的运动损伤是半月板损伤、腰背肌筋膜炎等。（　）

（5）[判断题]半月板撕裂在篮球运动中的发生率最高。（　）

（6）[判断题]调整技术动作能有效降低从事田径运动时发生损伤的概率。（　）

（7）[单选题]短跑和跨栏运动员最易发生的损伤类型为（　）。

A.跟腱损伤　　B.大腿后侧肌肉拉伤

C.半月板损伤　　D.膝内侧副韧带拉伤

（8）[多选题]容易出现肩袖损伤的运动有（　　）。

A.网球　　B.棒球　　C.高尔夫球　　D.篮球

扫码答题

任务三
探索运动防护的主要工作

情境导入

小武在某省摔跤队从事运动防护工作，根据工作安排准备为运动员授课，帮助运动员了解运动损伤防护的内容和措施，指导运动员配合和遵守运动防护工作和要求。请你帮助小武整理一份授课提纲，并制作一份课件。

任务要求

任务类型	探索运动防护的主要工作	学习维度		
		识记	理解	应用
学习任务	运动损伤防护的环节与内容	★		
	运动康复的阶段与流程	★		
实训任务	总结、归纳运动损伤防护的环节和工作内容		★	
	制作授课课件并进行汇报展示			★
个人目标				

任务说明

梳理运动损伤防护工作的所有环节，总结各环节的工作内容与流程，填写运动损伤防护工作内容任务单（表3-1）。

表3-1　运动损伤防护工作内容任务单

工作流程	工作内容	作用/效果

任务准备

1. 阅读任务说明，识读任务单。
2. 观看“运动防护的主要工作内容”相关的线上资源。
3. 收集运动防护工作内容与流程的相关知识。
4. 结合运动防护工作内容与流程的相关知识与任务要求，总结难点和常见问题。

任务实施

1.认知运动防护工作

运动防护工作包括运动损伤预防、运动损伤评估与急救、运动损伤治疗与康复三大内容。请通过小组讨论，归纳运动损伤工作各环节的具体内容，填写运动损伤防护工作内容任务单（表3–1），制作课件并进行汇报。

1.1　运动防护工作内容

（1）运动损伤预防。

运动损伤重在预防，大部分的运动损伤可以通过提高身体素质和体能、选择合适的环境和装备、优化技术、贯彻规则、早期筛查与治疗等途径预防。

（2）运动损伤评估与急救。

从事体育锻炼、运动训练或比赛时，即便有完善的预防措施，也无法完全杜绝运动损伤的发生。发生运动损伤时，能否正确辨别运动损伤、评估损伤发展情况，并快速给予有效的急救处置，不仅事关体育爱好者和运动员的身体状况乃至生命安全，更会影响其后期康复。

（3）运动损伤治疗与康复。

运动损伤就医后选择静养、避免活动的方式进行恢复，这种观念是不对的。伤后必须在不影响受伤部位愈合的情况下，保持其他部位的锻炼，这样才能在伤后尽快恢复日常生活。对体育爱好者或运动员来说，伤后积极参与治疗与康复，才可能在最短时间内恢复到受伤前的体能状况和运动水平。

1.2　运动康复计划

发生运动损伤后正确的治疗与康复，是运动参与者享受运动乐趣、拥抱健康生活的重要环节。制订运动损伤康复计划时应包括预防二次伤害和反复损伤、评估损伤、设定康复目标、实施康复方案和监控康复情况等内容，并遵循全面评估、整体考量的原则，个性化实施运动康复，以功能训练为核心，引导伤者主动锻炼。

（1）实施康复计划时，要预防二次伤害和反复损伤。时刻牢记预防为主的运动防护原则。

（2）正确的评估是制定康复方案的依据，包括评估关节活动度、肌肉力量、疼痛程度等内容。

（3）康复目标必须依据评估结果，设定不同的阶段性目标（表3–2）。

表3–2　阶段性康复目标

阶段	目标
短期	减少肿胀、疼痛
	恢复关节活动度
	恢复肌力
长期	恢复最佳生理机能状态，健康生活
	提高整体运动技能，重返赛场

（4）严格落实运动康复方案。康复方案包括疼痛控制和处理，矫正和恢复肌肉或结构失衡，提高力量、柔韧性、耐力等素质，使用仪器或治疗手法（表3–3）。

表3–3　阶段性康复方案

阶段	实施内容
24～48小时以内	减少疼痛和肿胀：PRICE法
48小时～1周	降低疼痛与炎症：手法、仪器治疗、拉伸、贴扎等
伤后1～2周	改善关节活动度：拉伸、关节松动、关节活动度练习等
	提高肌肉力量：肌力训练
	恢复神经肌肉控制能力：本体感觉训练

伤后1～2周，组织基本修复，肿胀和疼痛消除，但锻炼时可能出现活动受限、僵硬无力或疼痛感。功能性康复训练主要以改善关节活动度、提高肌肉力量、改善本体感觉为主，以起到预防运动损伤、恢复身体功能和提高生活能力的作用。处于水肿状态的部位应该避免拉伸，肌力较弱的肌肉要避免过度牵拉，同时进行肌力训练，保持柔韧性和肌力平衡。提高肌肉力量的训练要遵循个体化、超负荷等训练原则，循序渐进、持续训练才能产生良好效果。

发生运动损伤时，肌肉、肌腱或关节不光会出现功能降低、结构改变，感受肢体空间位置、姿势、运动状态和运动方向的本体感受功能也会受损，神经肌肉的控制能力也有所降低。所以本体感觉训练是不能忽略的。

（5）监控接受程度与康复效果。

康复计划实施过程中，达到阶段性目标后，应重新评估。如果出现新的问题需要采取相应措施；如果恢复良好，可以继续下一阶段的训练。对于体育爱好者或运动员来说，应该结合康复效果适时进行运动技能测试，便于恢复训练，尽快参与体育运动或重返赛场。

◆ 思政园地

体育类专业人员的新职业——运动防护师

2015年，运动防护师被正式纳入《中华人民共和国职业分类大典》，成为体育专业人员中的新职业。《中华人民共和国职业分类大典（2022年版）》描述运动防护师是从事运动损伤和疾病预防、评估、急救、治疗、康复的专业人员。党的十八大以来，习近平总书记高度重视体育事业，从建设“体育强国”到实现“健康中国”，体育已经成为中华民族伟大复兴的标志性事业。运动防护师在大众健身领域、体育赛场上都发挥着重要的作用，成为推动全民健身高质量发展不可或缺的一环。

我们学习《运动损伤与防护》课程，能够帮助运动参与者免受伤病困扰，享受运动乐趣，拥抱健康生活。为中华民族伟大复兴的中国梦贡献力量，是体育人的历史责任和时代担当。

《中华人民共和国职业分类大典（2022年版）》

任务评价

1. 实训评价

学生自评、互评实训成果和实训表现，填写实训评价表（表3-4）。评分时，先确定评价等级，再从相应的等级中勾选相应的分数。

表3-4　实训评价表

评价内容	评价等级					
	✿		✿✿		✿✿✿	
声音清晰，语速适中，表达流畅	10	12	14	16	18	20
着装合适，仪态大方，精神饱满	10	12	14	16	18	20
内容完整，重点突出，讲解正确	10	12	14	16	18	20
教法得当，层次分明，互动良好	10	12	14	16	18	20
课件设计科学、规范、美观、实用	10	12	14	16	18	20
总分						

2. 学习评价

学生自评、小组互评，评价自己是否完成探索运动防护工作内容的学习，是否完成任务表等实训成果资料，实训任务有无遗漏。老师对学生进行的评价包括任务书书写是否工整规范，报告成果是否出自实训、是否真实合理且阐述详细，学生自评分析是否合理、收获体会是否深刻，个人能力是否得到提升。(表3-5)

评价按照A（优秀）、B（良好）、C（合格）、D（努力）4个档次进行。

表3-5 学习评价表

任务	完成情况记录
相关理论学习情况	
技能训练情况	
任务完成情况	
任务创新情况	
成果上交情况	
收获	

3. 知识测评

（1）[判断题]运动康复目标应该包括短期目标和长期目标。(　　)

（2）[判断题]肌力训练通常可以在四周内产生良好的效果。(　　)

（3）[判断题]康复计划实施时需要多次阶段性评估，及时调整治疗和训练方案。(　　)

（4）[判断题]运动损伤后应该在不影响伤情发展的情况下尽快恢复训练。(　　)

（5）[判断题]柔韧性练习推荐每天都进行。(　　)

（6）[单选题]运动防护工作最重要的环节是（　　）。

A.损伤预防　　B.损伤评估　　C.损伤急救　　D.运动康复

（7）[多选题]出现运动损伤时短期运动康复目标包括（　　　）。

A.减轻疼痛　　B.提高柔韧性　　C.提升肌力　　D.提高专项运动技能

（8）[多选题]运动防护工作的内容主要包括（　　　）环节。

A.损伤预防　　B.损伤评估　　C.损伤急救　　D.运动康复

（9）[多选题]伸展练习与运动损伤的关系是（　　　）。

A.提高活动性　　B.增加柔韧性　　C.预防运动损伤　　D.增加肌肉力量

扫码答题

模块二　预防运动损伤

模块导读

本模块的主要内容是检查设施和装备、配置运动急救包、实施运动评估与筛查、应用贴扎技术和护具。通过完成本模块的任务，达到了解如何制订和实施应急计划，急救包里应该放哪些物品，为什么要在训练和比赛中加入运动评估与筛查，如何准备贴扎和防护用具，树立防护优先的职业意识等。

学习目标

1. 描述运动损伤的风险因素
2. 掌握运动损伤的预防方法
3. 实施场地设施和装备检查
4. 根据运动项目和使用环境配置运动急救包
5. 描述运动评估与筛查方法
6. 描述不同运动项目的防护装备
7. 掌握运动贴扎技术原理
8. 培养实践创新，科学求实的意识

任务四
检查设施和装备

情境导入

小苏是某综合体育中心的体育场馆管理员，负责场地、器材和设备的布置、调试、检查、维护、保养等工作，需要制定应急预案，定期排查场地、器材、设备的安全隐患。请你帮助小苏设计一份设施检查清单，并完成场馆设施和装备的检查。

任务要求

任务内容	健康评估与分析	学习维度		
		识记	理解	应用
学习任务	运动损伤的风险因素	★		
	预防运动损伤的方法		★	
实训任务	完成运动项目场地设施和装备检查			★
	对有危险的场地设施和装备提出整修措施			★
个人目标				

任务说明

根据运动场地的具体情况，检查场地设施是否存在安全隐患，运动装备是否有损坏，填写设施和装备检查任务单（表4–1）。如果设施和装备状况良好，在检查结果处打“√”，如果发现设施和装备状况不佳，请在检查结果处提出具体整修措施。场馆（场地）的附属用房包括器械库、淋浴房、更衣室、卫生间等区域。

表4-1　设施和装备检查任务单

场馆（场地）		检查日期		检查人	
场馆场地	设施（区域）	检查内容		检查结果	
附属用房	设施（区域）	检查内容		检查结果	
运动装备	装备	检查结果	装备	检查结果	

任务准备

1. 阅读任务说明，识读任务单。
2. 观看“运动损伤产生的原因和预防”相关的线上资源。
3. 收集体育场馆（场地）设施和装备检查的相关知识。
4. 结合运动损伤产生的原因和预防的知识与技能要求，总结难点和常见问题。

任务实施

1. 识别运动损伤的风险因素

对于职业运动员来说，优秀的运动损伤管理是打出“身价”的前提；对于体育运动爱好者来说，预防运动损伤是强身健体、快乐运动的基础。

不同的主观或客观原因会影响运动损伤发生的概率，这些主观或客观原因称为运动损伤的风险因素。运动损伤的风险因素包括身体因素、心理因素、训练因素和环境因素四个方面（表4–2）。

表4–2 运动损伤的风险因素

类型	因素
身体因素	年龄、性别、体格、生理结构、身体疲劳、疾病
心理因素	注意广度、注意分配、注意力持续时间、情绪、心理疲劳
训练因素	训练方法和技术、训练强度与训练量、犯规、意外事件
环境因素	气候、天气、场地、装备、医务监督

1.1 身体因素

以年龄为例，运动中骨折、拉伤更容易发生在青少年身上，挫伤更容易出现在中老年人身上。在同一项运动中，不同性别的运动员发生同一种运动损伤的概率不同，如在足球运动中，女性运动员前交叉韧带受伤的概率是男性运动员的4～6倍。

1.2 心理因素

注意力不集中、过度的竞争心、过度紧张、高度兴奋、被迫参赛、逃避竞技、诈病等心理因素都可能增加运动损伤的风险。

1.3 训练因素

训练因素涵盖在运动训练各个环节。运动员对正确技术动作掌握程度、是否遵循训练原则、准备活动是否充分、有无科学选用训练方法都会影响运动损伤的发生率，而无意或有意的犯规、运动量过大、训练时间过长、频率过高、缺少训练间隙都会提高运动损伤的发生率。此外，参加运动时要杜绝侥幸心理，因为训练和比赛时会出现各种意外情况。

1.4 环境因素

不同的自然条件会影响运动损伤的发生率，例如，炎热的天气会增加脱水、中暑等运动性病症的发生率；寒冷的季节或天气会增加肌肉黏滞性，导致韧带的弹性和关节的灵活性降低，从而提高各类运动损伤发生的风险，还可能引起冻伤。装备、场地等人工条件也对运动损伤的发生产生影响，例如，地面硬度越高，发生运动损伤的风险也越大。

2. 了解预防运动损伤的方法

教师现场确定运动项目，以小组为单位开展场馆设施和装备检查，学生自评、互评实训表现。填写设施和装备检查任务单（表4-1），并进行汇报。

运动损伤，重在预防，回避或消除运动损伤风险因素能有效预防运动损伤。运动损伤的预防方法见表4-3。

表4-3　运动损伤的预防方法

预防方法	实施手段
准备活动与整理活动	一般性准备活动+专项性准备活动，充分的整理活动
拉伸	准备活动重点安排动态拉伸，整理活动重点安排静态拉伸
运动保护器材	根据运动需求和个人状态选择护具
贴扎技术	运用肌贴、白贴等运动贴布包扎固定
功能性训练	提高身体素质，形成正确的动作模式
合理安排训练	遵循训练基本原则，保证充分恢复
营养支持	根据体型、性别、年龄、运动量确定营养需求
制定天气预案	监听天气预警，制定恶劣天气时的行动要求，制定躲避区域
检查设施和装备	定期检查场地设施和装备，并及时修复

2.1　准备活动与整理活动

准备活动是运动训练前必须进行的活动，准备活动可以分为一般性准备活动和专项性准备活动。一般性准备活动适用于所有运动，可以选择5～10分钟低强度有氧运动，如快走、慢跑、徒手操、跳跃等。专项性准备活动应该尽可能和即将开始的专项练习动作模式接近，一般可以选择10个左右的热身动作，每个动作进行10～15次，整个专项性准备活动为5～10分钟。专项性准备活动开始前可以先进行动态拉伸。整理活动一般可以选择10分钟左右的低强度有氧运动，再进行放松与静态拉伸。

2.2　拉伸

拉伸方法主要有静态拉伸、动态拉伸、本体感觉神经肌肉易化法（Proprioceptive Neuromuscular Facilitation，PNF）。静态拉伸是最常见的拉伸方法，其方法是缓慢将肌肉拉长，保持在一个舒服的位置，停留10～30秒，重复2～4次。拉伸时，一般将肌肉拉伸至有轻微酸痛的阶段时缓慢呼气，恢复至初始姿势时吸气。静态拉伸更适合在运动后对肌肉进行放松练习。动态拉伸是缓慢、有控制地活动肢体来增加整个关节活动范围，通常作为热身的一部分。PNF拉伸是将肢体被动置于关节受限的位置，肌肉等长收缩，保持6～10秒，然后放松3～5秒，再进行主动或被动的肢体活动，PNF拉伸适用于在运动后对肌肉进行放松。

2.3　运动保护器材

不同的护具可以起到支持关节、肌肉及周围组织，减轻关节和身体组织压力，限制关节或肢体活动，压迫组织以缓解肿胀或疼痛、缓冲关节和肢体应力等作用，从而达到保护身体、预防损伤或再次受伤的效果。常用护具有护腕、护膝、护踝等，可以根据运动实际需求和个人状态选择不同的护具。

2.4 贴扎技术

贴扎技术是用有黏性的贴布在关节或肌肉周围贴扎，对关节或肌肉形成半固定或全固定的防护。运动贴扎技术可以对伤口或患处进行包扎固定，保护受伤部位，防止二次伤害。对已经出现的韧带损伤、肌肉损伤、关节松弛提供辅助和固定作用，降低运动损伤再次发生的概率，也可以对安全范围内的关节活动给予支持，让受伤的组织进行更多的运动康复，促进提早康复。

2.5 功能性训练

功能性训练是以整体的眼光看待人体运动，通过对人体不同动作的分析，找出薄弱环节，进行有针对性的力量训练。功能性训练可以综合提高人体协调性、灵敏性、平衡性及柔韧性，有效预防运动损伤。

此外，遵循运动训练原则合理安排训练、充分恢复、提供足够的营养支持，以及排除天气、设备等环境因素的影响也是预防运动损伤的有效方法。

◆ 思政园地

开着浇冰车“绣花”的浇冰师

短道速滑和花样滑冰是备受观众喜爱的冬季奥运项目，这两项运动通常共用同一块场地。但是两个项目对冰面的要求不同，花样滑冰需要厚、软的冰面以便于选手起跳和落冰，而追求速度的短道速滑则要求薄、硬的冰面。

比赛间隙、项目交替时，浇冰师驾驶浇冰车修复冰面，传承工匠精神，严控误差、精雕细琢，妙手织就“冰地毯”。浇冰师不仅要确保冰面平整顺滑，更要让冰面特性符合项目要求，以保障运动员赛前训练和比赛的顺利进行。

任务评价

1. 实训评价

学生自评、互评实训成果和实训表现，填写实训评价表（表4–4）。评分时，先确定评价等级，再从相应的等级中勾选相应的分数。

表4-4　实训评价表

评价内容	评价等级					
	✿		✿✿		✿✿✿	
要素齐全	30	32	34	36	38	40
描述准确	30	32	34	36	38	40
表达流畅、教态自然	5	6	7	8	9	10
团队合作	5	6	7	8	9	10
总分						

2. 学习评价

学生自评、小组互评，评价自己是否完成检查设施和装备的学习，是否完成任务表等实训成果资料，实训任务有无遗漏。老师对学生进行的评价包括任务书书写是否工整规范，报告成果是否出自实训、是否真实合理且阐述详细，学生自评分析是否合理、收获体会是否深刻，个人能力是否得到提升。（表4–5）

评价按照A（优秀）、B（良好）、C（合格）、D（努力）4个档次进行。

表4–5　学习评价表

任务	完成情况记录
相关理论学习情况	
技能训练情况	
任务完成情况	
任务创新情况	
成果上交情况	
收获	

3. 知识测评

（1）[判断题]日常训练和比赛前应该定期检查运动装备和场地设施。（　）

（2）[判断题]篮球训练队伍的运动防护人员应该检查场馆的地板、篮筐、灯光、屋顶、消防等设施。（　）

（3）[判断题]国家游泳队训练时可以不准备救生用品和设备。（　）

（4）[判断题]在对体育馆设施和场地检查时可以排除淋浴房等附属用房。（　）

（5）[多选题]运动损伤的风险因素主要包括（　　）。

A.身体因素　B.心理因素　C.训练因素　D.环境因素

（6）[多选题]预防运动损伤的方法有（　　）。

A.准备活动　B.整理活动　C.保护器材　D.贴扎技术

扫码答题

任务五
配置运动急救包

情境导入

魏教练是某武术馆的武术散打教练，在日常安全检查中发现场馆配备的运动急救包中一些物品失效。请你帮助魏教练一起更新、补充运动急救用品，让场馆的运动急救包满足训练或比赛中运动创伤救护的需求。

任务要求

任务类型	配置运动急救包	学习维度		
		识记	理解	应用
学习任务	常用创伤救护用品的用途	★		
	常用运动救治用品的用途	★		
实训任务	能针对不同项目或场景配置实用的运动急救包			★
	能描述常用运动急救用品的用法			★
个人目标				

任务说明

以小组为单位讨论，确定所需急救用品、器具的规格、数量，并简要说明急救用品、器具的用途。填写配置运动急救包任务单（表5-1），并展示急救包配置成果。

表5-1 配置运动急救包任务单

物品	规格	数量	用途

任务准备

1. 阅读任务说明，识读任务单。
2. 观看“配置运动急救包”相关的线上资源。
3. 收集运动急救用品和器具的相关知识。
4. 结合运动急救用品和器具的相关知识与任务要求，总结难点和常见问题。

任务实施

1. 认识常用创伤救护防护物品

运动急救包应该具有较多的隔层和口袋，方便分门别类存放急救用品，易于翻找，便于使用。表5–2是常用创伤救护防护用品，请根据实际情况选择适宜的防护用品，填写任务单（表5–1）。

表5–2 常用创伤救护防护用品

用品		常见规格	用途
检查口罩、手套	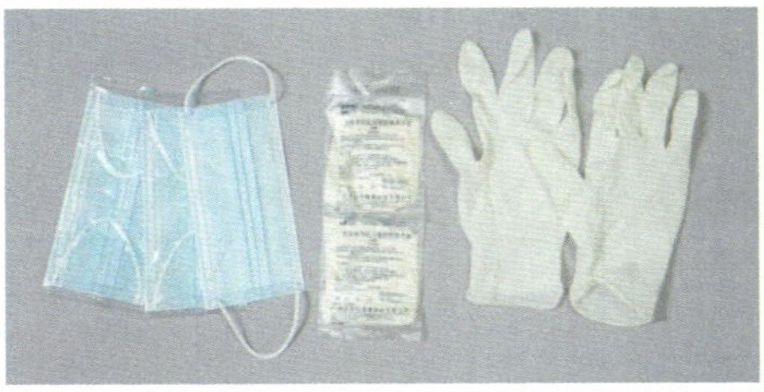	医用外科口罩、医用橡皮检查手套	进行止血等救治操作时防止病菌交叉感染
一次性呼吸面膜（面罩）	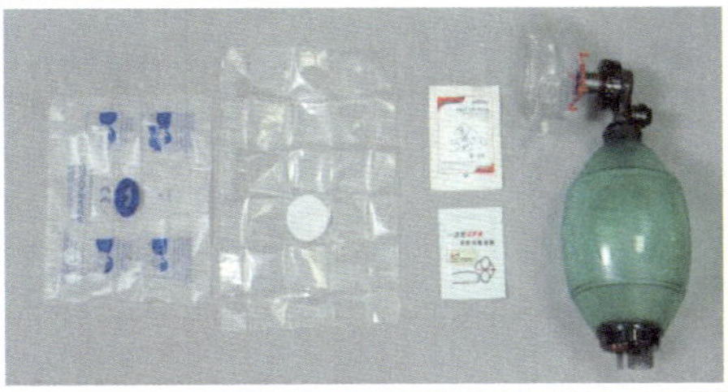	口罩式、薄膜式、口鼻面罩	口对口人工呼吸时防止病菌交叉感染

2. 认识基本创伤急救用品

心肺复苏术、止血、包扎、骨折临时固定、伤员搬运是基本创伤救护技术，需要配合不同急救用品。表5–3是常用基本创伤急救用品，请根据实际情况选择适宜的用品，完善任务单（表5–1）。

表5-3 常用基本创伤急救用品

用品		常见规格	用途
止血带	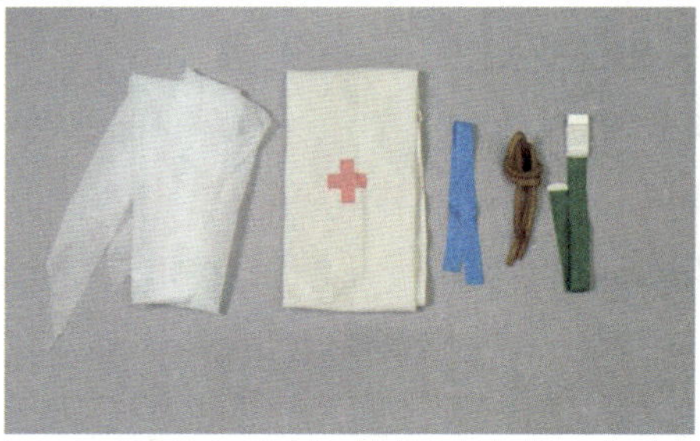	布制止血带（三角巾）、 橡皮止血带、 卡扣式止血带、 气制止血带	止血
无菌纱布辅料	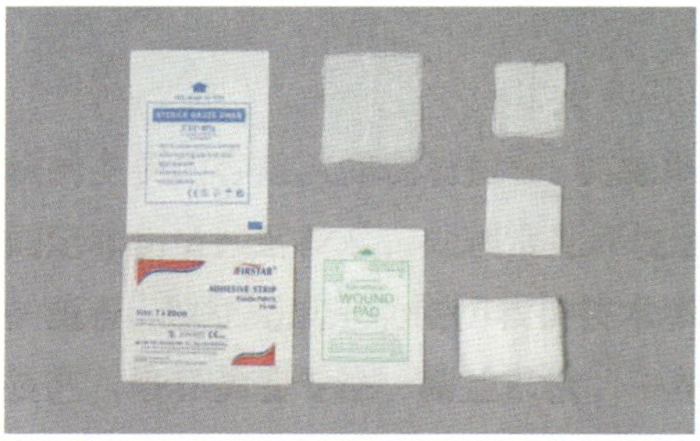	5cm × 5cm、 7.5cm × 7.5cm、 10cm × 10cm	包扎、固定前覆盖伤口
自粘敷料	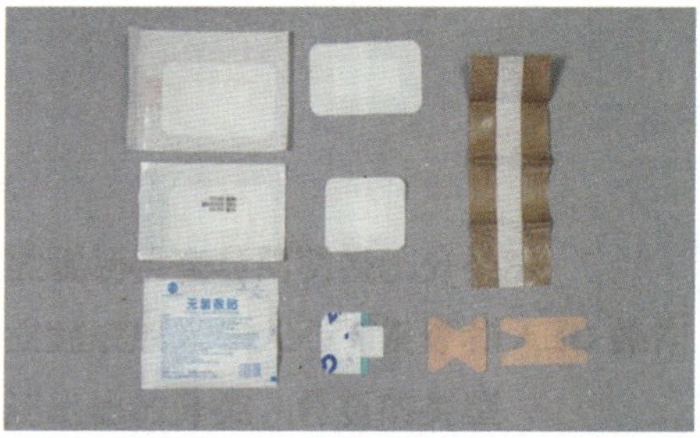	3cm × 4cm、 6cm × 7cm、 10cm × 10cm、 10cm × 20cm	伤口包扎
消毒用品	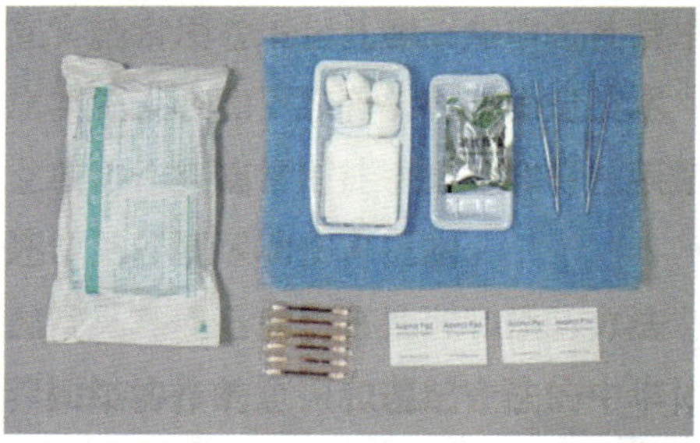	一次性清创包、 酒精棉片、 碘伏棉棒	清洁消毒伤口、 物体表面消毒
弹性绷带	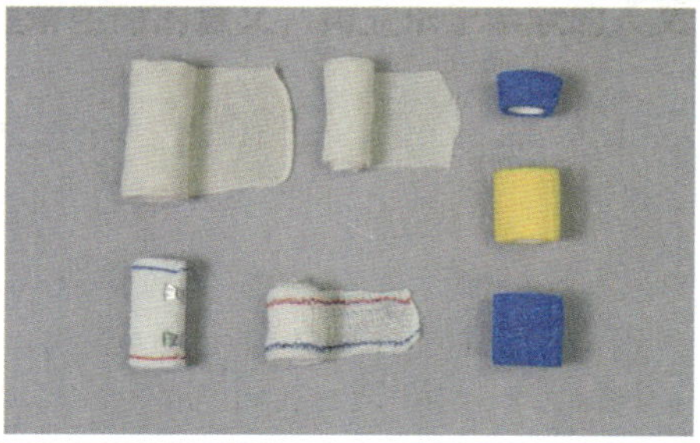	宽度：2.5cm、5cm、7.5cm、10cm 质地：自粘、网状、全棉、皱纹	伤口加压包扎、软组织挫伤或肌肉拉伤加压包扎、临时固定

续表

用品		常见规格	用途
铝芯夹板	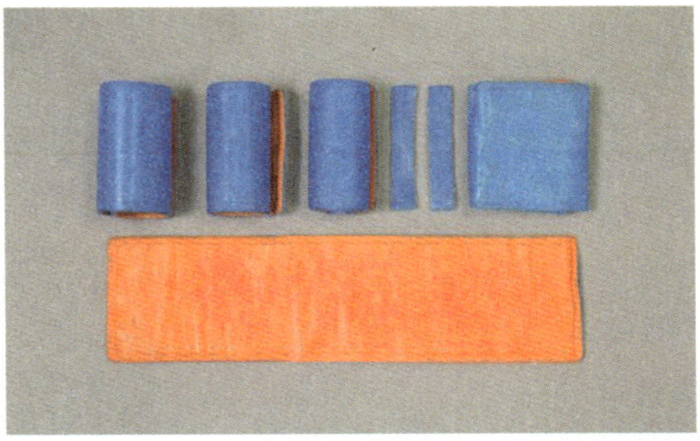	7cm × 25cm、 11cm × 46cm、 11cm × 90cm	骨折、韧带断裂时的临时固定
急救毯	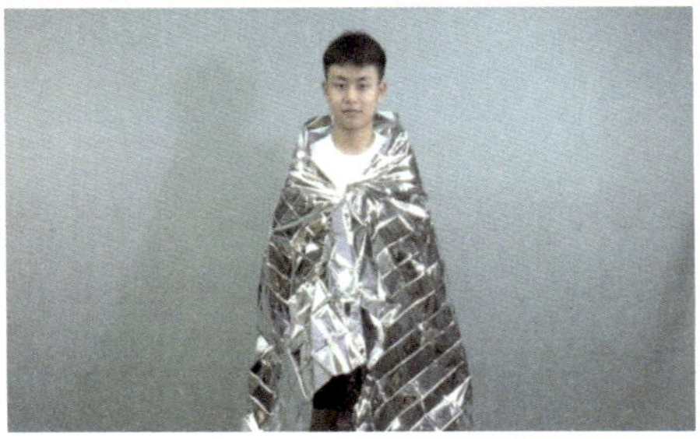	铝箔复合材质： 210cm × 130cm、 210cm × 160cm	应急保温、反光求助、防雨防潮
辅助用品	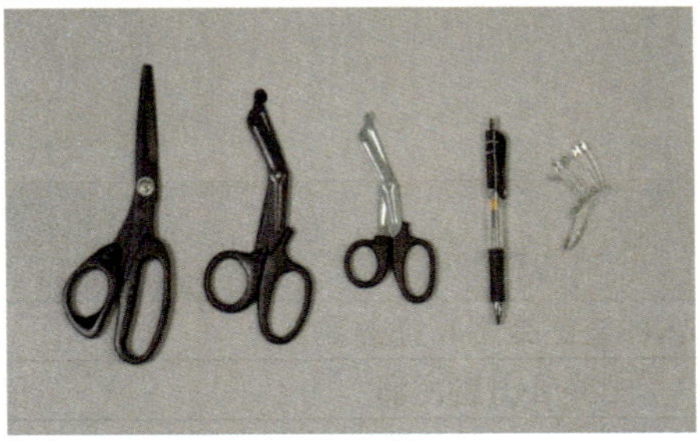	安全别针、 书写笔、 安全剪刀	固定三角巾、填卡、 剪开衣物、修剪肌贴
辅助用品	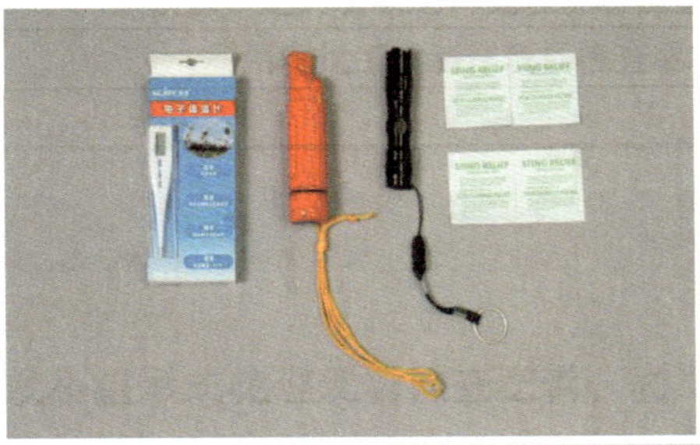	电子体温计、 口哨、 指南针、 手电筒、 止痒棉片	检测体温、呼救、求生

3. 认识特殊运动救治用品

请根据实际情况选择适宜的特殊运动救治用品（表5-4），完成任务单（表5-1）。准备运动急救包时，请不要放止痛、止血等各类需要医生开具的药品。

表5-4　特殊运动救治用品

用品		常见规格	用途
运动贴布	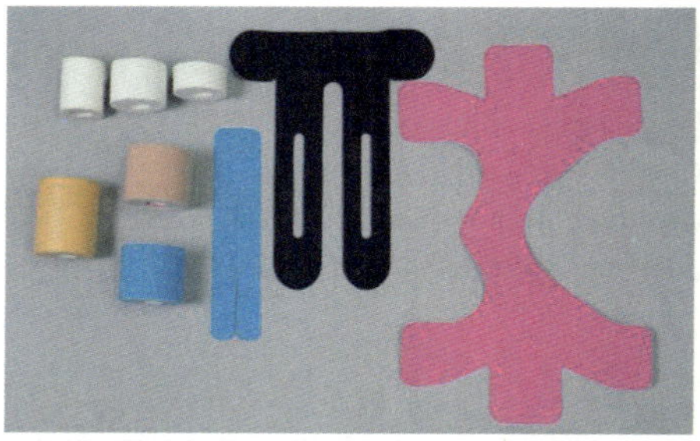	皮肤膜、白贴、肌贴	对韧带、肌肉或关节松弛提供辅助和固定
蕾丝垫片	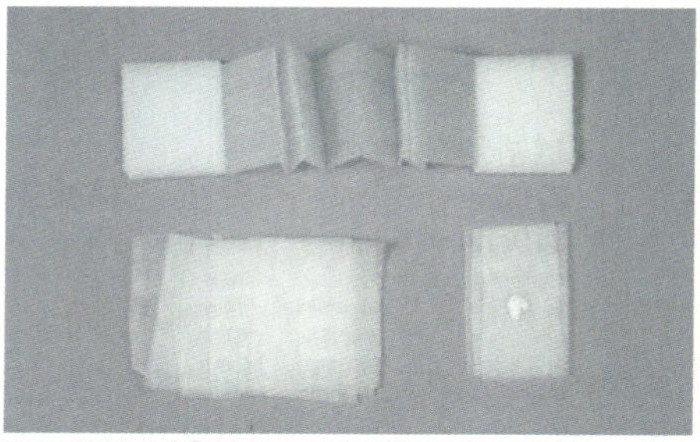	7.6cm × 7.6cm、自行剪裁	贴扎或佩戴护具前隔离皮肤、减少摩擦
冷疗剂用品	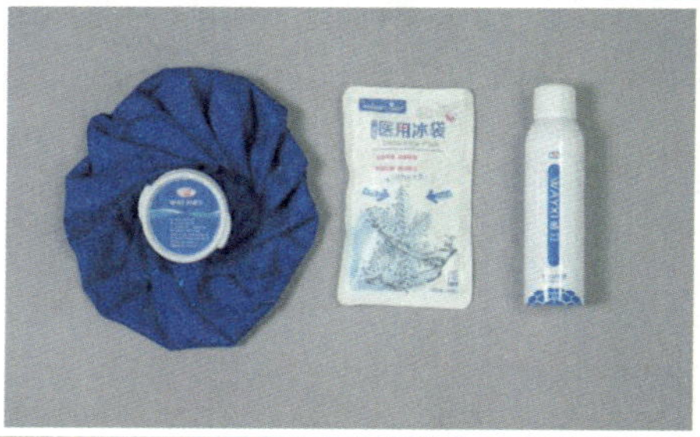	冰敷包、一次性速冷冰袋、冷喷剂	软组织扭伤、肌肉拉伤时喷涂或覆盖皮肤

◆ 思政园地

运动项目与急救包配置

“工欲善其事，必先利其器。”不论是生活、学习、还是工作，都要依据特定情境和具体条件，选择制定合理的解决方案，培养在复杂环境中行动的能力，发现问题、提出问题、解决问题。

为了更好地应对运动场上的意外情况，我们需要提前配置好运动急救包。不同的运动项目、训练或比赛场景，易发生的运动损伤类型不尽相同。急救用品的规格和数量应该根据不同的使用环境、项目特点、易发损伤类型来决定，并且注意定期管理和更新各类物品器具。

任务评价

1. 实训评价

学生自评、互评实训表现，填写实训评价表（表5–5）。评分时，先确定评价等级，再从相应的等级中勾选相应的分数。

表5–5　实训评价表

评价内容	评价等级					
	✿		✿✿		✿✿✿	
物品齐全	20	22	24	26	28	30
规格适当、数量充足	25	28	31	34	37	40
用途准确、适应场景	20	22	24	26	28	30
错误物品	每放置1个不宜或无资质使用的物品扣2分					
总分						

2. 学习评价

学生自评、小组互评，评价自己是否完成配置运动急救包的学习，是否完成任务表等实训成果资料，实训任务有无遗漏。老师对学生进行的评价包括任务书书写是否工整规范，报告成果是否出自实训、是否真实合理且阐述详细，学生自评分析是否合理、收获体会是否深刻，个人能力是否得到提升。（表5–6）

评价按照A（优秀）、B（良好）、C（合格）、D（努力）4个档次进行。

表5–6　学习评价表

任务	完成情况记录
相关理论学习情况	
技能训练情况	
任务完成情况	
任务创新情况	
成果上交情况	
收获	

3. 知识测评

（1）[判断题]篮球比赛和田径训练时可以使用相同的运动急救包配置。（　　）

（2）[判断题]运动急救包里必须放置速效救心丸、消炎药等常用药品。（　　）

（3）[判断题]为了降低成本，运动急救包应该尽量配置大容量、大包装的急救用品。（　）

（4）[判断题]处理关节处出血时，最方便可行的方法是将消炎药物胶囊中的药粉撒在伤口上。（　）

扫码答题

任务六
实施运动评估与筛查

情境导入

小程是一名运动数据分析师，为某省运动训练中心提供数据分析服务。在本周期训练开始前，请你帮助小程收集和整理运动员运动评估筛查情况，以便小程及时了解运动员的状况，优化训练计划。

任务要求

任务内容	运动评估与筛查	学习维度		
		识记	理解	应用
学习任务	运动评估与筛查的内容与常用方法	★		
	评估结果记录方式		★	
实训任务	记录评估检查结果并提出处理意见			★
	解释运动评估与筛查结果			★
个人目标				

任务说明

以小组形式讨论，识读运动评估与筛查任务单（表6-1），解释任务单提供的相关损伤信息，分析评估结果，提出处理计划，并填写在任务单空白处。

表6-1 运动评估与筛查任务单

日期： 检查人：

<table>
<tr><td rowspan="9">主观叙述</td><td>姓名：</td><td>邢某</td><td>年龄：</td><td>45</td><td>性别：</td><td>女</td><td>BMI：</td><td>28</td></tr>
<tr><td colspan="8">损伤史</td></tr>
<tr><td colspan="4">医学诊断：右距腓前韧带扭伤</td><td colspan="4">相关损伤史：跑步时右脚踩坑，向内侧崴脚</td></tr>
<tr><td colspan="8">疼痛位置、时长：右踝外侧疼痛两个月，行走时疼痛加剧</td></tr>
<tr><td colspan="8">客户目标：减轻疼痛，正常生活</td></tr>
<tr><td colspan="8">生活方式</td></tr>
<tr><td colspan="4">职业特点：银行大堂经理，久站</td><td colspan="4">运动习惯：极少活动</td></tr>
<tr><td colspan="4">睡眠情况：正常</td><td colspan="4">吸烟饮酒：无</td></tr>
<tr><td colspan="8">膳食营养：早、中餐外卖，晚餐少吃或不吃</td></tr>
<tr><td rowspan="11">客观表现和评估分析</td><td colspan="8">医学检查</td></tr>
<tr><td colspan="4">心率：72次/分</td><td colspan="4">血压：136/80mmHg 正常高值未用药</td></tr>
<tr><td colspan="4">血脂：甘油三酯偏高</td><td colspan="4">血糖：5.10mmol/L 正常</td></tr>
<tr><td colspan="8">其他：影像学骨骼、肌肉、韧带结构完整，右踝外侧软组织水肿</td></tr>
<tr><td colspan="8">姿势/动作检查</td></tr>
<tr><td colspan="4">视诊和触诊：无肿胀，胫骨前方压痛，疼痛4级</td><td colspan="4" rowspan="6">评估分析结果：</td></tr>
<tr><td colspan="4">关节活动度：内翻受限，背屈受限</td></tr>
<tr><td colspan="4">徒手肌力检查：外翻3分，背屈3分</td></tr>
<tr><td colspan="4">特殊检查：踝关节前抽屉试验阳性</td></tr>
<tr><td colspan="4">功能检查：患侧单脚站立低于10秒，健侧单脚站立30秒</td></tr>
<tr><td colspan="4">功能性动作筛查：深蹲1分、直线弓箭步1分</td></tr>
<tr><td rowspan="10">处理计划</td><td colspan="8">短期目标（ ～ 周）</td></tr>
<tr><td colspan="8"></td></tr>
<tr><td colspan="8">中期目标（ ～ 周）</td></tr>
<tr><td colspan="8"></td></tr>
<tr><td colspan="8">长期目标（ ～ 周）</td></tr>
<tr><td colspan="8"></td></tr>
<tr><td colspan="8">贴扎</td></tr>
<tr><td colspan="8"></td></tr>
<tr><td colspan="8">生活管理教育</td></tr>
<tr><td colspan="8"></td></tr>
</table>

任务准备

1. 阅读任务说明，识读任务单。
2. 收集运动评估和筛查方法的相关知识。
3. 结合运动评估和筛查的知识与技能要求，总结难点和常见问题。

任务实施

1. 收集运动评估与筛查数据

运动评估和筛查贯穿运动损伤管理的各个阶段，主要包括健康筛查、视诊和触诊、主观问询、姿势和功能检查、体能检查等。没有发生运动损伤时，定期评估和筛查可以尽早发现体育参与者的不佳状态，及时调整，降低损伤发生的风险。运动损伤发生时为了尽早开始治疗和康复训练，需要全面评估和筛查损伤情况，及时实施处置、制订合理的康复计划。执行康复计划时，要分阶段评估和筛查功能恢复水平，及时调整训练目标和康复方案。

1.1 健康筛查

定期体检是做好运动准备的第一步。对运动员进行医学检查应该由医务人员负责，从事运动防护或康复训练的人员应该关注运动员的相关情况。定期的全身健康检查至少包括循环、呼吸、神经、骨科、视力、听力、血常规和尿常规检查，此外还应该包括运动员已有的或潜在的健康问题以及可能影响其运动的特殊疾病，如哮喘、糖尿病等。对于伤后康复人员来说，伤处影像检查能为其开展康复训练提供一定的依据。

对于从事运动防护、康复训练等工作的人员来说，需要特别关注运动员的心血管状况，可以选择国际上广泛使用的健康评估工具体育活动准备问卷（Physical Activity Readiness Questionnaire，PAR–Q）进行筛查。

1.2 视诊和触诊

视诊时重点观察伤者伤处是否有变形、肿胀、变色、肌肉萎缩（围度变小）等情况。触诊主要检查伤者皮肤温度、伤处肿胀或肌肉松弛情况，伤处是否有硬块、凹陷等。视诊和触诊时应该注意保护伤者隐私，避免不必要的身体接触。

1.3 主观问询

询问体征、症状、损伤史等信息，如损伤机制、损伤表现、损伤发生的时间、损伤发生的环境、治疗与康复情况等。了解生活方式、家庭和社会支持等特点能够更好地制订康复计划。

1.4 姿势和动作检查

（1）静态姿势评估。从正面、侧面、背面观察足和踝、膝、腰椎、骨盆和髋、肩、头颈等部位的身体排列，识别身体可能存在的肌肉不平衡。

（2）肌力和关节活动度检查。通过徒手肌力测试和关节活动度测试掌握肌肉或肌腱是否受伤，关节活动是否受限，动作是否产生疼痛、不流畅或偏离正常轨迹。

（3）特殊测试。在了解运动损伤的大致情况后，可以对局部进行更详细的特殊测试。如踝关节扭伤时进行前抽屉测试或距骨倾斜测试，以了解踝关节内侧或外侧韧带的稳定情况。

（4）功能性动作筛查。功能性动作筛查（Functional Movement Screen，FMS）主要通过深蹲、跨栏步、直线弓箭步、肩部灵活性、主动直膝抬腿、躯干稳定俯卧撑、躯干旋转稳定性等7个动作检测功能性动作的质量，从而发现早期的不平衡、不对称或动作局限等症状，提前采取应对措施。功能性动作筛查对运动员重新参与体育运动或重返赛场具有重要的参考意义。

1.5 体能检查

根据项目特点或训练目标，评估运动员相应部位或整体的力量、柔韧性、耐力、本体感觉，心肺功能和运动专项能力等状态，筛查可能导致受伤的体能问题并进行改善，为运动员尽快参与体育运动或重返赛场做好准备。有增肌减脂或控体重要求时，还应该检查运动员身体成分。

2. 记录评估筛查结果

完成评估后，一般按照SOAP的格式简洁、系统地记录评估结果。SOAP分别代表主观叙述（Subjective）、客观表现（Objective）、评估分析（Assessment）、治疗计划（Plan）。请根据运动评估与筛查任务单（表6–1）提供的信息，分析评估结果，提出处理意见，完成任务单空白处内容的填写。

◆ 思政园地

新质生产力——运动数据分析

运动数据分析是新兴的专业和岗位，主要工作内容是对人体运动力学特征、运动数据指标、可穿戴设备或生物识别系统数据进行测量、采集和分析。体育中的数据分析历史由来已久，比如测定最大摄氧量衡量摄入氧气的能力，统计运动员技术信息以提高运动员的技战术水平，统计球队战术信息制订攻防策略等。随着科技的发展和全民健身意识的不断增强，运动数据分析在大众健身领域将扮演越来越重要的角色。主动适应“互联网+”等社会信息化发展趋势，利用信息化工具获取、评估、鉴别、使用信息将大幅提升数字化生存能力和职业竞争力。

任务评价

1. 实训评价

学生自评、互评实训成果和实训表现，填写实训评价表（表6–2）。评分时，先确定评价等级，再从相应的等级中勾选相应的分数。

表6-2　实训评价表

评价内容	评价等级					
	✿		✿✿		✿✿✿	
要素齐全	30	32	34	36	38	40
描述准确	30	32	34	36	38	40
表达流畅、教态自然	5	6	7	8	9	10
团队合作	5	6	7	8	9	10
总分						

2. 学习评价

学生自评、小组互评，评价自己是否完成实施运动评估与筛查的学习，是否完成任务表等，实训任务有无遗漏。老师对学生进行的评价包括任务书书写是否工整规范，报告成果是否出自实训、是否真实合理且阐述详细，学生自评分析是否合理、收获体会是否深刻，个人能力是否得到提升。（表6–3）

评价按照A（优秀）、B（良好）、C（合格）、D（努力）4个档次进行。

表6-3　学习评价表

任务	完成情况记录
相关理论学习情况	
技能训练情况	
任务完成情况	
任务创新情况	
成果上交情况	
收获	

3. 知识测评

（1）[判断题]篮球比赛和田径训练可以使用相同的运动评估和筛查方法。（　）

（2）[判断题]运动防护师可以独立开展医学检查。（　）

（3）[判断题]徒手肌力测试可以帮助分析姿势代偿或动作功能不良的情况和原因，进而制订具有针对性的康复训练计划。（　）

（4）[判断题]静态姿势评估可以有效观察身体排列情况，初步识别可能存在的肌力不平衡。（　）

扫码答题

任务七
应用护具和贴扎技术

情境导入

吕教练是某青少年足球俱乐部的足球教练员，为了在专项训练和比赛中更好的避免伤痛，希望了解护具和贴扎技术在损伤预防方面的知识。请你帮助吕教练整理相关内容。

任务要求

任务类型	应用护具和贴扎技术	学习维度		
		识记	理解	应用
学习任务	不同运动项目所需的防护装备	★		
	运动贴布的类型和技术原理		★	
实训任务	描述预防损伤的防护装备类型			★
	描述如何使用运动贴布对身体部位进行贴扎			★
个人目标				

任务说明

以小组为单位讨论，确定青少年足球训练和比赛所需的护具和贴扎方法。填写应用护具和贴扎技术任务单（表7-1），并进行汇报。

表7-1　应用护具和贴扎技术任务单

护具	规格（标准）	数量	用途

续表

贴扎部位	贴扎方法

任务准备

1. 阅读任务说明，识读任务单。
2. 观看“贴扎技术和护具”相关的线上资源。
3. 收集使用护具和应用贴扎技术的相关知识。
4. 结合使用护具和应用贴扎技术的相关知识与任务要求，总结难点和常见问题。

任务实施

1. 选用护具

不同的体育运动有不同的常见损伤，需要专门的防护装备预防这些损伤。护具是在易受伤的关节、骨或肌肉组织上支撑固定的器具，主要作用是限制关节过度活动，能预防或减少从事体育运动时产生身体损伤。请根据实际情况选择适宜的护具，填写任务单（表7–1）。

1.1 运动规则规定的护具

一些运动项目中，规则规定运动员需要佩戴特殊的装备或护具。比如在滑雪、曲棍球、橄榄球、滑板、旱冰运动中应该佩戴头盔，发生意外时可以分散一部分冲击力，减少直接作用于头部的力量。滑雪时应该佩戴护目镜，可以防护撞击、雪、阳光和风对眼睛的伤害。冰球、橄榄球、拳击、篮球等身体接触多的运动项目，应该佩戴护齿，尤其是青少年运动员。在射击运动中，应该佩戴有效的护耳器，避免内耳损伤导致永久性的听力下降。护肘、护腕、护膝、护踝等护具在许多运动中和日常活动中也能起到保护相应部位的作用。这些防护装备必须符合一定的标准。

1.2 选择护具的原则

（1）根据运动项目特点和使用者的状况和需要来进行选择；

（2）具有稳定性、防护功能性、美观舒适性；

（3）容易获取和购买，且价格合理的产品。

2. 选用贴扎技术

贴扎是运动防护中最常见的技术之一，常用的贴扎用品有非弹性贴布、弹性贴布、弹性绷带、皮肤膜、垫片等。其作用是防止受伤，并有助于伤后恢复。通常情况下，贴扎可以提供辅助和固定作用，对曾经发生过韧带、肌腱、肌肉损伤或出现关节松弛的部位起到预防性保护的效果，降低再次出现运动损伤的概率。此外还可以配合绷带、敷料等物品进行包扎固定，对受伤部位实施应急处置。请根据实际情况选择适宜的贴扎技术，填写任务单（表7–1），并进行汇报。

2.1 白贴贴扎

白贴是最常用的非弹性贴布，常用的规格有宽度38mm、50mm等。白贴可以在足踝、手腕、手指等关节出现扭伤和肌肉拉伤时用于稳定关节而贴扎，如图7–1所示为白贴足踝贴扎。

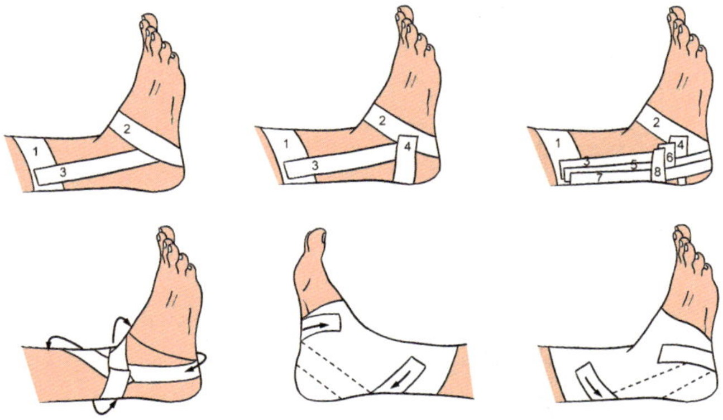

图7–1 白贴足踝贴扎

2.2 肌贴贴扎

肌贴是一种较新的弹性运动贴布，产品的英文名为Kinesio Tape（源自Kinesiology，运动学或运动机能学），所以很多人称其为KT贴布。目前的研究表明，肌贴能够通过皮肤感觉刺激筋膜和保持姿势，通过感觉输入帮助关节动态稳定，减轻软组织疼痛和炎症，增加皮下组织的间隙，改善淋巴回流和减少水肿。

（1）基本技术原理。

肌贴厚度和重量与皮肤相似，有助于随皮肤移动和透气，有良好的弹性，一般可拉长到初始长度的1.4 ~ 1.8倍。肌贴以一定的拉力贴在衬纸上，把肌贴从衬纸揭下，长度会自然缩短5% ~ 10%。肌贴贴扎时，起点通常叫锚点，终点通常叫尾点，经过拉伸的肌贴有从尾点向锚点收缩的特性（图7–2）。

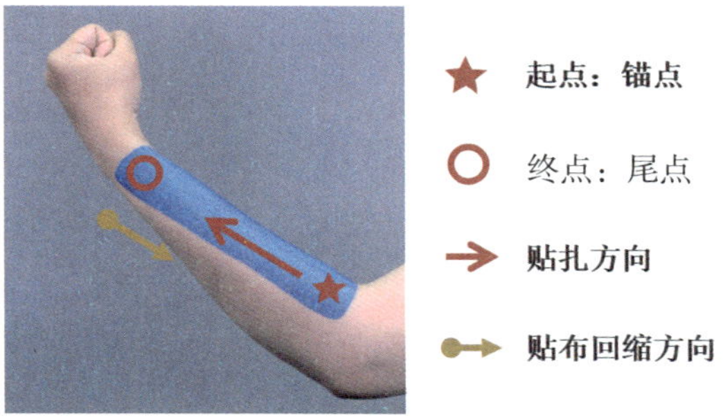

图7-2　肌贴贴扎基本原理

（2）常用形状。

常用的肌贴有预分切型和未分切型。未分切肌贴在使用中常被修剪成不同形状来侧重不同的功效（图7-3）。例如，I形肌贴能提供最大的固定效果，Y形肌贴侧重于调整肌肉张力，X形肌贴常用于止痛，爪形肌贴有利于改善组织液回流。无论使用哪种形状，肌贴两端的每个分支都应该修剪成圆弧形，以避免边缘翘起或脱落。

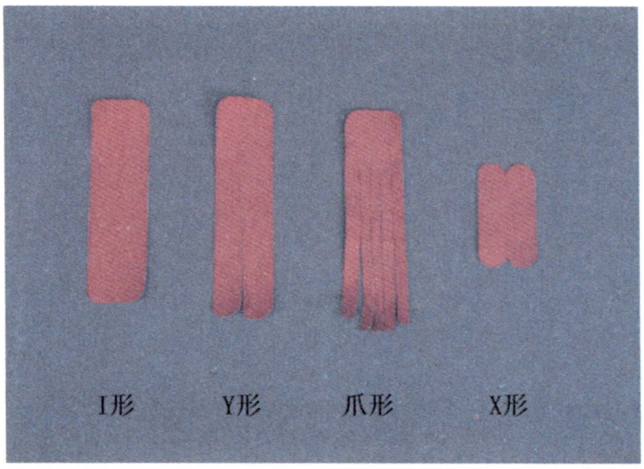

图7-3　肌贴剪裁形状

（3）常用体位。

肌贴贴扎时要根据贴扎的目的和要解决的问题决定体位。一般来说，用于减缓疼痛、减轻水肿、增加神经反馈时，贴扎区域应该在无痛范围内充分伸展。如果适用于姿势纠正，贴扎区域处于中立位无伸展。

（4）常用拉力。

肌贴的拉力在实际操作中很难精准控制，常用的三种肌贴的拉力大小和测量的方法如下：

①无拉力是将肌贴从衬纸上完全揭下，让肌贴回缩到最短，在没有任何拉力的情况下贴扎在皮肤上。一般用于两端固定和水肿贴扎。

②自然拉力是撕开贴布后不明显牵拉，边分离衬纸边贴扎在皮肤上。主要用于稳定贴扎。

③中等拉力一般是将贴布拉到最大拉伸长度所用拉力的一半，与起始长度相比，贴布实际被拉长10%～30%。通常用于减压贴扎。

（5）其他注意事项。

肌贴所用的亚克力胶水呈特殊的波浪形，受热会产生粘性，贴扎后需要反复摩擦贴布，以提高局部温度，激活背胶粘性，让肌贴更贴合贴扎部位。

一般在运动前1～2小时进行贴扎，效果最好。在使用肌贴前，贴扎的部位不要涂抹任何护肤乳、防晒霜等油脂类的产品，需要清洁皮肤，去除毛发。贴布的最长使用时间是48～72小时。如果在运动中大量出汗，贴布脱落，应该及时去除或更换。

贴扎技术只能当作其他康复技术的辅助技术，只靠肌贴贴扎来避免运动损伤或者进行损伤康复是不现实的。

◆ 思政园地

中华体育精神——科学求实

肌贴发明者加濑建造（Kenzo Kase）博士声称肌贴的功效之一是可以改善骨骼肌的功能，按照从肌肉起点贴向止点的方向是促进贴扎手法，可加强肌肉的收缩功能，从肌肉止点贴向起点的方向是抑制贴扎手法，可放松肌肉，缓解肌肉疲劳。

围绕这一问题，近年来的研究结论仍然存在较大争议，并没有明确的科学证据支持贴扎方向对肌肉力量有提高作用。如果在有关肌贴的各种著作或互联网上搜索贴扎技术，会发现同一个问题的贴扎方法五花八门，并没有所谓的“标准答案”。作为一名体育人，要发扬科学求实的中华体育精神，尊重事实和证据，用严谨的求知态度在实践中不断学习和总结。

任务评价

1. 实训评价

学生自评、互评实训表现，填写实训评价表（表7–2）。评分时，先确定评价等级，再从相应的等级中勾选相应的分数。

表7-2 实训评价表

评价内容	评价等级					
	✿		✿✿		✿✿✿	
护具齐全、规格适当	15	17	19	21	23	25
数量充足、用途准确	15	17	19	21	23	25
贴扎技术有效	25	30	35	40	45	50
总分						

2. 学习评价

学生自评、小组互评，评价自己是否完成应用护具和贴扎技术的学习，是否完成任务表等实训成果资料，实训任务有无遗漏。老师对学生进行的评价包括任务书书写是否工整规范，报告成果是否出自实训、是否真实合理且阐述详细，学生自评分析是否合理、收获体会是否深刻，个人能力是否得到提升。（表7–3）

评价按照A（优秀）、B（良好）、C（合格）、D（努力）4个档次进行。

表7-3 学习评价表

任务	完成情况记录
相关理论学习情况	
技能训练情况	
任务完成情况	
任务创新情况	
成果上交情况	
收获	

3. 知识测评

（1）[判断题]肌贴贴扎时，使用的拉力越大，效果越好。（ ）

（2）[判断题]肌贴可以在运动时有出血的情况下使用。（ ）

（3）[判断题]肌贴贴扎时间一般可以维持3～5天。（ ）

（4）[判断题]运动康复时可以单独使用贴扎技术，不使用其他技术。（ ）

（5）[多选题]速度轮滑比赛中，运动员必须佩戴的护具包括（ ）。

A. 护膝　B. 护腕　C. 护肘　D. 头盔

（6）[多选题]选择护具的原则包括（ ）。

A. 美观　B. 稳定　C. 实惠　D. 通用

扫码答题

模块三　提供急救处理

模块导读

本模块的主要内容是认知现场检查，实施单人心肺复苏和AED操作，实施止血、包扎、骨折临时固定和伤员搬运技术，处理常见环境运动伤害。通过完成本模块的任务，能够熟悉损伤救护流程，独立完成运动创伤救护技术和常见运动损伤处理。增强珍爱生命的意识，不断精进技艺，培养执着专注、精益求精、一丝不苟、追求卓越的工匠精神。

学习目标

1. 掌握现场检查与简明检伤分类法
2. 独立完成成人单人心肺复苏和 AED 操作
3. 描述出血的分类、骨折的类型
4. 独立实施常用卷带包扎和三角巾包扎技术
5. 独立实施上肢和下肢骨折临时固定技术
6. 独立或协作实施常用徒手搬运和脊柱板搬运技术
7. 描述常见环境运动伤害机制
8. 掌握常见环境运动伤害处理和预防方法
9. 培养团结协作的意识和遵纪守法的中华体育精神
10. 理解生命的意义，树立乐于奉献的人文情怀和社会责任

任务八
认知现场检查程序

情境导入

小顾是某青少年攀岩运动基地的攀岩指导员，除了负责日常课程指导，还负责组织团队应急救护知识和技能的学习与考核。请你帮助小顾设计一张现场检查思维导图，并在基地张贴，让团队成员可以更清晰地了解运动创伤救护现场检查程序。

任务要求

任务类型	认知现场检查程序	学习维度		
		识记	理解	应用
学习任务	首要检查和次要检查的内容	★		
	简明检伤分类法		★	
实训任务	按照一定的层级逻辑梳理现场检查思维脉络			★
	利用现代工具制作现场检查思维导图			★
个人目标				

任务说明

以个人或小组形式梳理现场检查逻辑，利用现代工具制作现场检查思维导图，填写现场检查程序任务单（表8-1），展示讲解思维导图。

表8-1　现场检查程序任务单

制作人（团队）		工具		风格	
（可直接绘制或粘贴）					

任务准备

1. 阅读任务说明，识读任务单。
2. 观看“现场检查”相关的线上资源。
3. 收集现场检查程序的相关知识。
4. 结合现场检查的相关知识与任务要求，总结难点和常见问题。

任务实施

1. 认识运动损伤现场处置程序

运动损伤应急救护是指在专业人员到达现场前，伤员身边人员为伤员提供初步、及时、有效的救护措施。这些救护措施可以大大减轻损伤后果，保护生命安全，让体育爱好者和运动员能够尽快恢复健康，重返赛场。

救护分为现场处置、护送伤员、医院救治三个阶段。现场处置的程序是评估环境，伤情检查和评估，呼救，实施心肺复苏、止血、包扎、临时固定等处置，有需要的情况下需搬运伤员并护送至医院接受救治。

2. 绘制现场检查思维导图

请梳理现场检查程序，绘制、展示、讲解思维导图，填写现场检查程序任务单（表8–1）。

进行现场处置时，先判断四周环境，确保安全的情况下可以开始伤情检查。伤情检查的内容与方法见表8–2。

表8–2　伤情检查的内容与方法

类别	内容	方法	处理
首要检查	意识	轻拍双肩、大声呼唤，观察是否有反应	若无反应，应立即呼救，通畅气道
	气道	观察口鼻，清除异物，保持气道通畅	
	呼吸循环	一听、二看、三触。靠近伤员鼻部听其是否有呼吸声，观察其胸廓是否有起伏，触摸其颈动脉检查是否有脉搏	若无呼吸、循环，应立即实施心肺复苏术
	出血	检查是否有外伤和出血	若大出血应立即止血
次要检查	询问伤病经历和损伤史		包扎、临时固定，搬运送医

现场有大批伤员等待救援，救护人员不足时，要按照国际救助优先原则——简明检伤分类法，使用伤情识别卡等工具（图8–1）区分伤员轻重缓急，按照紧急程度依次实施救援。

图8-1　简明检伤分类法常用工具

伤情识别卡

简明检伤分类法用红、黄、绿、黑四种颜色区分不同程度的伤情（表8-3）。

表8-3　简明检伤分类法

颜色	伤情	处置顺序
黑	死亡、存活概率极低	第四（如现场心肺复苏成功，需再评估）
红	危重伤，如大出血、窒息、休克等	第一
黄	中等伤，骨折、眼部损伤、非大血管出血	第二
绿	轻伤，无生命危险，可自行走动	第三

◆ 思政园地

中国红十字会成立于1904年，是中华人民共和国统一的红十字组织，是从事人道主义工作的社会救助团体，是国际红十字运动的重要成员。中国红十字会以保护人的生命和健康，维护人的尊严，发扬人道主义精神，促进和平进步事业为宗旨。

现场检查是运动损伤现场紧急处置的首要环节，只有快速准确地检查才能实施有效的现场处置，才能帮助伤员控制损伤程度、减轻痛苦，为后续救治打下基础。理解生命的意义和人生价值不光是职业素养的要求，更是成长的必修课程。

任务评价

1. 实训评价

学生自评、互评实训成果和实训表现，填写实训评价表（表8-4）。评分时，先确定评价等级，再从相应的等级中勾选相应的分数。

表8-4 实训评价表

评价内容	评价等级					
	✿		✿✿		✿✿✿	
主题明确	10	12	14	16	18	20
思维脉络清晰	10	12	14	16	18	20
关键词准确凝练	10	12	14	16	18	20
版面生动有趣	10	12	14	16	18	20
利用信息化工具	10	12	14	16	18	20
总分						

2. 学习评价

学生自评、小组互评，评价自己是否完成认知现场检查程序的学习，是否完成任务表等实训成果资料，实训任务有无遗漏。老师对学生进行的评价包括任务书书写是否工整规范，报告成果是否出自实训、是否真实合理且阐述详细，学生自评分析是否合理、收获体会是否深刻，个人能力是否得到提升。（表8-5）

评价按照A（优秀）、B（良好）、C（合格）、D（努力）4个档次进行。

表8-5 学习评价表

任务	完成情况记录
相关理论学习情况	
技能训练情况	
任务完成情况	
任务创新情况	
成果上交情况	
收获	

3. 知识测评

（1）[判断题]检查呼吸时可以将手指放在伤员鼻孔下方进行感知。（ ）

（2）[判断题]检查循环时可以触摸颈动脉或腕动脉搏动。（ ）

（3）[判断题]骨折属于中等伤，应该第二优先处置。（ ）

（4）[判断题]现场出现心搏骤停意味着抢救成功概率极低，应该最后处置。（ ）

（5）[多选题]首要检查的内容有（ ）。

A. 是否有意识　　B. 是否有呼吸　　C. 是否有脉搏　　D. 是否有骨折

（6）[多选题]关于简明检伤分类法正确的描述有（ ）。

A. 红色代表危重伤，第一优先处置

B. 黄色代表重伤，第二优先处置

C. 绿色代表轻伤，第三优先处置

D. 黑色代表死亡，无意识、无呼吸、无脉搏，无需处置

扫码答题

任务九
成人单人心肺复苏和AED操作

情境导入

小祝是某游泳馆的游泳救生员，该游泳馆为了提高游泳馆救生员职业素养和应急处理能力，决定组织心肺复苏实操演习，并指派小祝对实操演习进行评价。请你协助小祝，示范成人单人心肺复苏（cardiopulmonary resuscitation，CPR）和自动体外除颤器（automated external defibrillator，AED）操作，并对参加演习的游泳救生员操作水平进行评价。

任务要求

任务类型	实施成人单人心肺复苏和AED操作	学习维度		
		识记	理解	应用
学习任务	成人单人心肺复苏技术操作流程和技术要求	★		
	自动体外除颤器的使用方法	★		
实训任务	独立完成成人单人心肺复苏和AED操作			★
	评价成人单人心肺复苏和AED操作完成情况			★
个人目标				

任务说明

以小组为单位演练成人单人心肺复苏技术和AED操作，填写成人心肺复苏（CPR+AED）实训任务单（表9-1）。成功完成每个操作后，在相应的方框中打“√”，否则需要重新完成任务。

表9-1　成人心肺复苏（CPR+AED）实训任务单

评价内容 \ 姓名				
评估和呼救	确认现场环境安全，做好自我防护			
	判断意识			
	检查呼吸			
	表明身份，呼救并取得AED			
胸外按压	掌根放在胸骨下半部			
	肘伸直，躯干前倾，垂直向下按压			
	在15～18秒内完成30次按压			
	按压深度为5～6cm			
	每次按压后胸廓恢复原状			
	不中断按压			
开放气道	观察并清除异物			
	仰头举颏法打开气道			
人工呼吸	吹气约1秒			
	胸廓隆起			
	10秒内连续吹气2次			
AED操作	打开电源开关			
	正确贴敷电极片			
	示意不要接触患者，让AED分析心率			
	如建议电击除颤，再次示意不要接触患者			
	按“电击”键进行除颤			
	除颤后立即开始胸外按压			
评估	按压/吹气比为30：2的循环完成5次			
	检查呼吸、脉搏			
	复苏成功，安抚伤员			
结论	□通过　　□不通过	评价人：		

任务准备

1. 阅读任务说明，识读任务单。
2. 观看“心肺复苏术”相关的线上资源。
3. 收集心肺复苏技术和AED使用的相关知识。
4. 结合相关知识与任务要求，总结难点和常见问题。

任务实施

1. 认识心搏骤停

一般情况下，心脏正常工作时，心脏相当于泵的作用，维持全身血液的循环。心搏骤停是心脏突然丧失有效泵血功能，导致血液循环停止，全身各个脏器的血液供应完全中断，并出现相应表现（表9–2）。心搏骤停的黄金救援时间为4～6分钟，也被称为黄金4分钟或黄金6分钟。在现场越早进行心肺复苏，伤员存活率越高，每拖延1分钟，伤员的生存概率就降低10%左右，实施高质量的心肺复苏，为心搏骤停的伤员提供基础生命支持，是挽救生命并且恢复身体正常功能状态的基础。

血液循环

表9–2　心搏骤停后的表现

时间	表现
3秒	头晕
10～20秒	昏厥
30～40秒	瞳孔散大
60秒	大小便失禁
4～6分钟	脑细胞不可逆损伤

2. 认识急救医疗服务系统（EMSS）和生命链

急救医疗服务系统（emergency medical service system，EMSS）（图9–1）由多个急救机构和急救环节组成，包括院前急救中心、急救站、医院急诊科、伤员身边人员和救护员。任何一个环节被打断或削弱，都会使有效救治的目标无法实现。

图9–1　急救医疗服务系统（EMSS）

1992年，美国心脏协会心肺复苏指南提出“生命链”的概念。2020年，心肺复苏指南又指出心搏骤停伤病员在初次住院后需要经过比较长的恢复期，因此应该对伤病员生理、认知和社会心理需求提供支持。目前，根据心搏骤停发生在医院内还是医院外，将其分为院内心搏骤停生命链和院外心搏骤停生命链。我们主要关注院外心搏骤停生命链，包括尽早识别心搏骤停、尽早启动急救、尽早进行心肺复苏、尽早实施电除颤、尽早提供高级生命支持、心搏骤停后的综合救治和康复六个环节。

3. 实施心肺复苏技术

请以小组形式实施成人徒手心肺复苏术和AED的操作与评价并填写成人心肺复苏（CPR+AED）实训任务单（表9–1）。

心肺复苏是针对心搏骤停的急症危重伤员，通过徒手、辅助设备及药物维持人工循环、呼吸并纠正心律失常的急救技术，包括基础生命支持、高级生命支持、延续生命支持三个阶段（表9–3）。

表9–3　心肺复苏的三个阶段

阶段	实施地点	实施人员	技术/设备	操作内容
基础生命支持	医院外	伤员身边人员/救护员/医务人员	徒手CPR+AED	现场评估，向急救医疗服务系统呼救，胸外心脏按压，AED操作，呼吸道异物梗阻解除
高级生命支持	医院内外	医务人员	医疗器械和药物	建立和维持有效的通气和循环，识别及控制心律失常，直流电非同步除颤，建立有效的静脉通道及治疗原发疾病
延续生命支持	医院内	医务人员	医疗器械和药物	脑复苏和脏器功能支持

成人徒手心肺复苏和AED的操作步骤

非专业医务人员可以提供的基础生命支持，成人徒手心肺复苏和AED的操作步骤见表9–4。

表9–4　成人徒手心肺复苏和AED的操作步骤

操作环节		操作要点
判断环境，做好防护		判断环境安全，做好自我防护

续表

操作环节		操作要点
判断意识	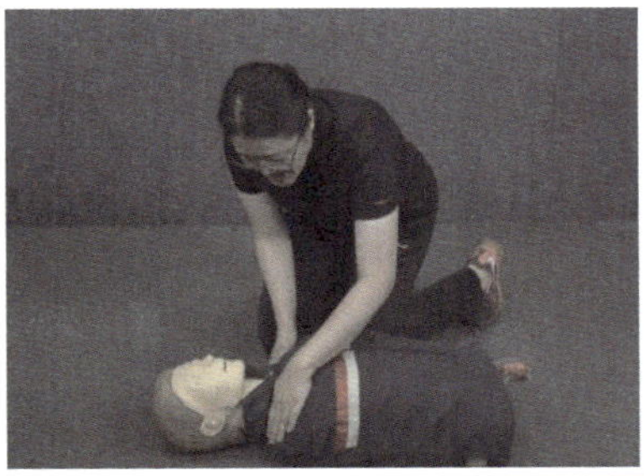	轻拍肩膀，大声呼唤
判断呼吸和循环	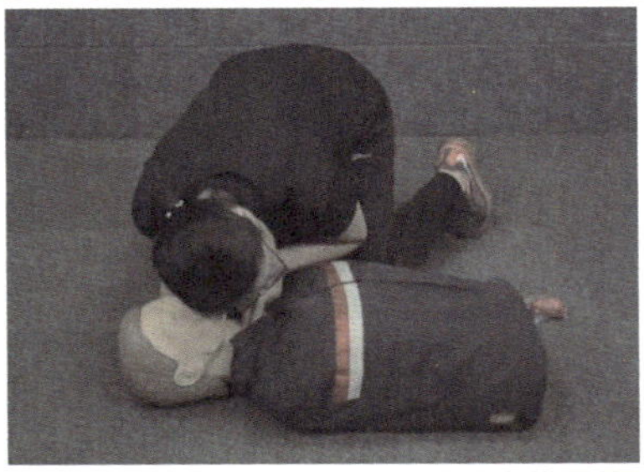	一听，靠近鼻部，听取是否有呼吸； 二看，观察胸廓是否有起伏； 三触，轻触颈动脉判断是否有循环 （时间：10秒内，读数：1001 ~ 1009）
向EMSS求救		如无意识、无呼吸或叹息样呼吸，立即拨打120； 表明身份，请现场人员协助获取AED
胸外按压 C （circulation）	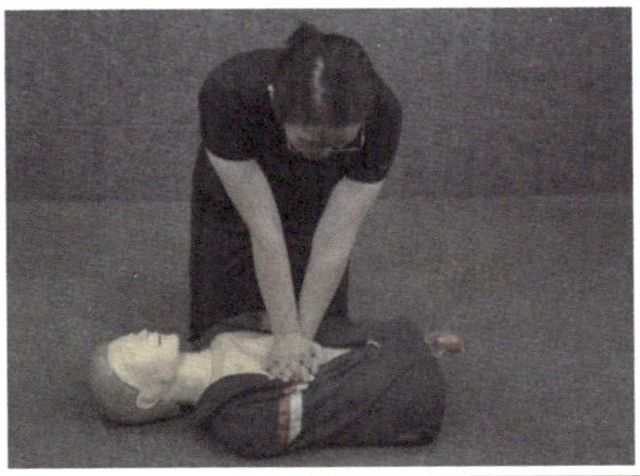	将伤员仰卧在坚固的平面或地面 位置：胸骨下段1/3处 姿势：双手相扣，掌根紧贴胸骨，肘伸直，躯干前倾，垂直用力 幅度：5 ~ 6cm，充分回弹 频次：100 ~ 120次/分，共30次（读数：01，02，03……30）

续表

操作环节		操作要点
开放气道 A （airway）	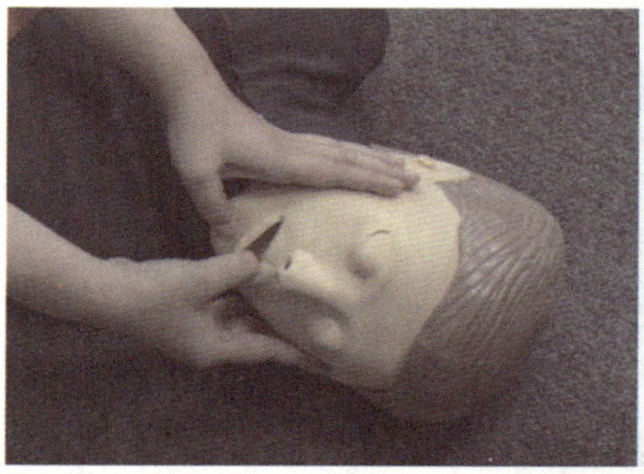	观察口鼻，确保无颈椎损伤的情况下向一侧旋转头部，清除口腔异物
	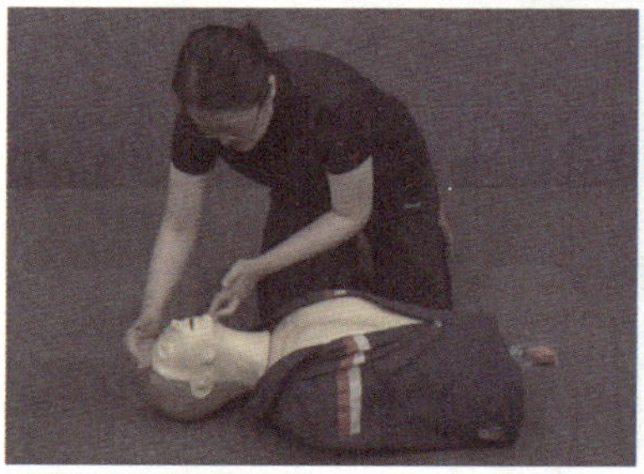	仰头举颏法： 一手小鱼际放在伤员前额，一手手指放在下颌骨上，使头部后仰，下颌骨几乎与地面垂直
人工呼吸 B （breathing）	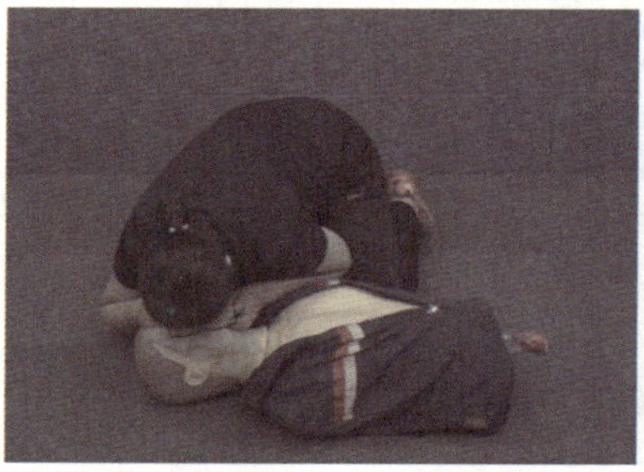	口对口人工呼吸： 捏住伤员鼻孔，防止漏气，使用人工呼吸面膜隔离，用口完全罩住伤员口唇，缓慢吹气1秒，共吹气2次，可见胸廓有明显起伏
AED通电 贴敷电极片	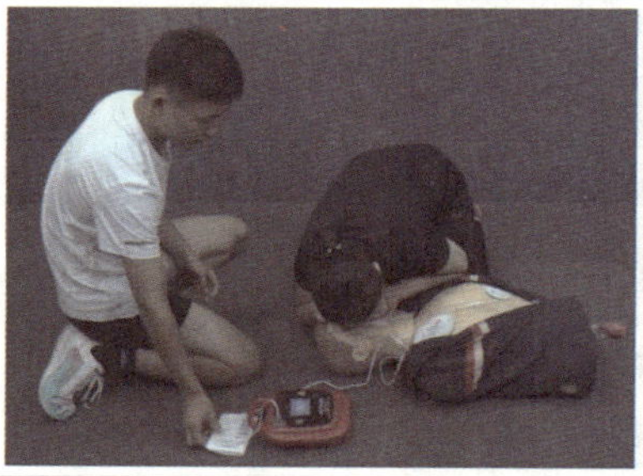	继续CPR流程； AED到达后，打开电源，在左侧乳头外侧和右侧锁骨下贴敷电极片
AED分析心率	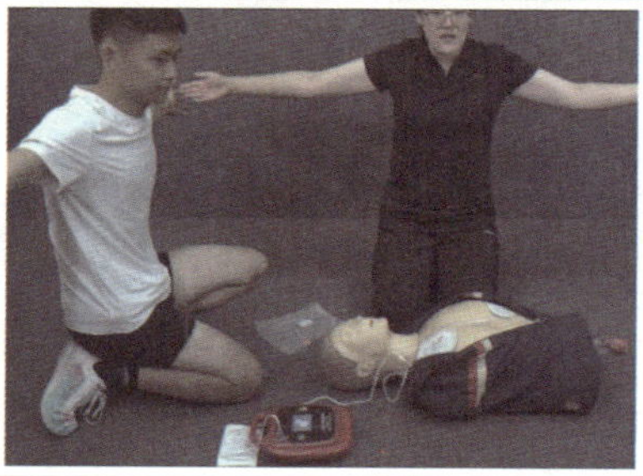	示意不要接触患者； 等待AED分析心率

续表

操作环节		操作要点
AED除颤	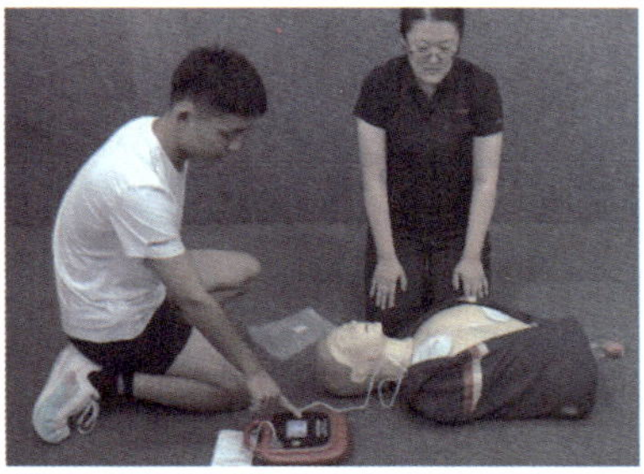	再次示意不要接触患者； 按“电击”键进行除颤
恢复CPR C-A-B	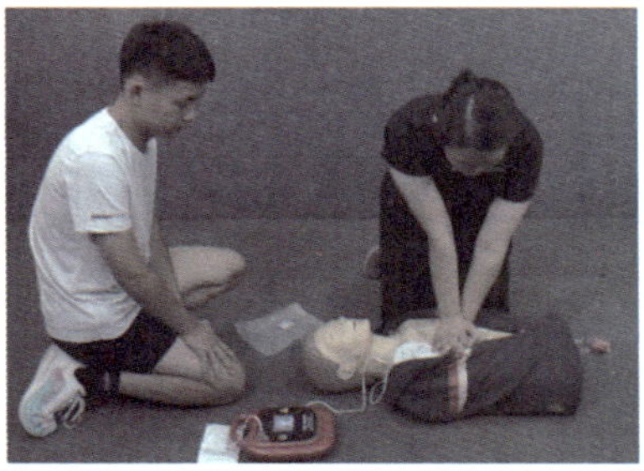	在AED提示下进行下一次除颤前，按照C-A-B的顺序继续进行心肺复苏（按压/吹气比为30：2的循环总计完成5次）
评估	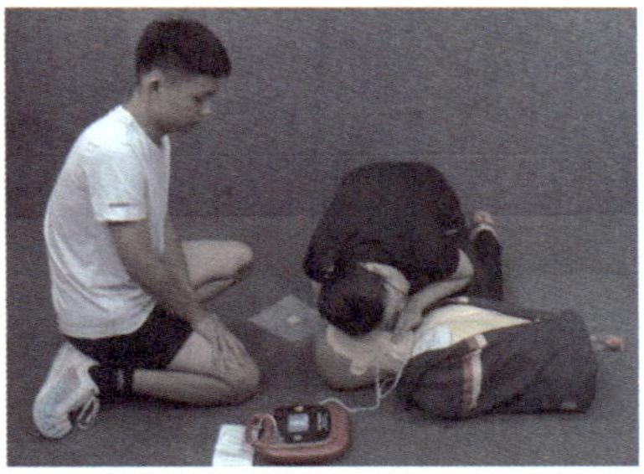	检查呼吸、脉搏 时间：10秒内（读数：1001～1009） 如恢复自主呼吸、循环，即复苏成功，安抚伤员，如未恢复，重复以上操作

◆ 思政园地

“好人法”

2021年1月1日起实施的《中华人民共和国民法典》是新中国第一部以“法典”命名的法律，是保障人民权利的法律宝典。《中华人民共和国民法典》第一百八十三条规定，因保护他人民事权益使自己受到损害的，由侵权人承担民事责任，受益人可以给予适当补偿。没有侵权人、侵权人逃逸或者无力承担民事责任，受害人请求补偿的，受益人应当给予适当补偿。第一百八十四条规定，因自愿实施紧急救助行为造成受助人损害的，救助人不承担民事责任。这些条款也被称作“好人条款”，体现了自然正义，为见义勇为的好人上了一道保险，让行善无后顾之忧。这充分体现了人文关怀的基本价值，凸显了以人为本的精神。

任务评价

1. 实训评价

学生自评、互评实训表现，填写实训评价表（表9–5）。评分时，先确定评价等级，再从相应的等级中勾选相应的分数。

表9–5　实训评价表

评价内容	评价等级					
	✿		✿✿		✿✿✿	
操作快速	20	22	24	26	28	30
技术准确	25	28	31	34	37	40
团队合作	20	22	24	26	28	30
总分						

2. 学习评价

学生自评、小组互评，评价自己是否完成成人单人心肺复苏和AED操作的学习，是否完成任务表等实训成果资料，实训任务有无遗漏。老师对学生进行的评价包括任务书书写是否工整规范，报告成果是否出自实训、是否真实合理且阐述详细，学生自评分析是否合理、收获体会是否深刻，个人能力是否得到提升。（表9–6）

评价按照A（优秀）、B（良好）、C（合格）、D（努力）4个档次进行。

表9–6　学习评价表

任务	完成情况记录
相关理论学习情况	
技能训练情况	
任务完成情况	
任务创新情况	
成果上交情况	
收获	

3. 知识测评

（1）[单选题]现场心肺复苏包括A、B、C三个步骤，其中A是（　）。

A.人工循环　B.人工呼吸　C.开放气道　D.体外除颤

（2）[单选题]心肺复苏指南中单人或双人复苏时胸外按压与通气比例是（　）。

A.30 ∶ 2　B.15 ∶ 2　C.30 ∶ 1　D.15 ∶ 1

（3）[单选题]心肺复苏指南中胸外按压的频率为（　　）。

A.80 ~ 100次/分　　B.100 ~ 120次/分

C.120次/分　　D.60 ~ 80次/分

（4）[单选题]心肺复苏指南中胸外按压的部位是（　　）。

A.胸骨中段　　B.两乳头之间胸骨正中部

C.心尖部　　D.胸骨左缘第五肋间

（5）[单选题]成人心肺复苏时胸外按压的深度为（　　）。

A.胸廓前后径的一半　　B.4 ~ 5cm

C.5 ~ 6cm　　D.6 ~ 7cm

（6）[单选题]成人心肺复苏中，潮气量大小为（　　）。

A.500 ~ 600mL　　B.600 ~ 700mL　　C.400 ~ 500mL　　D.800 ~ 1000mL

（7）[单选题]成人心肺复苏时打开气道的最常用方式为（　　）。

A.仰头举颏法　　B.双手推举下颌法　　C.托骸法　　D.环状软骨压迫法

（8）[单选题]现场进行徒手心肺复苏时，伤员的正确体位是（　　）。

A.侧卧位　　B.仰卧在比较舒适的软床上

C.仰卧在坚硬的平面上　　D.俯卧位

（9）[单选题]胸外按压时要尽量减少中断，如中断应尽量少于（　　）秒。

A.5　　B.10　　C.15　　D.20

扫码答题

任务十
止血和包扎操作

情境导入

朱教练是某网球俱乐部的教练员，为了应对训练中可能出现的出血损伤，前去参加救护员培训，请你帮助培训师示范常见的止血和包扎技术，并对朱教练的操作水平进行评价。

任务要求

任务类型	实施止血和包扎技术	学习维度		
		识记	理解	应用
学习任务	出血的分类	★		
	常用止血技术操作流程和技术要求		★	
	常用卷带包扎和三角巾包扎操作流程和技术要求		★	
实训任务	独立完成常用止血和包扎技术操作			★
	评价常用止血和包扎技术完成情况			★
个人目标				

任务说明

以小组为单位演练止血和包扎技术，填写止血和包扎实训任务单（表10–1）。教师现场确定外出血的具体部位，学生自评、互评实训表现。成功完成每个操作后，在相应的方框中打“√”，否则需要重新完成。

表10–1　止血和包扎实训任务单

评价内容 \ 姓名				
评估和检查	确认现场环境安全，做好自我防护			
	表明身份，征求伤员同意，安慰伤员			
	伤员置于合适体位			
	物品准备齐全			
止血和包扎	检查伤处是否有异物			
	取干净敷料覆盖伤口，用力直接压迫止血			
	加压包扎、承托伤肢			
	检查伤肢末梢循环，观察伤员生命体征			
结论	□通过　　□不通过	评价人：		

任务准备

1. 阅读任务说明，识读任务单。
2. 观看“止血技术”和“包扎技术”相关的线上资源。
3. 收集止血技术和包扎技术的相关知识。
4. 结合相关知识与任务要求，总结难点和常见问题。

任务实施

1. 认识出血

血液是维持生命的重要物质，成年人总血量约占体重的8%，大约4～6L。

1.1　出血的类型

出血是指血管破裂导致血液流出血管外。按出血的部位可以分为内出血和外出血，内出血是指血液流到组织间隙、体腔或皮下；外出血指血液经伤口流到体外。按照血管类型出血可以分为动脉出血、静脉出血和毛细血管出血。（表10–2）

表10–2　出血的类型和表现

类型	表现
动脉出血	血色鲜红，呈涌泉状或喷射状，出血速度快，出血量多，危险性大
静脉出血	血色暗红，一般缓慢向外流出，危险性小于动脉出血，但如果不及时止血，也具有一定危险性
毛细血管出血	点状渗出并逐渐连成片，出血量一般不大，常能自行凝固，一般没有危险性

1.2　大量失血的表现

大量失血时可能引发各种全身反应甚至危及生命，大量失血后的表现见表10–3。

表10–3　大量失血后的表现

失血量	表现
20%	口渴、面色苍白、发冷、脉搏加快
20%～40%	呼吸急促、烦躁不安
40%以上	表情淡漠、难以触及和测量脉搏和血压，随时危及生命

2. 实施止血技术

急救现场常用的止血方法很多，需要根据具体情况，选用一种，或将几种止血方法组合应用，以达到最有效、最安全的止血目的。请以小组形式实施止血操作和评价并填写止血和包扎实训任务单（表10–1）。

部分常用止血技术操作方法

常用的止血材料有无菌敷料、弹性绷带、三角巾、创可贴、止血带、冰袋，紧急情况下也可以用干净的毛巾、手绢、衣物代替。实施止血技术之前，一定要洗净双手，戴好防护手套。常用止血技术操作方法见表10–4。

表10–4　常用止血技术操作方法

止血方法		操作要点
冷敷法 适合四肢小静脉或毛细血管出血、鼻出血、牙龈出血等	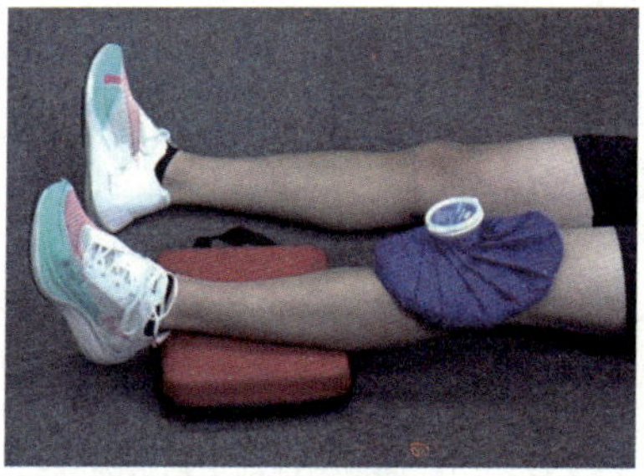	隔一层衣物或垫衬物，将一次性冰袋或注水冰袋放置在伤口的近心端
抬高伤肢法 适合四肢小静脉或毛细血管出血	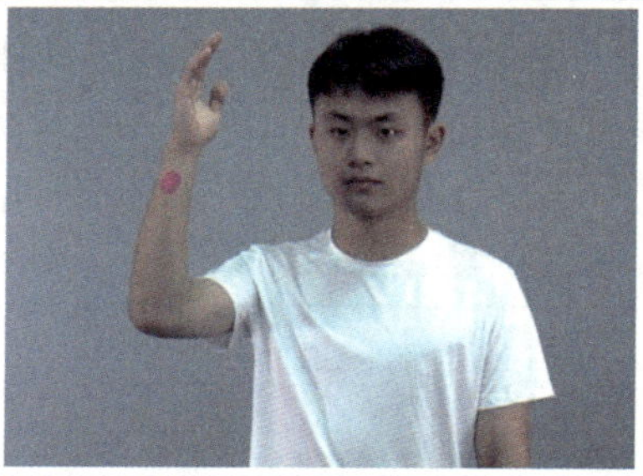	上肢出血部位高于心脏，下肢出血部位高于髋关节

续表

止血方法		操作要点
直接压迫法 适合大部分外出血	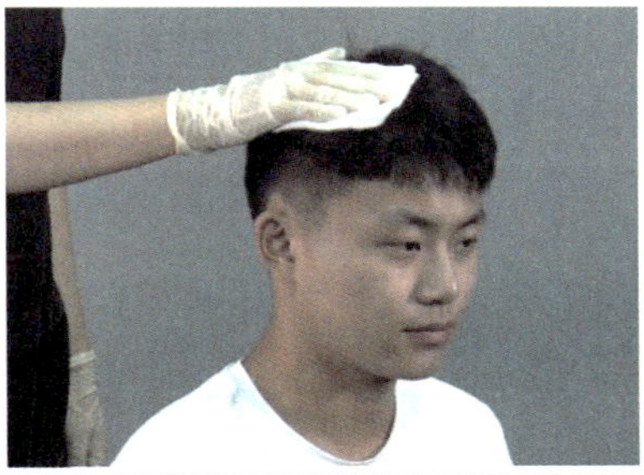	清理伤口异物后，将干净的纱布或手帕作为敷料覆盖到伤口上，持续用力压迫止血
间接指压止血法 （止血点止血法） 适合快速阻断非大动脉出血	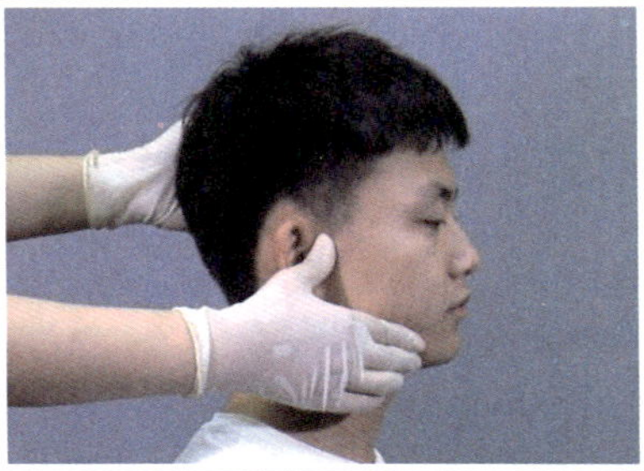	出血处：头前方和侧面出血 止血点：颞浅动脉 位置：耳屏前方
	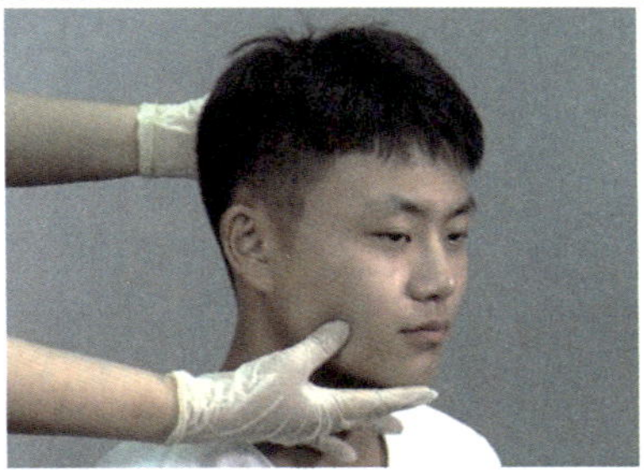	出血处：面部 止血点：面动脉 位置：下颌角前方约1.5cm
	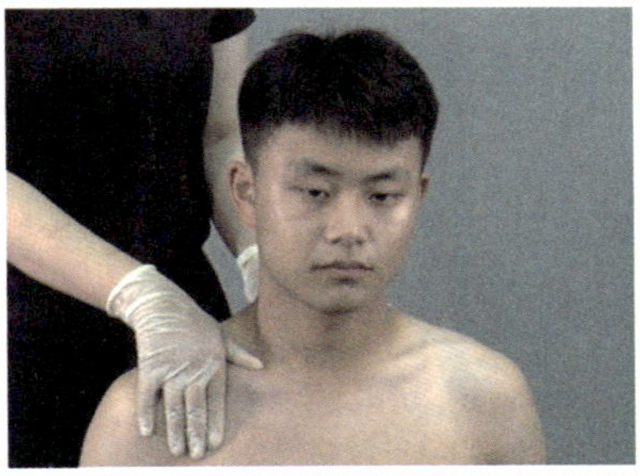	出血处：肩部或上臂 止血点：锁骨下动脉 位置：锁骨上窝
	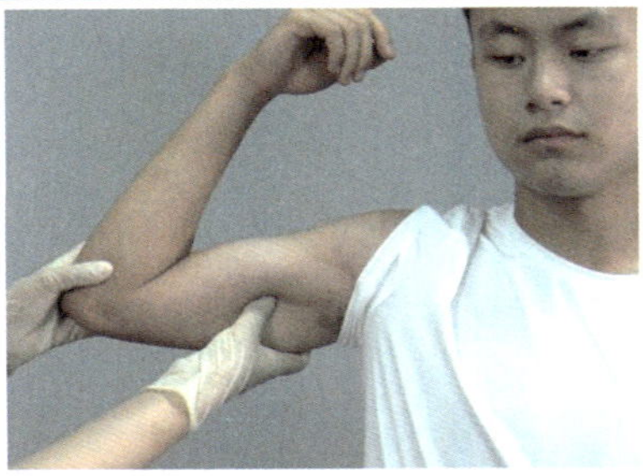	出血处：前臂 止血点：肱动脉 位置：上臂内侧中段，肱二头肌肌间沟

续表

止血方法		操作要点
间接指压止血法（止血点止血法）	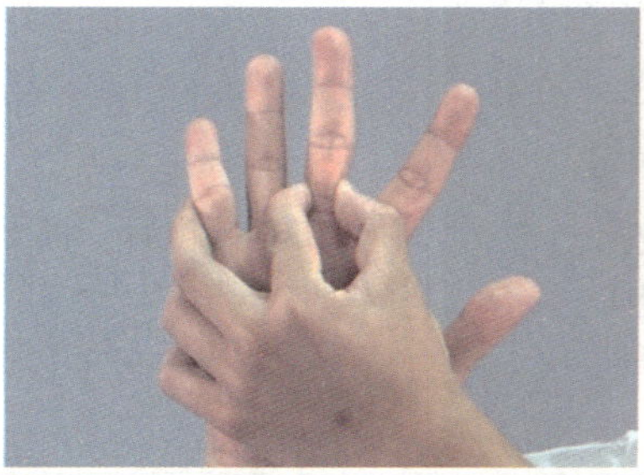	出血处：手指 止血点：指动脉 位置：指根两侧
	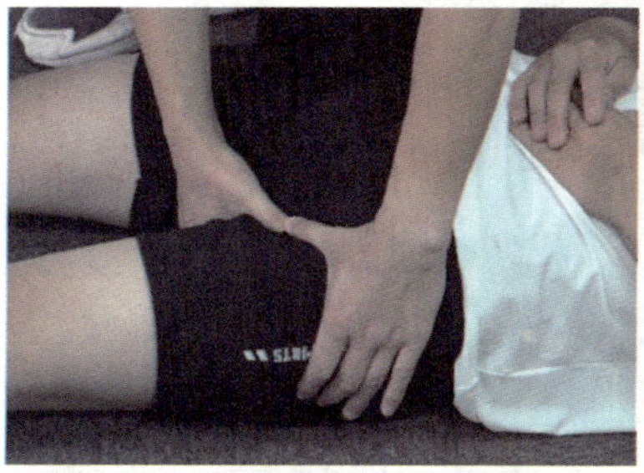	出血处：下肢 止血点：股动脉 位置：腹股沟褶皱中点
	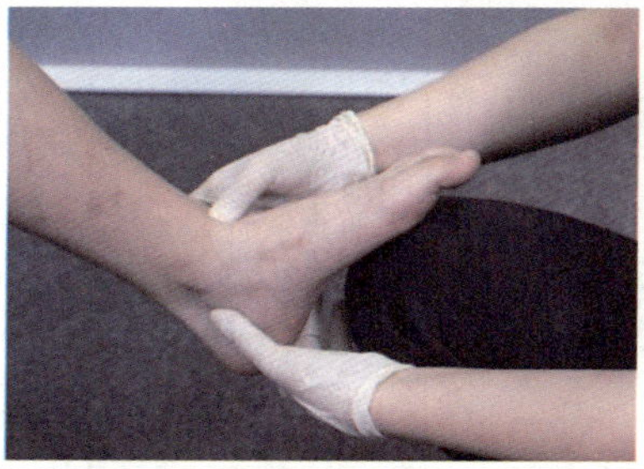	出血处：足部 止血点：胫前动脉 位置：足背 止血点：胫后动脉 位置：内踝与跟骨之间
加压包扎止血法 适合少量出血	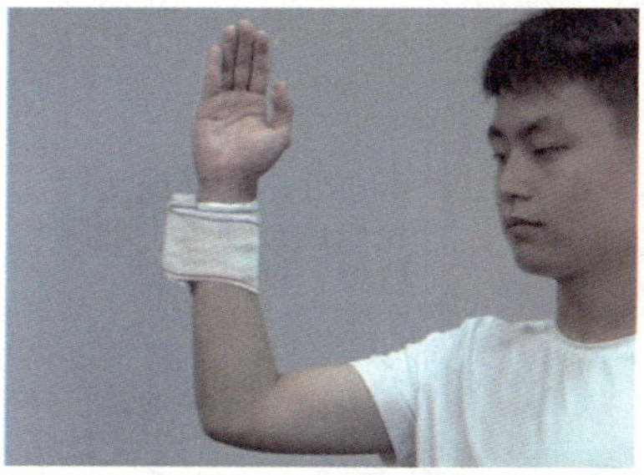	冲洗伤口表面，无菌纱布覆盖压迫伤口，再用弹力绷带或三角巾包扎
加垫屈肢止血法 适合无骨折、关节损伤的四肢出血	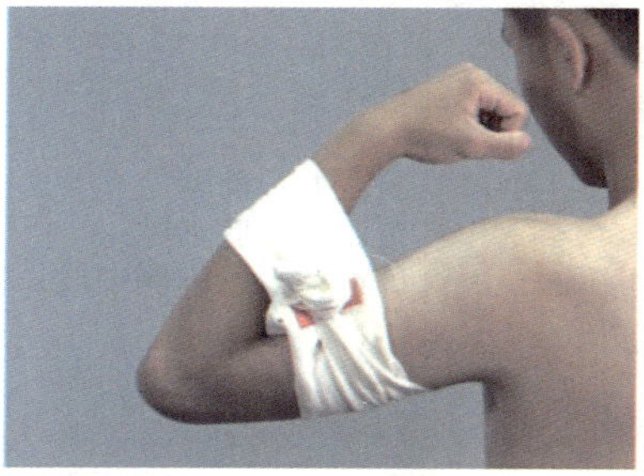	将棉垫或绷带卷放在肘窝或腘窝，屈曲前臂或小腿，在上臂或大腿上部用布带包扎。

续表

止血方法		操作要点
止血带止血法 适合四肢出血，或辅助其他止血方法实施	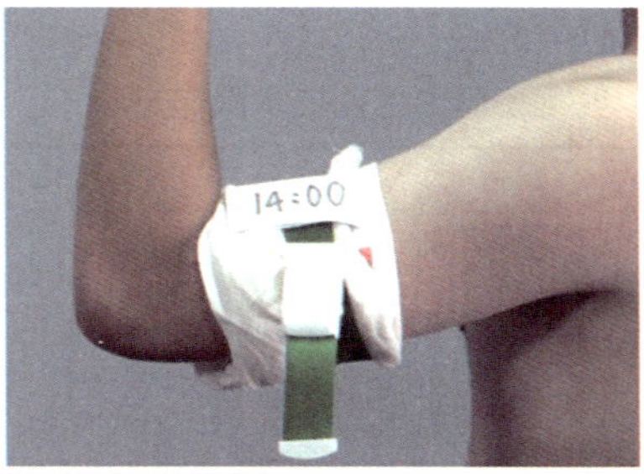	使用垫衬物，止血带固定在伤口近心端，标记结扎止血带的时间，观察肢体末端血液回填
布制止血带止血法（布带绞紧止血法）	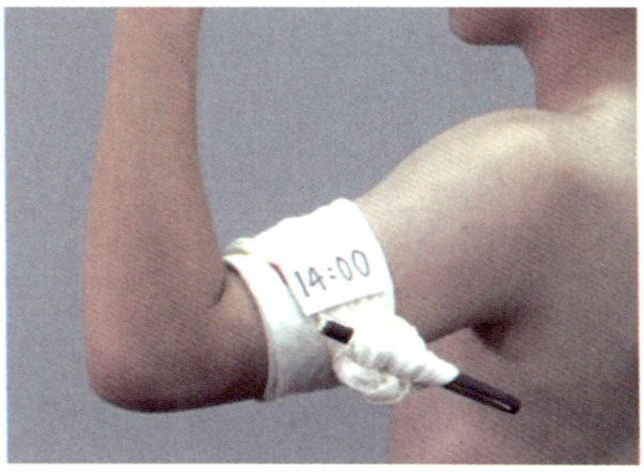	宽布带在上臂1/3处缠绕一圈作为衬垫，缠绕第2圈后，在上臂外侧打一个活结，绞棒插入大圈，绞紧至伤口停止出血，将绞棒的另一端插入小圈，拉紧活节固定绞棒，处理多余布带，标记结扎时间。

◆ 小提示

利用止血带止血时，不论使用哪种质地的止血带，都应该先用平整的衬垫垫好。紧急情况下可以用围巾、领带、衣服、床单等作为布制止血带，但布制止血带缺乏弹性，止血效果差，如果缠绕过紧还容易造成肢体损伤或缺血坏死，只能短时间内应急使用。止血带应该固定在伤口的近心端，松紧要适度，以伤口停止出血为度。扎好止血带后，务必在明显的部位注明结扎止血带的时间，时间一般不超过2小时，每40分钟或者发现伤员远端肢体变凉，应该松解一次，如果有出血，可以压迫伤口止血，松解3分钟左右后，在原结扎部位稍低的位置重新结扎止血带。

用止血带止血后应尽快送医救治，并在采取其他有效止血措施后松解止血带。不能用铁丝、电线、绳索等极细物体当作止血带。

3. 实施包扎技术

快速、准确地包扎伤口是外伤救护的重要技术，包扎可起到快速止血、保护伤口、防止进一步感染、减轻疼痛的作用，有利于转运和进一步治疗。包扎技术常配合止血技术和骨折临时固定技术使用，在没有条件清创时，也要在现场进行包扎。请以小组形式实施包扎操作和评价，

包扎技术

并填写止血和包扎实训任务单（表10–1）。常用卷带包扎和三角巾包扎技术操作方法见表10–5。

表10–5 常用卷带包扎和三角巾包扎技术操作方法

包扎方法		操作要点
卷带环形包扎 适合伤口小、伤处粗细均匀的部位	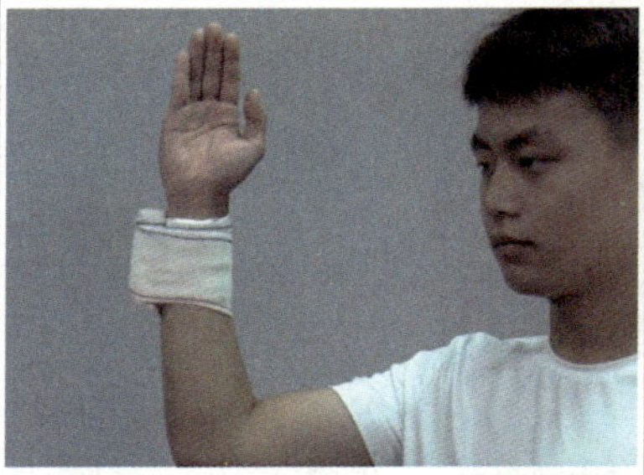	抬高伤肢，敷料覆盖伤口，卷芯向上，第1圈时倾斜缠绕，第2圈压住倾斜的一角，每一圈完全覆盖前一圈，缠绕4 ~ 5圈，避开伤口打结，缠绕检查末梢循环
卷带螺旋形包扎 适合伤口长、伤处粗细较均匀的部位	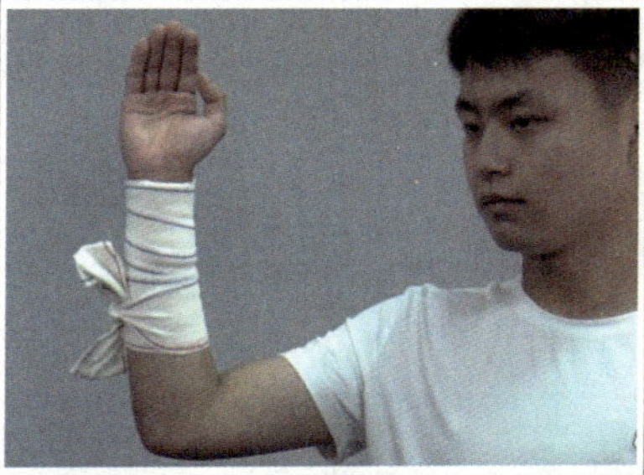	抬高伤肢，敷料覆盖伤口，环形包扎两圈，第3圈开始向上螺旋，每一圈压住前一圈1/3到1/2，避开伤口打结，检查末梢循环
卷带螺旋反折包扎 适合伤口长、伤处粗细变化大的部位	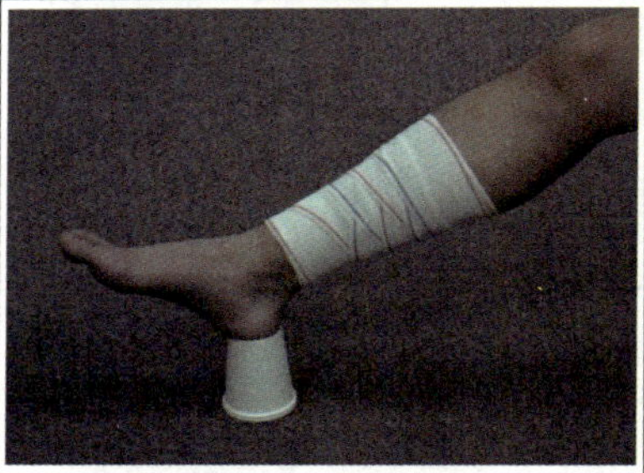	抬高伤肢，敷料覆盖伤口，环形包扎两圈，第3圈开始向上螺旋并反折，每一圈压住前一圈1/3到1/2，避开伤口打结，检查末梢循环
卷带8字包扎 适合手部、足踝等部位	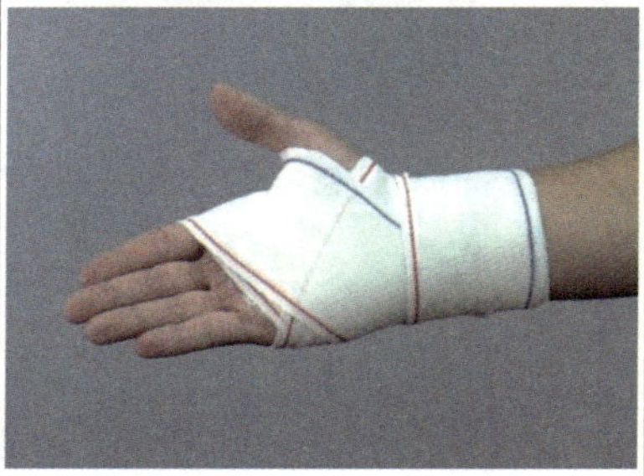	抬高伤肢，敷料覆盖伤口，环形包扎两圈，第3圈开始8字缠绕，伤口处交叉，在腕部打结，检查末梢循环

续表

包扎方法		操作要点
卷带回返包扎 适合头部、手部、断肢端	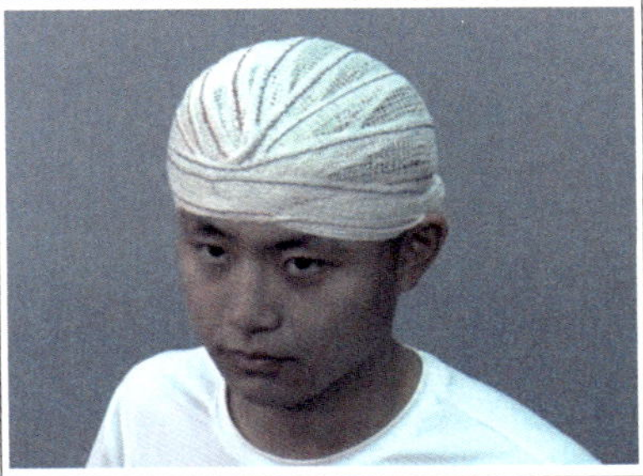	敷料覆盖伤口，枕骨下到眉骨上环形包扎两圈，第3圈开始回返于枕骨和前额，以中央向两侧放射状回返，每一圈压住前一圈1/3到1/2，环形包扎两圈，固定绷带尾端
三角巾头部包扎 适合头部	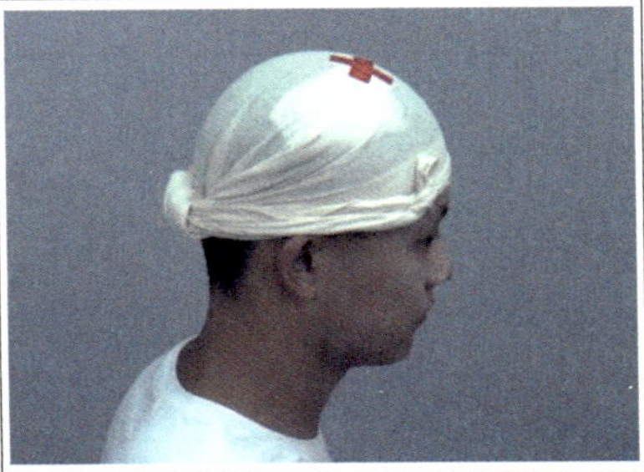	敷料覆盖伤口，底边折叠1～2指宽，底边沿眉骨绕到枕骨，拉紧三角巾、稳定敷料，枕骨下方交叉后绕至前额，额头侧面打结，整理多余边角
三角巾手部包扎 适合手部	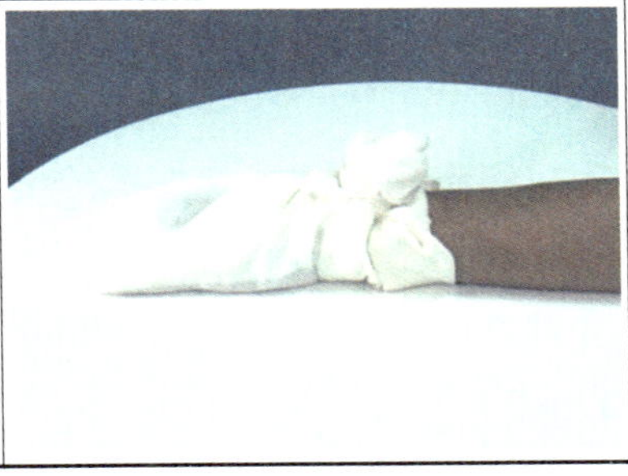	手平放在三角巾中央，手指对向顶角、手腕垂直底边，敷料隔开手指，顶角反折覆盖手背，底角折叠后在手背交叉，缠绕手腕横纹一圈回到手背打结

◆ 思政园地

无偿献血

1998年10月1日起实施的《中华人民共和国献血法》，确立了我国无偿献血制度。在保证临床用血的需要和安全，保障献血者和用血者身体健康，发扬人道主义精神方面具有重要意义。

热心公益，主动作为，互帮互助是我们应该承担的社会责任，数据显示，我国无偿献血人次数和采血量已实现20多年连续增长。越来越多的人参与到无偿献血事业中，越来越多的社会组织、企事业单位积极组织无偿献血活动，为社会的发展和人民的福祉贡献着自己的力量。

任务评价

1.实训评价

学生自评、互评实训表现，填写实训评价表（表10–6）。评分时，先确定评价等级，再从相应的等级中勾选相应的分数。

表10–6　实训评价表

评价内容	评价等级					
	✿		✿✿		✿✿✿	
操作快速	20	22	24	26	28	30
技术准确	25	28	31	34	37	40
团队合作	20	22	24	26	28	30
总分						

2. 学习评价

学生自评、小组互评，评价自己是否完成实施止血和包扎技术的学习，是否完成任务表等实训成果资料，实训任务有无遗漏。老师对学生进行的评价包括任务书书写是否工整规范，报告成果是否出自实训、是否真实合理且阐述详细，学生自评分析是否合理、收获体会是否深刻，个人能力是否得到提升。（表10–7）

评价按照A（优秀）、B（良好）、C（合格）、D（努力）4个档次进行。

表10–7　学习评价表

任务	完成情况记录
相关理论学习情况	
技能训练情况	
任务完成情况	
任务创新情况	
成果上交情况	
收获	

3. 知识测评

（1）[判断题]布带绞紧止血法是最有效的止血方法，可以长时间使用。（　）

（2）[判断题]螺旋反折包扎适用于肢体上下粗细变化明显的部位，如小腿或肌肉发达的前臂。（　）

（3）[单选题]上肢出血时可选用以下哪个止血点进行止血（　　）。

A.颞浅动脉　　B.肱动脉　　C.股动脉　　D.下颌动脉

（4）[单选题]运动损伤现场出血的急救中，适用于动脉出血的止血方法为（　　）。

A.抬高伤肢法　　B.加压包扎法　　C.加压加垫屈肢法　　D.间接指压法

（5）[单选题]常用的止血方法不包括（　　）。

A.冰敷法　　B.热敷法　　C.加压包扎法　　D.抬高伤肢法

（6）[单选题]包扎技术的起始技术是（　　）。

A.环形包扎　　B.螺旋形包扎　　C.螺旋反折包扎　　D.8字包扎

（7）[单选题]运动损伤现场急救中，以下哪种方法适用于关节部位的包扎。（　　）

A.环形包扎法　　B.螺旋包扎法　　C.反折螺旋包扎法　　D. 8字包扎法

（8）[多选题]关于止血技术描述正确的是（　　）。

A.止血带止血效果非常好，是动脉出血时的首选止血方式

B.检查止血带松紧是否适宜，可检查脚趾或手指指甲颜色，是否能快速恢复血色

C.没有专业止血器具时，可以用铁丝、细绳充当止血带止血

D.实施止血技术前，必须做好防护措施

扫码答题

任务十一
骨折临时固定操作

情境导入

钟教练是某舞室的体育舞蹈教练员，该舞室邀请当地红十字应急救护师资服务队讲解应急救护技术。请你和钟教练一起帮助培训教师示范常见部位骨折临时固定技术，并对学员的操作水平进行评价。

任务要求

任务类型	实施骨折临时固定技术	学习维度		
		识记	理解	应用
学习任务	骨折的类型	★		
	上肢中段骨折临时固定操作流程和技术要求		★	
	下肢中段骨折临时固定操作流程和技术要求		★	
实训任务	独立完成常用骨折临时固定技术操作			★
	评价常用骨折临时固定技术完成情况			★
个人目标				

任务说明

以小组为单位演练骨折临时固定技术，填写骨折临时固定实训任务单（表11-1）。教师现场确定具体骨折部位，学生自评、互评实训表现。成功完成每个操作后，在相应的方框中打√，否则需要重新完成。

表11-1　骨折临时固定实训任务单

评价内容	姓名			
评估和检查	确认现场环境安全，做好自我防护			
	表明身份，征求伤员同意，安慰伤员			
	伤员置于合适体位			
	物品准备齐全			
骨折临时固定	放置夹板、衬垫，长度超过骨折部位上下关节			
	用绷带或三角巾依次固定骨折上下部和上下关节			
	悬臂带固定或踝关节固定			
	检查伤肢末梢循环，观察伤员生命体征			
结论	□通过　　□不通过	评价人：		

任务准备

1. 阅读任务说明，识读任务单。
2. 观看“骨折临时固定技术”相关的线上资源。
3. 收集骨折临时固定技术的相关知识。
4. 结合相关知识与任务要求，总结难点和常见问题。

任务实施

1. 认识骨折

1.1　骨折的原因

骨折是指骨的完整性或连续性遭到破坏。造成骨折的原因有直接暴力、间接暴力、肌肉牵拉和劳损等。直接暴力指外力直接作用在骨折部位，比如在拳击比赛中被击中鼻梁导致鼻骨骨折。间接暴力指外力不直接作用在骨折部位，比如足球场上带球过人的球员遭遇铲球，导致肩部或躯干首先着地，从而造成锁骨骨折。肌肉急骤收缩和牵拉，会使肌肉附着的骨块与骨骼发生分离，产生撕脱性骨折，一般出现在髌骨、肱骨、跖骨基底等部位。

1.2　骨折的分类

按照不同的分类标准，骨折可以分成多种类型（表11–2）。骨的完整性和连续性全部被破坏或中断，称为完全性骨折。骨的部分骨质破裂，骨并没有完全断裂，叫作不完全骨折，比如骨裂、压缩性骨折、青枝骨折。

表11–2 骨折的分类

骨折类型		表现
完全骨折	按照骨折端是否与外界相通分	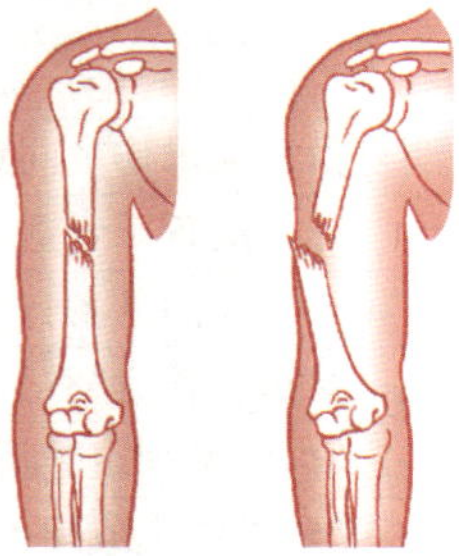 闭合性骨折 开放性骨折
	按照骨折线类型分	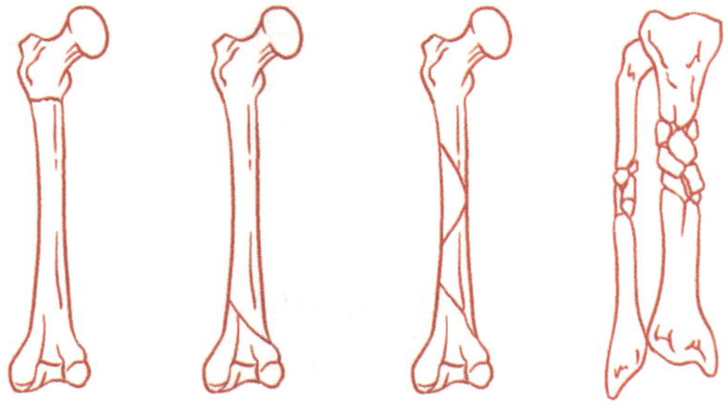 横形骨折 斜形骨折 螺旋形骨折 粉碎性骨折
不完全骨折		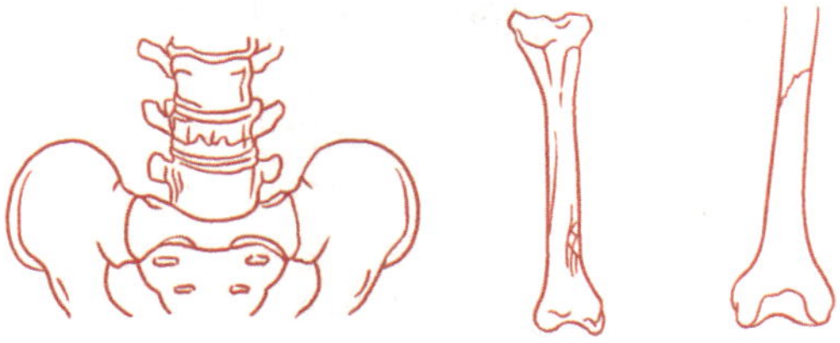 压缩性骨折 青枝骨折 骨裂

过量运动或持续的冲击性活动，比如跑步、跳跃等动作，会造成长期、反复的轻微骨损伤，导致骨小梁断裂，出现疲劳性骨折，也叫作应力性骨折、行军骨折。疲劳性骨折多发生在下肢，尤其是跟骨、跖骨、胫骨、腓骨。应力性骨折程度比较轻微时，X射线影像上可能无法观察。

2. 实施骨折临时固定技术

正确良好的固定能迅速减轻伤痛，减少出血，保护骨折周边重要组织，也是搬运骨折伤员的基础。请以小组形式实施骨折临时固定操作和评价，并填写任务单（表11–1）。

2.1 骨折临时固定的原则

（1）检查现场环境，做好自我防护。

（2）就地处置，不要随意改变伤员所处位置和体位，如果有出血和休克，应先止血和处理休克。

（3）先固定骨折上下部、再固定骨折上下关节。

（4）夹板固定时，夹板长度超过骨折部位的上下关节，夹板和肢体间应有衬垫。

（5）有骨片露出体外时，不要随意丢弃，也不要放回伤口，对开放性骨折在现场不要冲洗和涂药。

（6）四肢固定时，应该露出肢体末端，便于观察末梢循环，并注意伤肢保暖，有条件的情况下抬高伤肢。

上臂中段骨折临时固定方法及操作要点

2.2　常见四肢骨折处理技术

四肢骨折临时固定常用的急救用品有夹板、绷带、三角巾等。紧急情况下，可以就地取材，选用枕头、硬纸板、雨伞、木板、木棒等物品进行固定。常见四肢骨折处理技术见表11-3至表11-6。

表11-3　上臂中段骨折临时固定方法及操作要点

固定方法		操作要点
放置夹板	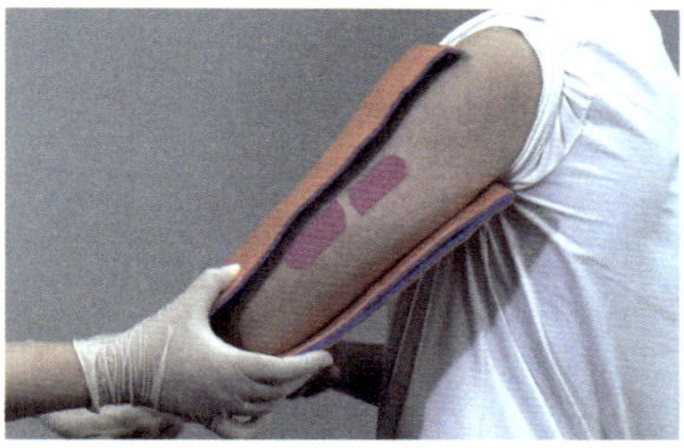	按照上臂长度将铝芯夹板制成U形，屈肘位套在上臂上
固定夹板	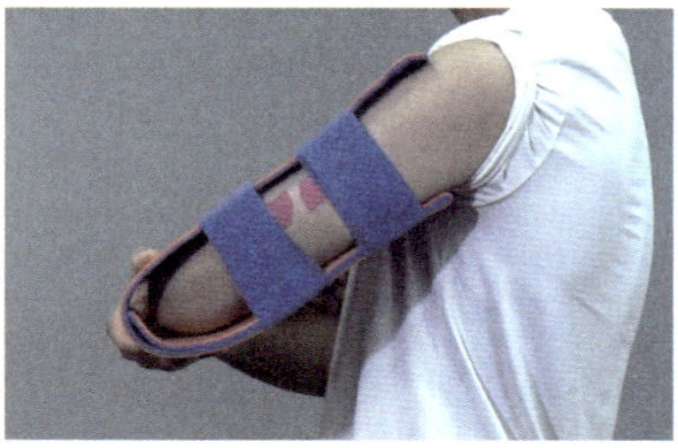	两条三角巾布带或绷带固定夹板，避开骨折部位
小悬臂带固定	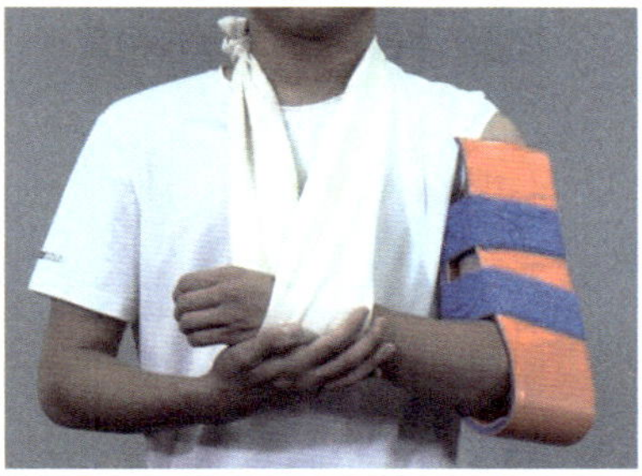	制作一条10cm宽带，绕过手腕，将前臂悬吊在胸前，手腕所处位置略高于肘关节，在健侧颈后侧打结

续表

固定方法		操作要点
固定上肢和躯干	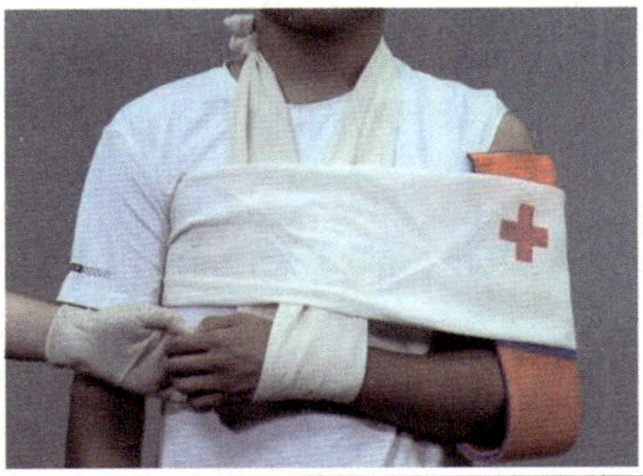	制作一条超过骨折上下两端的宽带，将伤肢和躯干固定，检查末梢循环

前臂中段骨折临时固定方法及操作要点

表11-4 前臂中段骨折临时固定方法及操作要点

固定方法		操作要点
放置夹板	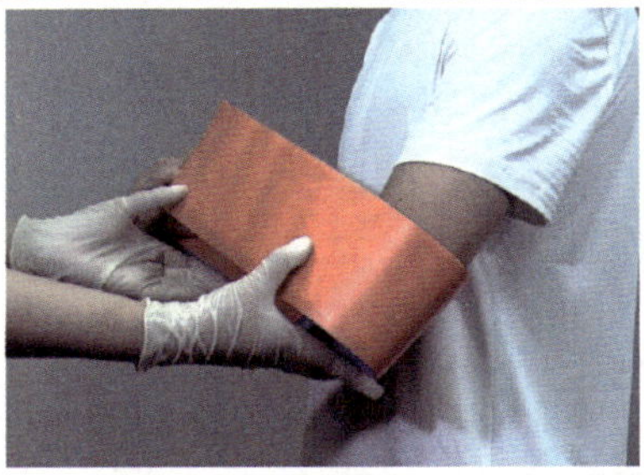	按照前臂长度将铝芯夹板制成U形，屈肘位套在前臂上
固定夹板	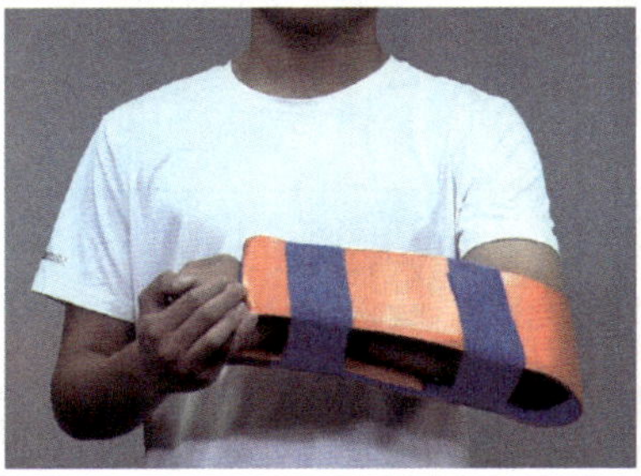	两条三角巾布带或绷带固定夹板，避开骨折部位

续表

固定方法		操作要点
大悬臂带固定	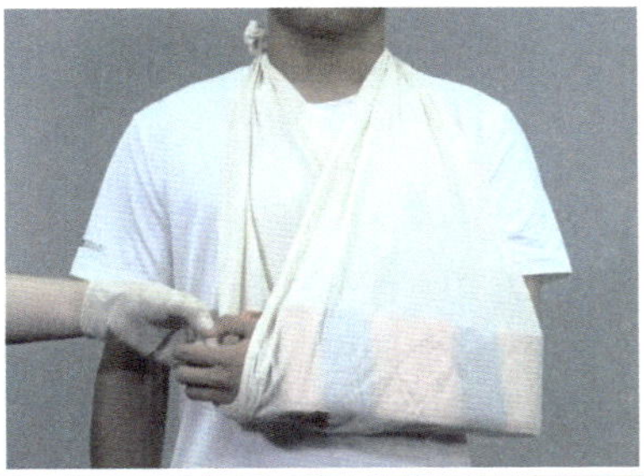	三角巾顶角对向伤员伤侧的肘关节，一个底角放置在伤员健侧的肩部，底边超过掌指关节，与躯干基本平行，反折另一底角包绕上肢，在健侧颈后侧打结，检查末梢循环

大腿中段骨折临时固定（腱肢固定）方法及操作要点

表11-5　大腿中段骨折临时固定（腱肢固定）方法及操作要点

固定方法		操作要点
放置宽带和衬垫	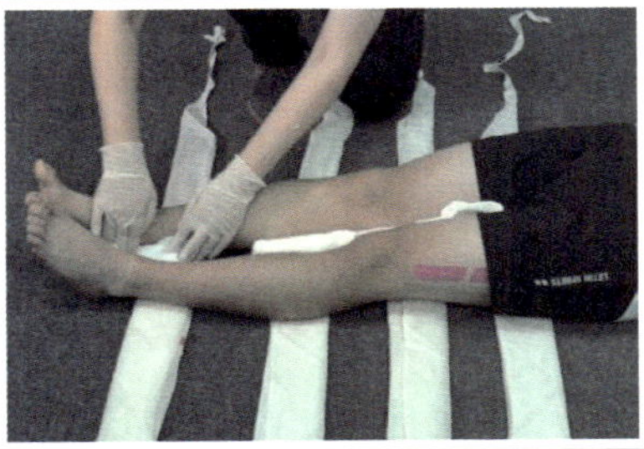	在大腿上方、膝关节上方、膝关节下方、脚踝处各放置1条宽带，在两侧膝关节和踝关节之间垫衬垫
固定大小腿	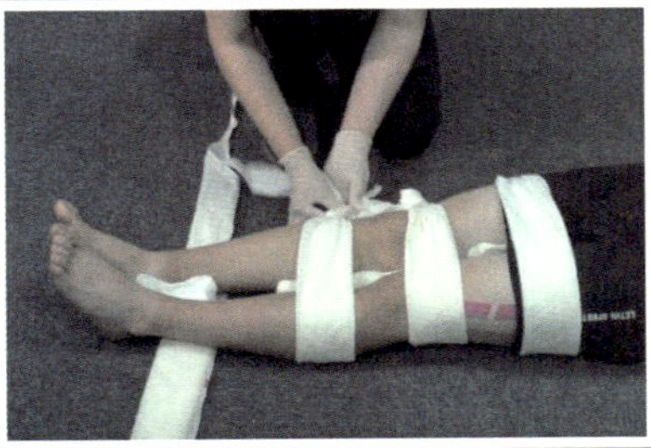	将健肢向患肢方向移动，按照从上到下的顺序依次固定，在健侧肢体外侧打结
固定足踝	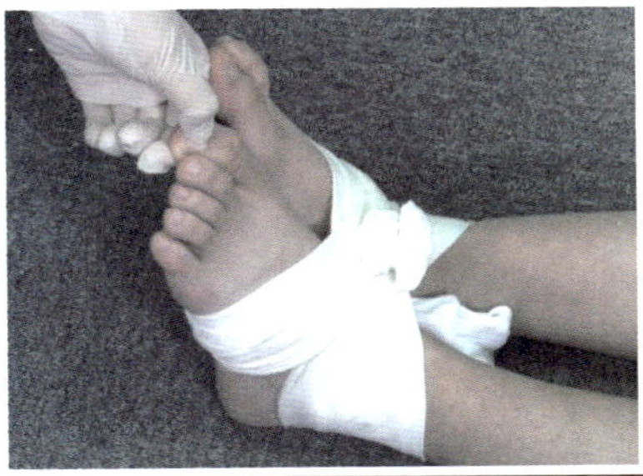	8字法固定足踝，露出脚趾，检查末端血液循环

小腿中段骨折临时固定（健肢固定）方法及操作要点

表11-6 小腿中段骨折临时固定（健肢固定）方法及操作要点

固定方法		操作要点
放置宽带和衬垫	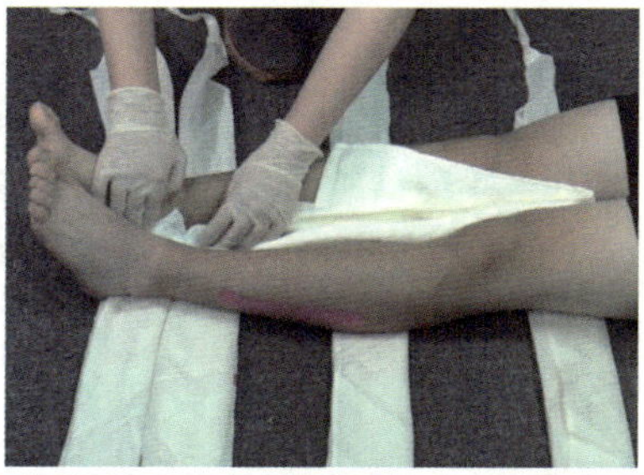	在膝关节上方、膝关节下方各放置1条宽带，在脚踝处放置2条宽带，在两侧膝关节和踝关节之间垫衬垫
固定大小腿	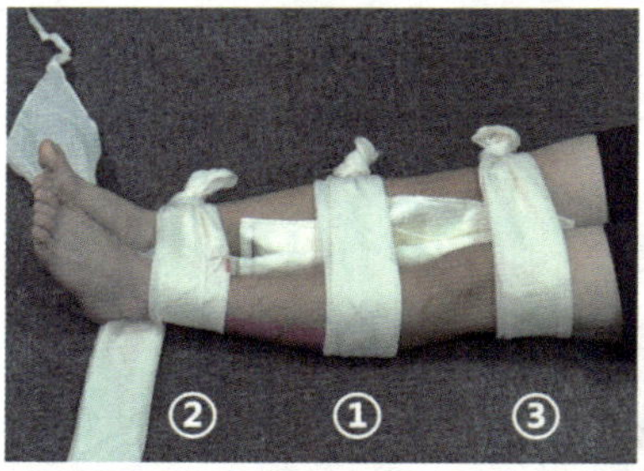	将健肢向患肢方向移动，按照图示顺序依次固定3条宽带，在健侧肢体外侧打结
固定足踝	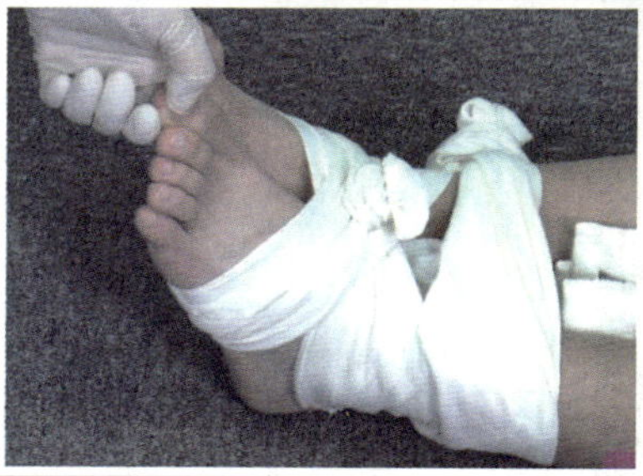	8字法固定足踝，露出脚趾，检查末端血液循环

脊柱骨折时，可能伤及脊髓和马尾神经，导致瘫痪或大小便失禁，没有经过严格培训的专业人员，不主张移动伤员，应该等待专业医护人员处理。

◆ 思政园地

救护员证书的有效期

在我国，通过培训的红十字救护员可以获得救护员证，有效期为三年，期满需要复训和考核。复训的目的是更新救护员的知识和技能，提高救护员的专业水平。

掌握应急救护技术后，救护员必须发扬执着专注、精益求精、一丝不苟、追求卓越的工匠精神，不断学习，精进技能，才能在创伤救护时快速评估、准确处理，跑赢时间，挽救生命。

任务评价

1. 实训评价

学生自评、互评实训表现，填写实训评价表（表11−7）。评分时，先确定评价等级，再从相应的等级中勾选相应的分数。

表11−7　实训评价表

评价内容	评价等级					
	✿		✿✿		✿✿✿	
操作快速	20	22	24	26	28	30
技术准确	25	28	31	34	37	40
团队合作	20	22	24	26	28	30
总分						

2. 学习评价

学生自评、小组互评，评价自己是否完成实施骨折临时固定技术的学习，是否完成任务表等实训成果资料，实训任务有无遗漏。老师对学生进行的评价包括任务书书写是否工整规范，报告成果是否出自实训、是否真实合理且阐述详细，学生自评分析是否合理、收获体会是否深刻，个人能力是否得到提升。（表11−8）

评价按照A（优秀）、B（良好）、C（合格）、D（努力）4个档次进行。

表11-8 学习评价表

任务	完成情况记录
相关理论学习情况	
技能训练情况	
任务完成情况	
任务创新情况	
成果上交情况	
收获	

3. 知识测评

（1）[判断题]骨折临时固定时可以把露出的骨片扔掉。（ ）

（2）[判断题]骨折临时固定前应进行复位。（ ）

（3）[单选题]以下关于上臂骨折临时固定的描述错误的是（ ）。

A.上臂中段骨折临时固定应选择小悬吊　B.上臂中段骨折临时固定应选择大悬吊

C.股骨中段骨折临时固定须固定踝关节　D.小腿中段骨折临时固定须固定踝关节

（4）[单选题]骨折现场急救正确的描述是（ ）。

A.初步复位后再临时固定

B.如骨折端外露，应先复位后再固定，避免感染发展

C.怀疑有骨折时可以不固定，妥善搬运即可

D.夹板固定时夹板长度应超过骨折部位的上下关节

扫码答题

任务十二
伤员搬运操作

情境导入

孟教练是某滑雪场的滑雪指导员，为了进一步提升滑雪场安全急救能力，为滑雪爱好者提供及时必要的急救服务，滑雪场每个月会定期举办急救技术考核。本月伤员搬运技术考核由孟教练负责，请你帮助孟教练示范常见部位伤员搬运技术，并对学员的操作水平进行评价。

任务要求

任务类型	实施伤员搬运技术	学习维度		
		识记	理解	应用
学习任务	常用徒手搬运操作流程和技术要求		★	
	脊柱板搬运操作流程和技术要求		★	
实训任务	独立完成常用徒手搬运和脊柱板搬运技术操作			★
	评价常用徒手搬运和脊柱板搬运技术完成情况			★
个人目标				

任务说明

以小组为单位演练徒手搬运和脊柱板搬运技术，填写伤员搬运实训任务单（表12-1）。教师现场确定徒手搬运场景，学生自评、互评实训表现。成功完成每个操作后，在相应的方框中打“√”，否则需要重新完成。

表12-1 伤员搬运实训任务单

评价内容	姓名			
评估和检查	确认现场环境安全，做好自我防护			
	表明身份，征求伤员同意，安慰伤员			
	伤员置于合适体位			
	物品准备齐全			
徒手搬运	搬运方法符合环境、伤员特点			
	动作安全，环节完整			
脊柱板搬运	听从指挥，共同将伤员轴位翻动，置于脊柱板上			
	安装头部固定器			
	用绑带固定胸部、髋部和下肢			
	听从指挥，平稳抬起伤员，足先行			
	指挥者在头侧观察伤员情况			
团队配合	口令简洁、流利、准确			
	动作流畅，配合默契，过程紧凑			
结论	□通过 □不通过	评价人：		

任务准备

1. 阅读任务说明，识读任务单。
2. 观看“伤员搬运技术”相关的线上资源。
3. 收集伤员搬运技术的相关知识。
4. 结合伤员搬运技术的相关知识与任务要求，总结难点和常见问题。

任务实施

1. 认识伤员搬运

在对伤员进行救治时，如果现场环境安全，应该尽量在现场进行救治，为挽救生命、防止伤病恶化争取时间。若现场环境不安全，或现场环境条件有限，无法实施救护，或经过必要处置后需要转送到医院接受进一步治疗时，需要搬运伤员。

1.1 伤员搬运的目的

伤员搬运的目的是使伤员尽快脱离危险区，改变伤员所处环境以利于抢救，或为安全转送医院接受进一步治疗创造条件。

1.2　伤员搬运的原则

（1）搬运应该有利于伤员的安全和进一步救治；

（2）伤员搬运前应该经过止血、包扎、临时固定等必要的处置；

（3）根据伤员伤情、体重、现场环境和条件、救护人数以及转运路程远近等，选择适当的搬运方法，如果救护人数少，没有把握时不要贸然搬动；

（4）搬运过程中应该保证伤员安全，如果怀疑有骨折或脊柱损伤，不可以让伤员尝试行走或弯曲身体，以免加重损伤；

（5）搬运中应该密切观察伤员的神志、呼吸、脉搏以及出血等情况，如果发生紧急情况应该及时采取相应的救护措施。

2. 实施徒手搬运

徒手搬运是在搬运伤员过程中借助人力和技巧，不需要任何器械的搬运方法。适用于伤势轻、没有骨折、搬运距离较短的伤员。请以小组形式实施徒手搬运操作和评价，并填写伤员搬运实训任务单（表12–1）。

徒手搬运方法与操作要点见表12–2。

徒手搬运方法与操作要点

表12–2　徒手搬运方法与操作要点

徒手搬运方法			操作要点
扶行法	伤员神志清醒，单侧下肢轻伤，无骨折，至少一侧上肢未受伤		站在伤员上肢健侧，抬起手臂，绕过颈部，另一手抱伤员髋部，身体相互倚靠，协调、缓慢行进
抱持法	伤员年幼或体轻，伤病较轻或只有手足部骨折		让伤员坐于高台，搬运者一手臂托伤员腋下，另一手从膝下穿过（伤员双手在搬运者颈部环绕），将伤员抱起

续表

徒手搬运方法			操作要点
背负法	伤员意识清醒，老弱、年幼或体重轻、两侧上肢轻伤，无骨折。且较远距离搬运		先让伤员坐于高台，背向伤员蹲下，上肢绕过伤员大腿，双手抓握伤员两手腕，缓慢站起
腋下拖行法	不能行走的伤员		将伤员手臂横放于胸前，双臂通过伤员腋下，双手抓紧伤员对侧手臂，向后缓慢拖行
衣物拖行法	不能行走的伤员		解开伤员外衣扣，从背后反折衣服，中间段托住头颈部，抓住衣服缓慢向后拖行
毛毯拖行法	不能行走的伤员		用毛毯、被单、被罩等物品包裹伤员，托起伤员头颈部，缓慢向后拖行
爬行法	空间狭窄或有浓烟的环境，两侧上肢未受伤或仅有轻伤的伤员		先将伤员两手腕用布带固定于胸前，双腿跨于伤员躯干两侧，再将伤员双手套在其颈部，双手着地，抬头带动伤员头、颈、肩部离开地面，拖带伤员向前爬行

续表

徒手搬运方法			操作要点
轿杠式	无脊柱、骨盆和大腿骨折，至少可以单手抓紧人的伤员		两人双手交握形成底座后蹲下，伤员坐在底座上，然后两人同时站起，协调前行
椅托式	无脊柱、骨盆和大腿骨折，意识清醒		两人面对面蹲下，前方手握紧形成底座，后方手在伤员背后交叉抓住腰带，然后两人同时站起，协调前行
拉车式	狭窄空间搬运无脊柱、骨盆、四肢骨折的伤员，或将伤员移动到椅子或担架上		辅助伤员坐起，伤员双臂横放于胸前，双腿交叉。一人在伤员背后蹲下，绕过腋下抓握伤员前臂，另一人抓紧伤员踝部，然后两人同时站起，协调前行
三人徒手搬运	怀疑伤员有颈椎、胸椎或腰椎骨折		三人跪于伤员一侧，分别抓握伤员的肩部、腰部、膝踝部，一人指挥，三人协调动作，保持伤员脊柱为一轴线，先抬起伤员至大腿处，再完全站起后协调前行

3. 实施器械搬运（脊柱板）

担架是器械搬运最常用的工具。铲式担架、船型担架（篮式担架）、脊柱板是硬质担架，适用于脊柱损伤或者骨折的伤员。帆布担架是软质的，适用于没有脊柱损伤、骨盆或者髋部骨折的伤员。请以小组形式实施脊柱板搬运操作和评价并完成伤员搬运实训任务单（表12-1）。

脊柱板搬运脊柱损伤伤员操作方法见表12-3。

脊柱板搬运脊柱损伤伤员操作方法

表12-3　脊柱板搬运脊柱损伤伤员操作方法

序号	操作	图示	序号	操作	图示
1	头锁	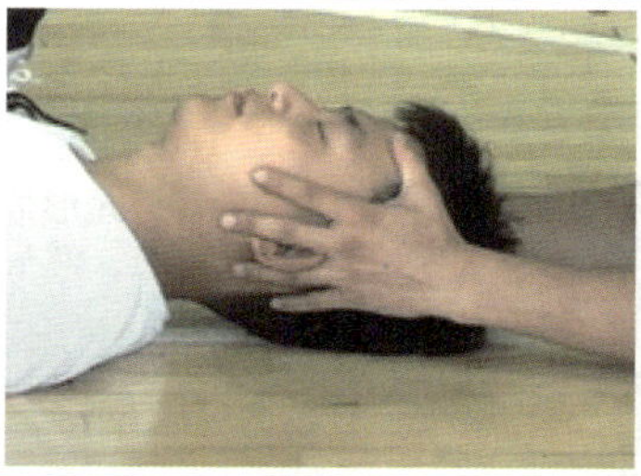	2	安装颈托	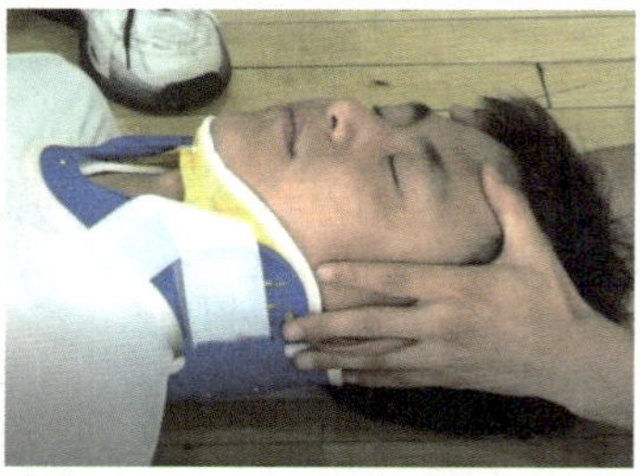
3	头胸锁	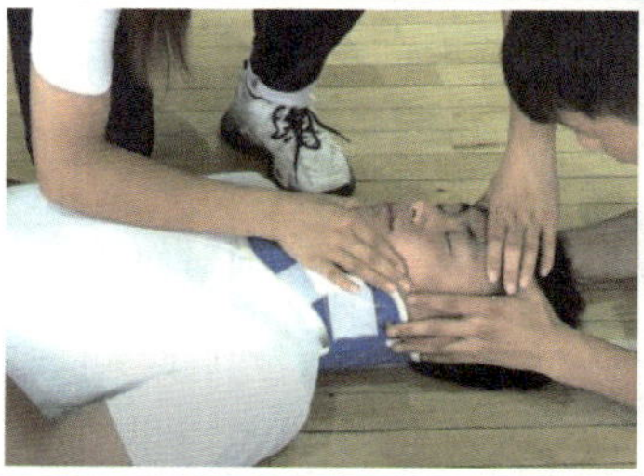	4	头肩锁	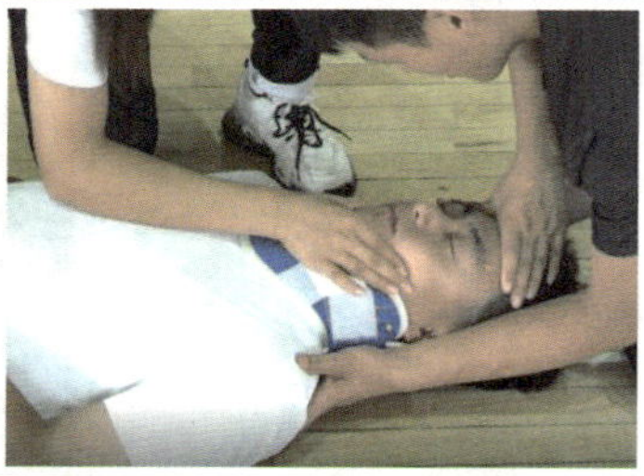
5	放置脊柱板	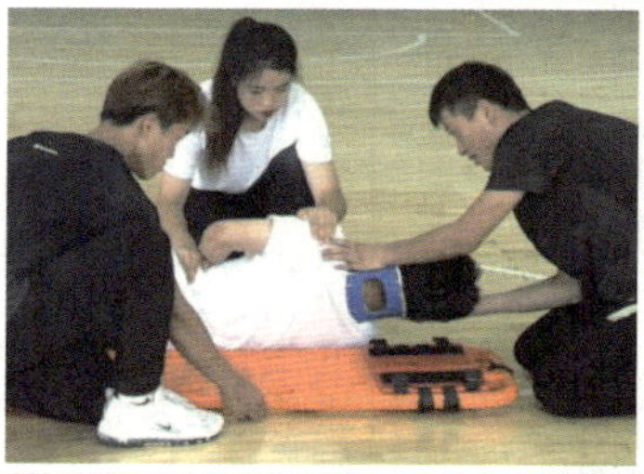	6	调整位置	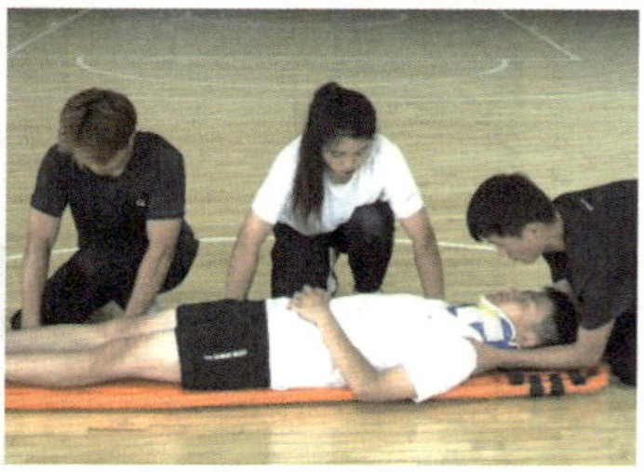
7	固定双手	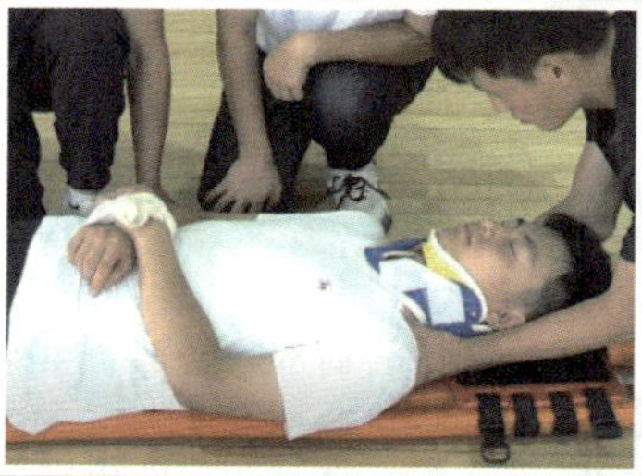	8	头胸锁	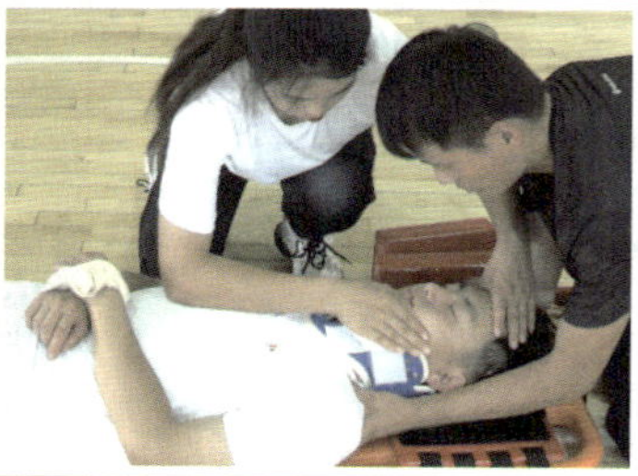
9	安装头部固定器	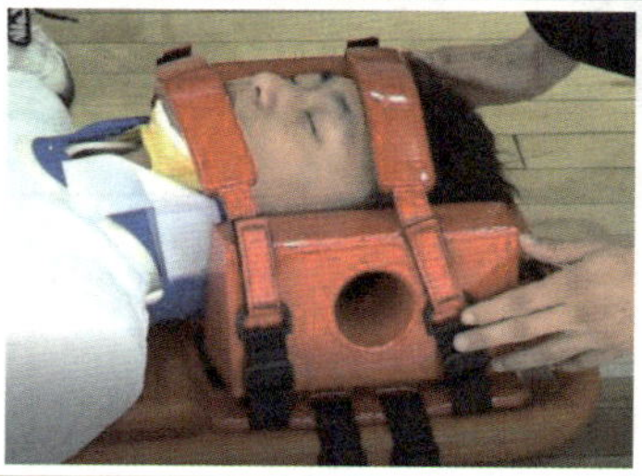	10	固定躯干和大腿	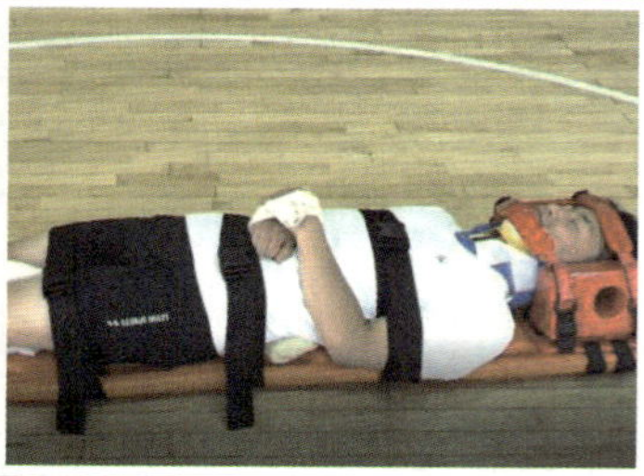

续表

序号	操作	图示	序号	操作	图示
11	抬至大腿		12	协调前行	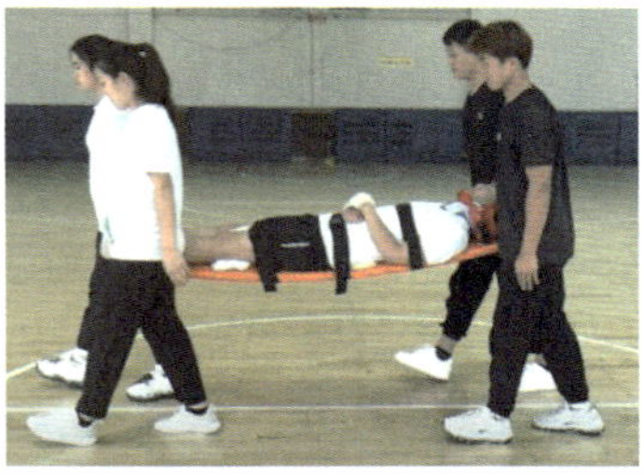

◆ 思政园地

雪道上的伤员搬运

高山滑雪项目比赛惊险，赛道陡峭，伤员救治和转运是一大难题。2022年北京冬奥会和冬残奥会高山滑雪医疗保障团队，在-40℃～-20℃的比赛场地为伤员提供救治服务。当赛道出现伤员时，滑雪医生需在场地包扎后将伤员搬运到医疗站进一步治疗。为了争取时间救治和转运伤情危重的运动员，必要时可启用救援直升机将伤员迅速转运到定点医院。

这是我国第一次在奥运赛事中启用高山救援飞行转运，为了做好直升机转运工作，飞行员、医疗站医生、滑雪医生成为了亲密的战友，反复演练救治和转运流程。从而保证救援服务能4分钟内抵达现场，15分钟内完成伤情评估和处理工作。

任务评价

1. 实训评价

学生自评、互评实训表现，填写实训评价表（表12-4）。评分时，先确定评价等级，再从相应的等级中勾选相应的分数。

表12-4 实训评价表

评价内容	评价等级					
	✿		✿✿		✿✿✿	
操作快速	20	22	24	26	28	30
技术准确	25	28	31	34	37	40
团队合作	20	22	24	26	28	30
总分						

2. 学习评价

学生自评、小组互评，评价自己是否完成实施伤员搬运技术的学习，是否完成任务表等实训成果资料，实训任务有无遗漏。老师对学生进行的评价包括任务书书写是否工整规范，报告成果是否出自实训、是否真实合理且阐述详细，学生自评分析是否合理、收获体会是否深刻，个人能力是否得到提升。（表12-5）

评价按照A（优秀）、B（良好）、C（合格）、D（努力）4个档次进行。

表12-5 学习评价表

任务	完成情况记录
相关理论学习情况	
技能训练情况	
任务完成情况	
任务创新情况	
成果上交情况	
收获	

3. 知识测评

（1）[判断题]对强壮的青年男伤员进行搬运时适宜使用抱持法。（ ）

（2）[判断题]搬运脊柱损伤的伤员时，一人抬伤员上半身，另一人抬伤员下半身。（ ）

（3）[判断题]搬运骨折的伤员时，应该先临时固定后再搬运。（ ）

（4）[判断题]脊柱板搬运伤员时，伤员头部向后。（ ）

（5）[多选题]当伤员神志清醒，单侧足部骨折时，适于使用（ ）搬运。

A.扶行法 B.抱持法 C.拖行法 D.爬行法

（6）[多选题]下肢骨折的伤员不适合使用（ ）搬运。

A.扶行法 B.抱持法 C.拖行法 D.爬行法

扫码答题

任务十三
处理常见环境运动伤害

情境导入

小霍是山地户外指导员，运营一家登山俱乐部。每次登山活动前，小霍都要向团员讲解冷环境和热环境对体育活动的影响和环境运动伤害的处理方法。请你协助小霍制作一份授课课件并讲解相关内容。

任务要求

任务类型	处理常见环境运动伤害	学习维度		
		识记	理解	应用
学习任务	机体体温调节和水分交换	★		
	热损伤与冷损伤的预防方法		★	
实训任务	说明中暑、脱水、冻伤的处理方法			★
	说明运动热损伤和冷损伤的预防方法			★
个人目标				

任务说明

填写环境运动伤害任务单（表13-1），以小组为单位制作一份授课课件，并讲解相关内容。

表13-1　环境运动伤害任务单

环境伤害类型	表现	处理方法

任务准备

1. 阅读任务说明，识读任务单。
2. 观看“环境与运动伤害”相关的线上资源。
3. 收集环境运动伤害的相关知识。
4. 结合环境运动伤害的知识与任务要求，总结难点和常见问题。

任务实施

1. 认识环境运动伤害

体育活动的开展离不开自然环境条件，温度、湿度、气压、辐射等自然因素都会对体育活动产生巨大的影响。其中，高温导致的脱水、中暑，低温导致的冻伤尤为常见。了解常见热损伤和冷损伤的原因和表现，填写环境运动伤害任务单（表13–1）。

1.1 体温调节机制

机体通过下丘脑调节体温。下丘脑有热敏神经元和冷敏神经元，发出降低或升高体温的指令，促进散热反应或产热反应，让机体核心温度维持恒定。

在高热和潮湿的环境中进行体育活动或者比赛，机体产热大于散热，四肢血管扩张，皮肤表面血液流动增加，便于热量散失。当器官组织产热过多、大量出汗时，体内水分流失、散热不足，体温调节中枢功能失调、循环出现障碍，就会导致脱水与中暑等热损伤。

在冷环境中机体散热大于产热，机体必须产生更多的热量用于维持核心组织的温度，此时四肢血管收缩，皮肤表面血液流动减少，血液更多保存在胸部、头部和腹部，机体通过发抖引起非自主性肌肉收缩产生热量，并代谢一部分脂肪和碳水化合物产生热量。如果四肢供血不足，无法维持正常体温，可能会出现冻伤。如果核心体温下降到35°以下时，则会发生低体温症。

1.2 水分交换

正常情况下人体中的水分占体重的66%～70%，不同组织器官的含水量不尽相同，血液、内脏、肌肉的含水量较高，骨骼的含水量较低。

人体主要通过饮水、饮食、内生水获得水分，通过呼吸道、皮肤、消化道、肾脏排出水分。在没有特殊体力活动和运动锻炼的情况下，人体每天与外界交换的水量约为2500mL。

1.3 脱水与运动水代谢

脱水指水分摄入不足或丢失过多引起体液总量减少现象，脱水可能引发各种症状。按照体液丢失量占体重的百分比，可以将脱水分为轻度、中度、重度三种。脱水的分类与表现见表13–2。

表13-2　脱水的分类与表现

脱水分类	体液丢失 占体重百分比	表现
轻度	3%～5%	口渴、皮肤黏膜干燥
中度	5%～10%	心率加快、呼吸加深、皮肤苍白干燥、少尿、精神萎靡或焦躁不安
重度	10%以上	心率加快、脉搏减弱、血压降低、皮肤褶皱、眼窝凹陷、呼吸加快、无尿、精神淡漠甚至昏迷

人体活动时，出汗量大、出汗率高，一次大负荷的活动，出汗量可以达到2～7L。例如，参加一次马拉松比赛的失水可以达到体重的7%左右。人体大量出汗后处于脱水状态时，丢失的不仅仅是水分，还伴随着大量电解质的丢失，如果不及时补充丢失的水分和电解质，就会导致脱水和电解质紊乱，从而出现恶心、无力、肌肉痉挛、头晕甚至是昏厥等现象。因此，运动后需要合理补充水分或运动饮料。

1.4　运动饮料

2009年12月1日起实施的国家标准《运动饮料》（GB 15266–2009），将运动饮料定义为：营养素及其含量能适应运动或体力活动人群的生理特点，能为机体补充水分、电解质和能量，可被迅速吸收的饮料。规定了1L运动饮料中钠含量是50～1200mg，钾含量是50～250mg。一般来讲，运动饮料中不应含有酒精、咖啡因等不利于疲劳恢复的成分。

1.5　冻伤

运动性冷损伤是指寒冷环境引起的人体局部或全身的损伤，主要为冻伤，通常发生在冬季运动和长时间户外活动中，且缺乏相应的防寒措施时。冻伤由寒冷、潮湿、风袭、饥饿、疲劳等引起，情况严重时会危及生命。如冬季进行长跑、骑自行车、登山、游泳、滑雪、滑冰等运动防寒不足时可能发生冻伤。冻伤的分类与表现见表13-3。

表13-3　冻伤的分类与表现

冻伤分类			标准	表现
全身冻伤（冻僵、低体温症）		轻度	核心体温约35℃	倦怠、剧烈颤抖、四肢冰冷、精细运动受损、面色苍白、多尿
		中度	核心体温32℃～35℃	呼吸抑制、脉搏减弱、心律失常、颤抖停止，言语不清、运动受损、肌肉僵硬、血压下降
		重度	核心体温32°°C以下	肢体僵硬、心动过缓，呼吸严重抑制，常出现心搏骤停或昏迷
局部冻伤	冻结性	一级	浅层冻伤	皮肤苍白、麻木、充血、水肿、痒、刺痛
		二级	全层冻伤	皮肤红肿，有发热、疼痛感，并伴水疱，水疱破裂后有黄色浆液，易感染
		三级	坏死	皮肤呈紫褐色或黑色，局部感觉完全消失
	非冻结性（冻疮）		0～10℃环境中易发	伤处皮肤呈红色或青紫色，有水肿，温度升高、发痒、发麻、灼烧或刺痛

2. 处理和预防常见热损伤

掌握常见热损伤的处理和预防方法，完善环境运动伤害任务单（表13–1），制作讲解课件。

2.1 中暑的处理

中暑时通常会出现体温升高、多汗、口渴、乏力、头晕、头痛、眼花、耳鸣、恶心、胸闷、心悸等现象，如果不及时处理，可能会影响到患者生命安全。

中暑后应立即将患者转移到阴凉、通风、温度较低的地方。如果体温升高得不到缓解，可以冷敷双侧腋下、颈动脉、腹股沟等部位，或用湿毛巾、衣物进行冷水擦浴。有条件时，可以将躯干和下肢浸泡在1℃～15℃的水中，快速降低核心温度。

2.2 脱水的处理

脱水时应先将患者转移到凉爽通风的环境，用风扇吹风，用湿冷毛巾冷敷，并进行少量补液。如果情况严重要及时送医就诊。

2.3 热损伤的预防方法

（1）主动补液。

一般来说，60分钟以内的运动补充水分即可，60分钟以上的运动可以选择补充运动饮料。运动补液方案见表13–4。

表13–4 运动补液方案

阶段	频率	补液量
运动前24小时	—	摄取水分含量多的食物
运动前2小时	2～3次	500mL
运动中	每隔15～20分钟	150～300mL
运动后	每隔15分钟	100mL

（2）天气炎热时，赛前10～14天逐渐增加运动强度和时间，以提高对热的适应能力。

（3）训练或活动最好安排在早晨和傍晚时段，避免在高温时段训练。

（4）避免穿着深色衣服，准备冰袋或其他降温物品以便在运动中降温。

（5）加强心肺功能训练，合理膳食，保证充足睡眠，以提高对热的耐受能力。

3. 处理和预防常见冷损伤

掌握常见冷损伤的处理和预防方法，完成环境运动伤害任务单（表13–1），讲解课件及相关内容。

3.1 常见冷损伤的处理

冻伤应急救护时，总体原则是应该在损伤24小时内复温，切忌使用高温烘烤、热敷、冷水浴、雪搓、捶打等方法，不要使用粘性敷料，避免摄入酒精和咖啡。搬运伤员时，应该注意动作轻巧柔和，避免造成肢体扭伤、组织断裂或骨折。不同类型冻伤救护方法见表13–5。

表13–5 冻伤救护方法

<table>
<tr><th colspan="3">冻伤分类</th><th>救护方法</th></tr>
<tr><td colspan="2" rowspan="3">全身冻伤（冻僵、低体温症）</td><td>轻度</td><td>移至温暖处，去除潮湿衣物，覆盖温暖、干燥的衣物或毛毯保暖，在腋窝、胸壁、腹股沟等部位复温，服用含糖6%～8%的温热液体，避免按摩加重损伤</td></tr>
<tr><td>中度</td><td rowspan="2">移至温暖处，立即求助医疗救护，并评估是否需要立即进行心肺复苏。在腋窝、胸壁、腹股沟等部位复温，并在转医途中持续进行</td></tr>
<tr><td>重度</td></tr>
<tr><td rowspan="4">局部冻伤</td><td rowspan="3">冻结性</td><td>一级</td><td>将伤肢放入37℃～40℃的水中浸泡20～30分钟复温</td></tr>
<tr><td>二级</td><td>使用保温毯对肢体保温，如伤肢肿胀严重或者已经出现炎症，将健肢放入温水中。如两侧上肢冻伤，将两侧下肢放入温水中。如有水疱，不要刺破，脚趾间用消毒敷料隔开，保持干燥，防止粘连</td></tr>
<tr><td>三级</td><td>立即就医处理</td></tr>
<tr><td colspan="2">非冻结性（冻疮）</td><td>伤肢放入37℃～40℃的水中浸泡20～30分钟复温，如果有局部感染，需涂抹冻伤膏</td></tr>
</table>

3.2 冷损伤的预防方法

预防运动性冷损伤应注意保持平衡膳食，关注天气变化，选择透气、保暖、大小合适的衣服鞋袜，并做好手指、脚趾、耳朵、颧骨等部位的保护。

◆ 思政园地

国家标准《运动饮料》明确指出运动饮料不得添加国际奥委会禁用药物。习近平总书记高度重视反兴奋剂工作，多次作出重要批示指示，明确要求坚决拿道德的金牌、风格的金牌、干净的金牌，坚决做到兴奋剂问题“零出现”“零容忍”。

最新修订的《中华人民共和国体育法》于2023年1月1日起实施，专门设置了反兴奋剂条款，国家体育总局也在2021年公布了《反兴奋剂管理办法》。反兴奋剂不光是维护遵纪守法的中华体育精神，更是对中华优秀传统文化的传承和发展。

《运动饮料》（GB 15266–2009）

任务评价

1. 实训评价

学生自评、互评实训表现，填写实训评价表（表13–6）。评分时，先确定评价等级，再从相应的等级中勾选相应的分数。

表13-6 实训评价表

评价内容	评价等级					
	✿		✿✿		✿✿✿	
声音清晰，语速适中，表达流畅	10	12	14	16	18	20
着装合适，仪态大方，精神饱满	10	12	14	16	18	20
内容完整，重点突出，讲解正确	10	12	14	16	18	20
教法得当，层次分明，互动良好	10	12	14	16	18	20
课件设计科学、规范、美观、实用	10	12	14	16	18	20
总分						

2. 学习评价

学生自评、小组互评，评价自己是否完成环境运动伤害的学习，是否完成任务表等实训成果资料，实训任务有无遗漏。老师对学生进行的评价包括任务书书写是否工整规范，报告成果是否出自实训、是否真实合理且阐述详细，学生自评分析是否合理、收获体会是否深刻，个人能力是否得到提升。(表13–7)

评价按照A（优秀）、B（良好）、C（合格）、D（努力）4个档次进行。

表13-7 学习评价表

任务	完成情况记录
相关理论学习情况	
技能训练情况	
任务完成情况	
任务创新情况	
成果上交情况	
收获	

3. 知识测评

(1) [判断题]运动中补液应遵循少量多次的原则，大量补水会增加心脏、肾脏负担，反而增加排汗量和电解质的丢失。(　)

(2) [判断题]大量运动或高温环境下锻炼，矿物质会随着汗液流失而流失，运动后一般需要补充钠、钙、铁等，防止因为矿物质不足引起肌肉无力和运动能力下降。(　)

(3) [判断题]冻伤应急救护时，可以用高温烘烤、热敷、冷水浴、雪搓、捶打等方法。(　)

(4) [单选题]儿童青少年运动时水的需要量为（　）。

A.1000 ~ 1500mL B.1500 ~ 2000mL

C.2000 ~ 2500mL D.2500 ~ 3000mL

(5)[单选题]当感到口渴时，机体水分丢失已达到体重的（ ）。

A.2% B.3% C.4% D.5%

(6)[单选题]运动饮料的特点不包括（ ）。

A.一定的含糖量 B.有轻微的兴奋作用 C.低渗透压 D.适量的电解质

(7)[单选题]运动饮料的主要原料不包括（ ）。

A.果糖 B.葡萄糖 C.中链淀粉 D.咖啡因

(8)[单选题]皮肤浅层冻伤的防治措施是将伤肢放入（ ）的水中浸泡20 ~ 30分钟进行复温。

A.35℃ ~ 38℃ B.38℃ ~ 43℃ C.36℃ ~ 45℃ D.37℃ ~ 40℃

扫码答题

模块四　头部和躯干部常见运动损伤的防护

模块导读

本模块的主要内容是介绍头部和躯干部常见运动损伤类型、损伤产生原理、评估筛查技术、康复训练方法、贴扎技术和生活管理策略。

通过辨析头前伸、颈部活动度不足、躯干活动度不足、躯干稳定性不足等仿真案例，能够对案例进行健康评估与分析，提炼案例康复需求，制订短期和长期康复目标，指导康复训练，并针对案例实施贴扎、开展运动防护教育，树立科学运动的意识以及指导科学运动锻炼的责任和担当意识。

学习目标

1. 描述头部和躯干部的解剖结构和关节活动范围
2. 解释头部和躯干部的正常运动学
3. 描述头部和躯干部常见运动损伤及典型表现，并讨论致伤因素
4. 描述可以用于筛查常见头部和躯干部运动损伤的评估方法
5. 实施头部和躯干部常见运动损伤的康复性训练
6. 实施头部和躯干部常见运动损伤的贴扎技术
7. 实施预防头部和躯干部常见运动损伤的生活管理策略
8. 培养科学、辩证统一地认识和分析事物的能力
9. 培养健康生活的意识

任务十四
头前伸的康复与防护

情景导入

许教练是健身俱乐部的普拉提教练员，一名会员想要改善头颈部不适，请你帮许教练评估该会员的健康状况，根据该会员的需求为其制订康复计划，并示范和指导康复训练动作，展示贴扎方法以及列举生活管理策略。该会员的情况如下。

赵某，男，35岁，计算机程序员。大学毕业以后很少参加体育锻炼。近1年来，自我感觉颈肩部疼痛且伴有右侧上臂不适感，颈后有一处软性凸起。

【医学检查情况】

身高：174cm；体重：65kg；心率：72次/分；血压：106/68mmHg；脉搏节律正常；心脏听诊无异常；安静心电图正常；X光检查显示第4和第5颈椎骨质增生。

【姿势及功能检查情况】

静态姿势评估发现颈椎前倾。

任务要求

任务类型	头前伸的康复与防护	学习维度		
		识记	理解	应用
学习任务	头前伸形态与肌力失衡情况	★		
	头前伸姿势与功能检查方法	★		
	康复训练方法、贴扎技术和生活管理策略		★	
实训任务	识读、评估头前伸案例并设计康复计划			★
	指导案例康复训练，实施贴扎技术			★
	开展运动防护教育			★
个人目标				

任务说明

识读案例，分析损伤原因，通过小组协作和角色扮演（客户、教练员、助教员、会籍顾问等）填写、汇报头前伸案例评估任务单（表14–1）和头前伸运动康复计划制订与实施任务单（表14–2），模拟康复训练指导、实施贴扎技术和生活管理教育。

表14–1 头前伸案例评估任务单

<table>
<tr><td>姓名：</td><td></td><td>年龄：</td><td></td><td>性别：</td><td></td><td>BMI：</td><td></td></tr>
<tr><td colspan="8">损伤史</td></tr>
<tr><td colspan="4">医学诊断：</td><td colspan="4">相关损伤史：</td></tr>
<tr><td colspan="8">疼痛位置、时长：</td></tr>
<tr><td colspan="8">客户目标：</td></tr>
<tr><td colspan="8">生活方式</td></tr>
<tr><td colspan="4">职业特点：</td><td colspan="4">运动习惯：</td></tr>
<tr><td colspan="4">睡眠情况：</td><td colspan="4">吸烟饮酒：</td></tr>
<tr><td colspan="8">膳食营养：</td></tr>
<tr><td colspan="8">医学检查</td></tr>
<tr><td colspan="4">心率：</td><td colspan="4">血压：</td></tr>
<tr><td colspan="4">血脂：</td><td colspan="4">血糖：</td></tr>
<tr><td colspan="8">其他：</td></tr>
<tr><td colspan="8">姿势/动作检查</td></tr>
<tr><td colspan="4">检查名称：</td><td colspan="4">结果：</td></tr>
<tr><td colspan="4"></td><td colspan="4"></td></tr>
<tr><td colspan="4"></td><td colspan="4"></td></tr>
<tr><td colspan="4"></td><td colspan="4"></td></tr>
<tr><td colspan="8">短期目标（ ~ 周）</td></tr>
<tr><td colspan="8"></td></tr>
<tr><td colspan="8"></td></tr>
<tr><td colspan="8">中期目标（ ~ 周）</td></tr>
<tr><td colspan="8"></td></tr>
<tr><td colspan="8"></td></tr>
<tr><td colspan="8">长期目标（ ~ 周）</td></tr>
<tr><td colspan="8"></td></tr>
<tr><td colspan="8"></td></tr>
</table>

表14-2　头前伸运动康复计划制订与实施任务单

<table>
<tr><td colspan="3">第一阶段（　～　周）</td></tr>
<tr><td colspan="2">目标：</td><td>频率：</td></tr>
<tr><td colspan="2">监控：</td><td>时间：</td></tr>
<tr><td>部位（内容）</td><td>动作</td><td>安排（强度/次数/组数）</td></tr>
<tr><td></td><td></td><td></td></tr>
<tr><td></td><td></td><td></td></tr>
<tr><td></td><td></td><td></td></tr>
<tr><td></td><td></td><td></td></tr>
<tr><td></td><td></td><td></td></tr>
<tr><td colspan="3">第二阶段（　～　周）</td></tr>
<tr><td colspan="2">目标：</td><td>频率：</td></tr>
<tr><td colspan="2">监控：</td><td>时间：</td></tr>
<tr><td>部位（内容）</td><td>动作</td><td>安排（强度/次数/组数）</td></tr>
<tr><td></td><td></td><td></td></tr>
<tr><td></td><td></td><td></td></tr>
<tr><td></td><td></td><td></td></tr>
<tr><td></td><td></td><td></td></tr>
<tr><td></td><td></td><td></td></tr>
<tr><td colspan="3">第三阶段（　～　周）</td></tr>
<tr><td colspan="2">目标：</td><td>频率：</td></tr>
<tr><td colspan="2">监控：</td><td>时间：</td></tr>
<tr><td>部位（内容）</td><td>动作</td><td>安排（强度/次数/组数）</td></tr>
<tr><td></td><td></td><td></td></tr>
<tr><td></td><td></td><td></td></tr>
<tr><td></td><td></td><td></td></tr>
<tr><td></td><td></td><td></td></tr>
<tr><td></td><td></td><td></td></tr>
<tr><td colspan="3">贴扎</td></tr>
<tr><td colspan="3"></td></tr>
<tr><td colspan="3"></td></tr>
<tr><td colspan="3">生活管理教育</td></tr>
<tr><td colspan="3"></td></tr>
<tr><td colspan="3"></td></tr>
</table>

任务准备

1. 阅读任务说明，识读案例。
2. 观看“头前伸”相关的线上资源。
3. 收集头前伸运动康复与防护的知识。
4. 结合头前伸运动康复与防护的知识与技能要求，总结难点和常见问题。

任务实施

1. 认识损伤原因

头前伸也可以称为头前引，是长期缺乏运动且持续错误姿势，肌肉被动拉长或者缩短，造成颈前后部肌肉力量出现不平衡，并未及时通过运动进行纠正，导致肌肉劳损而引发的慢性损伤。通常会出现持续性肩颈部疼痛，随着姿势或动作的持续会加重症状。

1.1 头前伸的表现

相较于正常的头颈部姿势，头前伸时，颈椎曲度减小，肌肉状态出现变化（图14-1），颈前部主要有头长肌、颈长肌、胸锁乳突肌缩短，颈后部主要有枕下肌群、斜方肌上束缩短；颈后部的肩胛提肌被动拉长。

过度拉长或过度缩短，不仅影响肌肉弹性，还会造成肌力减弱。随着头前伸的发展，头长肌、颈长肌等深层颈屈肌肌力会逐渐下降，在说话、咳嗽、吞咽，特别是在做抬头等对抗重力动作时颈部的稳定性都会受到影响。

头前伸时肌肉状态变化

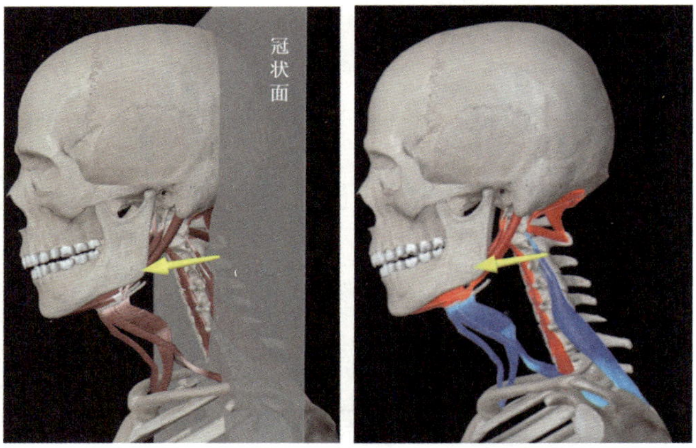

图14-1　头前伸时肌肉状态变化（蓝色为拉长，红色为缩短）

1.2 颈部肌肉功能

颈部肌肉数量多、功能复杂。浅层肌肉较大，其主要作用是运动颈椎；深层肌肉较小，其主要作用是稳定颈椎和维持本体感觉。

（1）斜方肌上束。斜方肌位于上背及中背表层，在脊柱两侧对称分布。根据肌纤维走向分成上、中、下三部分。斜方肌上束包括锁骨及肩峰以上的部分。

斜方肌主要功能：双侧斜方肌上束同时收缩使颈伸，单侧收缩使肩胛骨上提并向上回旋，颈部向同侧屈、向对侧旋（图14–2）。

斜方肌主要功能

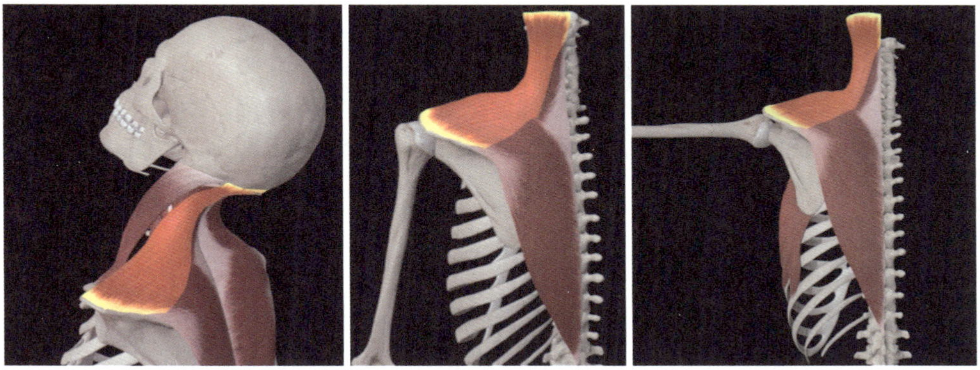

颈后伸　　肩胛骨上提　　肩胛骨上回旋

图14–2　斜方肌主要功能

（2）肩胛提肌。在颈两侧对称分布，连接第1～4颈椎横突和肩胛骨上角及内侧缘上部。

肩胛提肌主要功能：近固定时，可以使肩胛骨上提和下回旋。远固定时，双侧肩胛提肌收缩时，可以使颈伸；单侧肩胛提肌收缩时，可以使颈部向同侧屈、向同侧旋转（图14–3）。

肩胛提肌主要功能

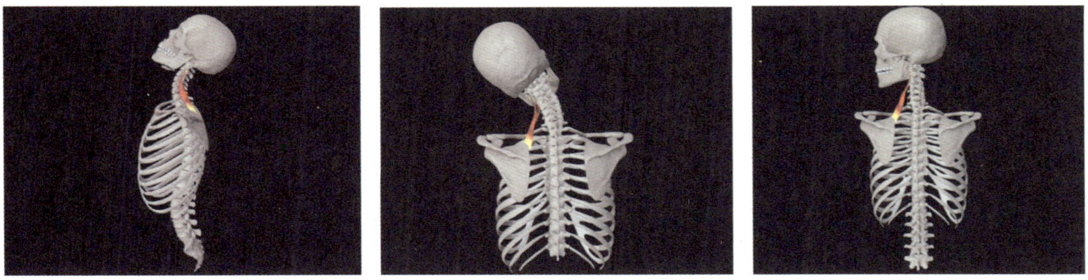

颈后伸　　向同侧屈　　向同侧旋

图14–3　肩胛提肌主要功能

（3）胸锁乳突肌。胸锁乳突肌上端附着在颞骨乳突，下端附着在胸骨柄和锁骨内侧。

胸锁乳突肌主要功能：双侧胸锁乳突肌收缩时，使颈屈；单侧胸锁乳突肌收缩时，使颈部向同侧屈、向对侧旋转（图 14–4）。

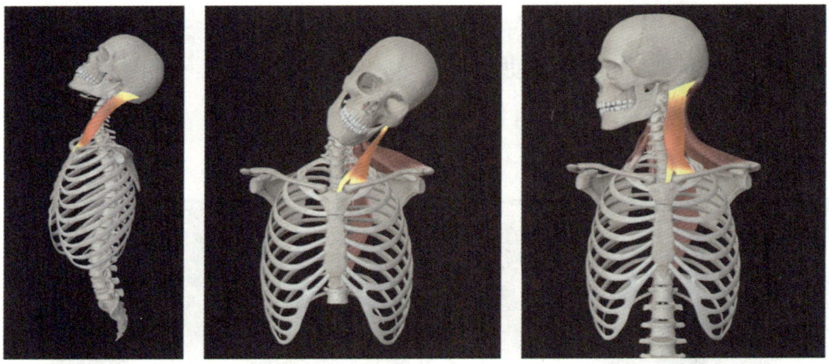

颈后伸　　向同侧屈　　向对侧旋

图14–4　胸锁乳突肌主要功能

胸锁乳突肌
主要功能

（4）头长肌和颈长肌（图 14–5）属于深层颈屈肌群，紧贴脊柱前侧。

头长肌和颈长肌主要功能：头长肌和颈长肌双侧同时收缩时，可以使颈屈。

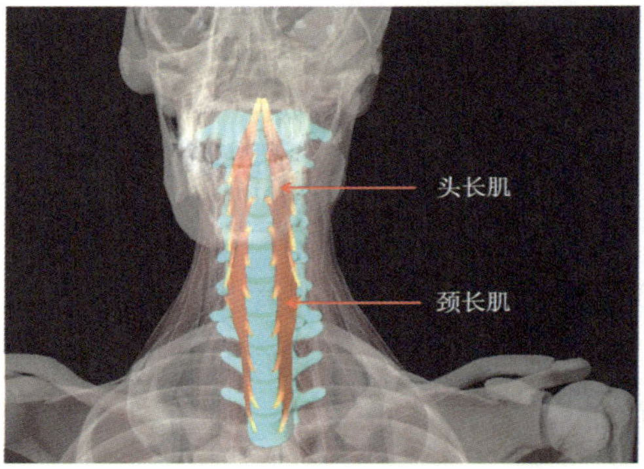

图14–5　头长肌和颈长肌

（5）枕下肌群（图 14–6）。枕下肌群位于枕骨下方，寰椎和枢椎后方，主要包括头后大直肌、头后小直肌、头上斜肌、头下斜肌等 4 对肌肉。

枕下肌群主要功能：枕下肌群双侧同时收缩时，可以使颈伸。

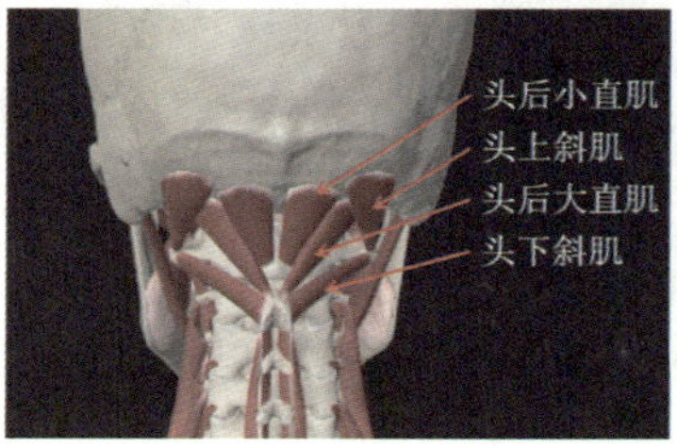

图14–6　枕下肌群

2. 实施评估筛查

通过问卷、谈话，结合医学检查结果，分析案例损伤史、医学检查情况和生活方式，并在此基础上进行姿势和功能检查，了解案例损伤类型和程度，为制订康复计划提供依据。请根据评估筛查结果填写头前伸案例评估任务单。

2.1 颈部姿势评估（图14-7）

（1）被测试者保持自然站立；

（2）从侧面观察，头颈部保持中立，耳垂与肩峰基本处于同一条垂直线上；

（3）如果耳垂明显处于肩峰的前侧，说明头颈已经出现前伸。

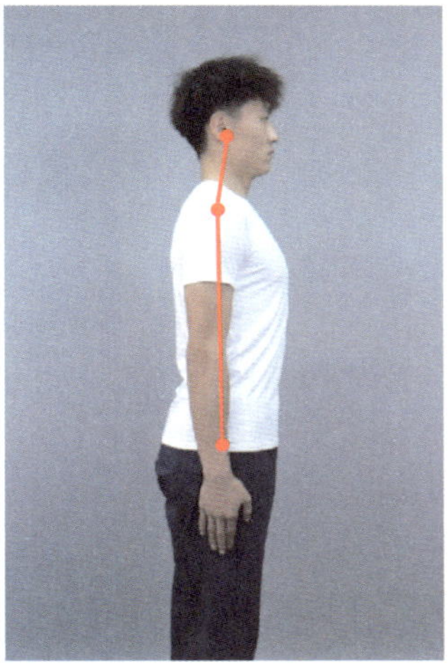

正常体态

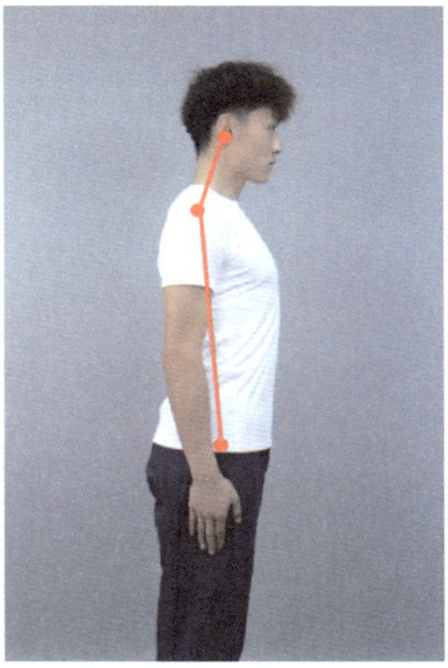

头前伸

图14-7　颈部姿势评估

2.2 深层颈屈肌耐力测试（图14-8）

（1）被测试者仰卧在按摩床上，将手放在被测试者枕骨下方；

（2）将头部抬离床面约2.5cm，最大程度收下颌并保持，从侧面观察被测试者颈部皮肤，并开始计时，皮肤褶皱出现变化或枕骨接触到下方手掌时，停止计时；

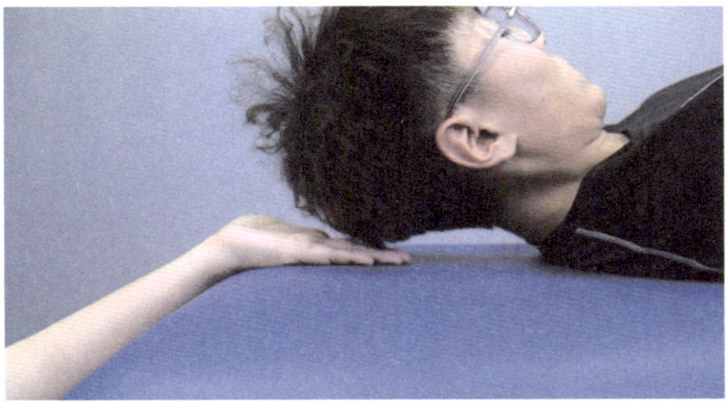

图14-8　深层颈屈肌耐力测试

（3）持续时间39秒以上，且没有出现颈部疼痛，则表明达到深层颈屈肌耐力平均水平；

持续时间超过60秒为优秀；时间低于24秒，则表明深层颈屈肌薄弱或疲劳。在颈部屈曲时，胸锁乳突肌和斜角肌占主导地位。

3. 制订康复计划

运动损伤的康复计划应该遵循全面评估、整体考量的原则，个性化实施运动康复，并根据评估结果设定不同阶段的目标，以功能训练为核心，引导客户主动锻炼。通过分析头前伸产生的原因，结合姿势和功能检查情况，改善头前伸的训练思路如图14–9所示。请根据评估检查结果填写头前伸运动康复计划制订与实施任务单（表14–2）。

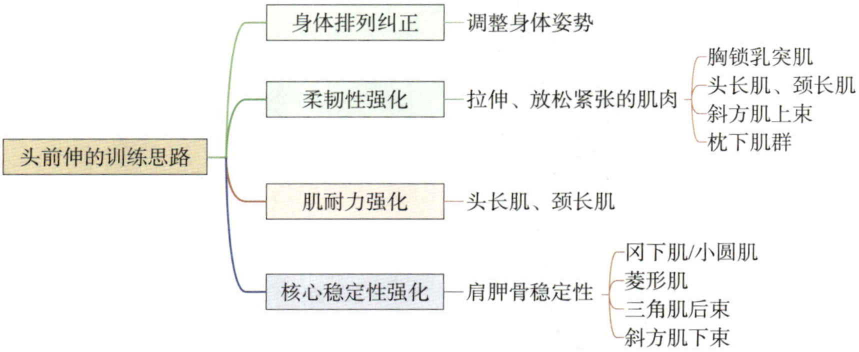

图14–9　改善头前伸的训练思维导图

4. 指导康复训练

通过角色扮演（客户、教练员、助教员、会籍顾问等），针对头前引失衡的肌肉进行康复训练指导。

指导康复训练

4.1　身体排列纠正

自然站立，将矫正棍放于脊柱后，且与地面垂直；枕骨向后、向上延展，骶骨、枕骨的中点紧贴矫正棍；保持肩胛骨下沉，不过度扩张胸廓；保持10～15秒（图14–10）。

4.2　头颈部柔韧性练习

（1）胸锁乳突肌拉伸（图14–11）。

站姿或坐姿，双手交叠放在同侧肌肉止点；后仰的同时向对侧屈，保持5～10秒，每侧重复3～5次。

（2）头长肌、颈长肌拉伸（图14–12）。

自然站立，向后仰头至极限位置；向对侧旋转头部，不要张嘴，保持下颌关节稳定，持续15～30秒。

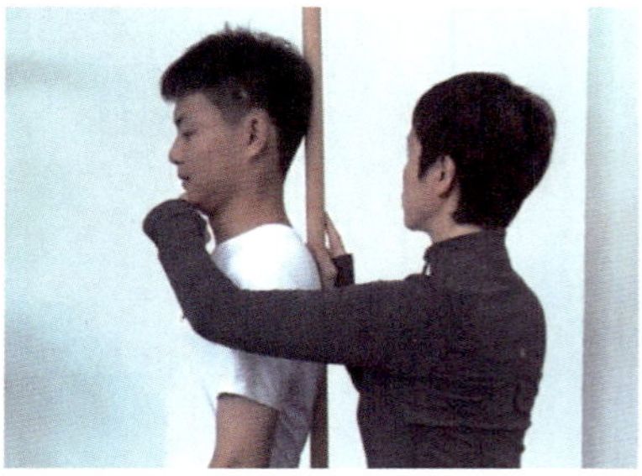

图14–10　身体排列纠正

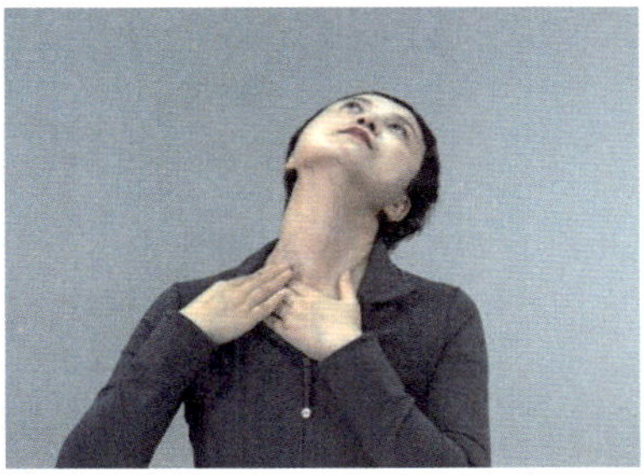
图14-11　胸锁乳突肌拉伸

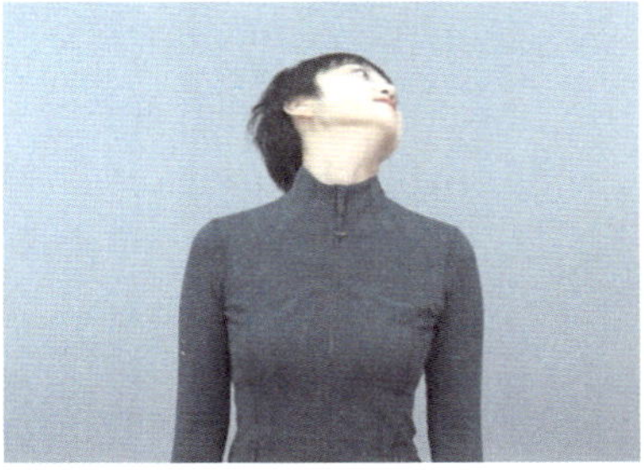
图14-12　头长肌、颈长肌拉伸

（3）斜方肌上束拉伸（图14-13）。

自然站立，头颈向对侧屈至极限；头颈轻微向对侧旋转，肩部下沉，不旋转胸腔，保持15～30秒；吸气，还原。增加难度时，手放在拉伸侧的耳处轻施压力。

（4）枕下肌群放松（图14-14）。

仰卧，将花生筋膜球置于枕骨下；吸气，仰头，呼气，收下颌；上下滚动筋膜球15～20次。也可以靠墙站立进行。

图14-13　斜方肌上束拉伸

图14-14　枕下肌群放松

（5）枕下肌群拉伸（图14-15）。

自然站立，双手交叉放于枕骨，带动颈上部前屈，保持10～20秒；吸气，还原。如果双手不能交叉放于枕骨，可借助毛巾辅助练习。

图14-15　枕下肌群拉伸

4.3　头颈部肌耐力练习

（1）收下颌（图14-16至图14-18）。

仰卧，将毛巾垫于枕骨下，颈前放一乒乓球，收下颌，夹乒乓球，注意不是低头，头不要离开垫面。进阶练习时，可采用站姿辅助收下颌或弹力带抗阻收下颌。

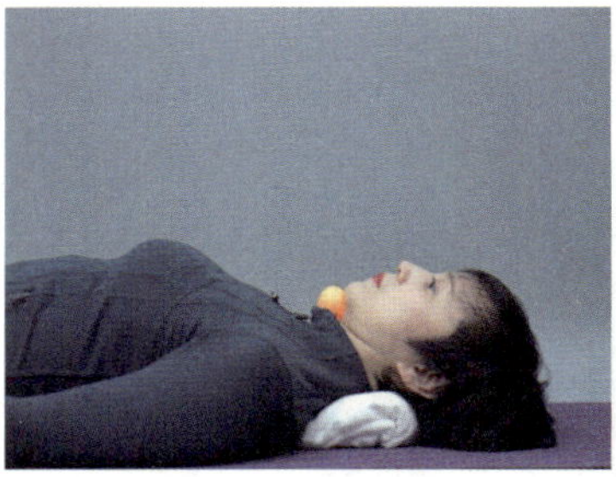
图14-16 卧姿收下颌

图14-17 站姿辅助收下颌

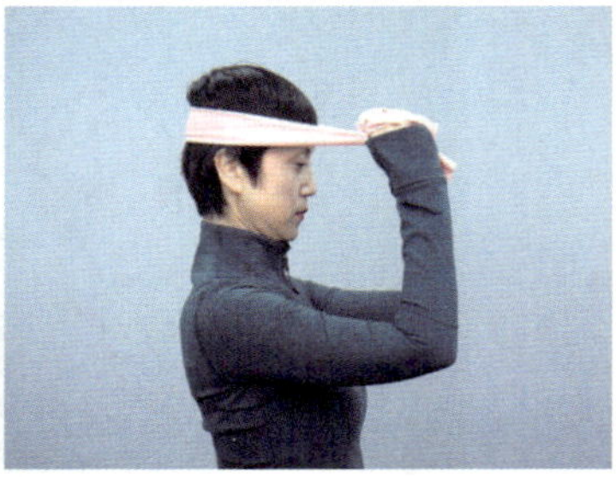
图14-18 弹力带抗阻收下颌

（2）天鹅下潜（图14-19、图14-20）。

俯卧，双手置于耳朵两侧，肩下沉，收下颌，鼻尖触地；吸气，收腹，胸部抬离垫面，保持头颈中立位，头顶向远延展，不要仰头。进阶练习时，可将弹力带放在枕骨上。

图14-19 天鹅下潜

图14-20 抗阻天鹅下潜

4.4 核心稳定性练习

（1）俯卧IYT平举（图14-21）。

俯卧，手臂伸直放于耳侧，与躯干呈I形，双手四指卷曲，拇指伸展指向上，收紧核心；头颈段轻抬，呼气，下沉肩胛骨，手臂抬起在最大幅度处停顿片刻，吸气，还原，头轻点地。降低手臂呈Y、T形，重复以上动作。

（2）俯身YTWL运动（图14-22）。

自然站立，屈髋屈膝，腰背挺直，收紧核心；举起手臂与躯干呈Y形后回到初始位置；依次降低手臂与躯干分别呈T形、W形、L形，重复以上动作。

图14-21 俯卧IYT平举

图14-22 俯身YTWL运动

5. 运用贴扎技术

通过角色扮演，演练颈部贴扎技术（表14–3），并将贴扎方法填入头前伸运动康复计划制订与实施任务单（表14–2）。

表14–3　颈部贴扎

步骤	准备工作	贴法
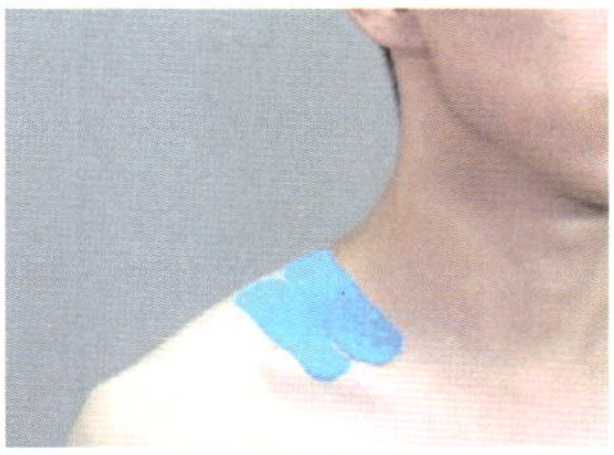	体位：头颈中立位 形状：X形 数量：1	锚点：肩颈疼痛处 尾点：自然延伸 拉力：自然拉力
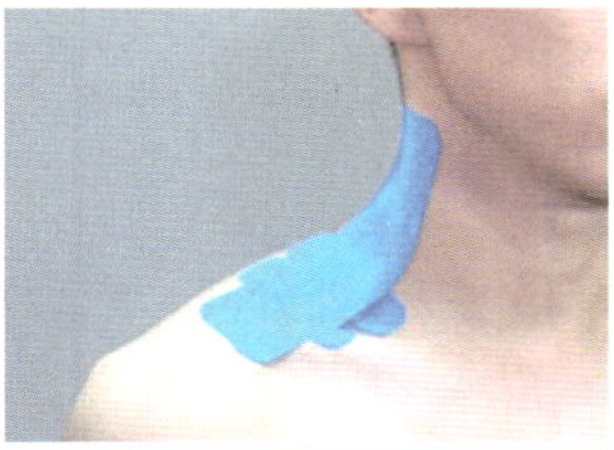	体位：头颈中立位 形状：I形 数量：1	锚点：肩颈疼痛处 尾点：锁骨肩峰端、胸锁乳突肌上段 拉力：自然拉力
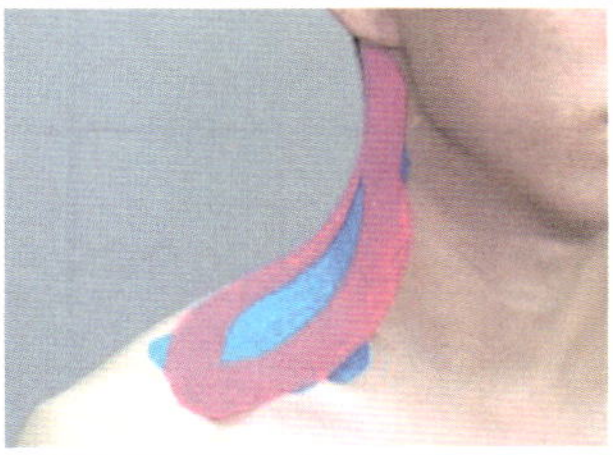	体位：头颈中立位 形状：Y形 数量：1	锚点：颞骨乳突 尾点：锁骨肩峰端 拉力：自然拉力

颈部贴扎

6. 生活管理教育

根据案例生活方式，以角色扮演的形式模拟生活管理教育，并将生活管理要点填入头前伸运动康复计划制订与实施任务单（表14–2）。

头前伸是头颈段最常见的错误姿势之一，这种姿势通常是由于长时间保持头部过于前倾姿势造成的。

生活中，很多人因为肌肉紧张或无力、外伤、不良习惯、脂肪分布、遗传或疾病等因素，表现出慢性头前伸等不良姿势。除了进行预防性和康复性的训练，在日常生活中应该注意避免久坐、长期低头的姿势。

◆ 思政园地

康复思想的起源与传承

“康复”一词最早似出现在南朝史学家裴松之注《三国志》中的“康复社稷”，其含义主要指国家恢复安定。《南史·袁宪传》中有“群情喁喁，冀圣躬康复”，其中“康复”指身体恢复到健康的状态。《黄帝内经》等医学专著中也提到了“康复”的概念。康复思想在我国有数千年的历史传承，是中华民族认识、改造自然与社会活动的人文积淀和实践方法。

任务评价

1. 实训评价

学生根据实训评价标准，自评与互评实训成果与实训表现（表14-4）。评分时，先确定评价等级，再从相应的等级中勾选相应的分数。

表14-4 实训评价标准

评价内容	评价指标	评价等级					
		✿		✿✿		✿✿✿	
筛查评估（12分）	基本资料评估全面、准确	1		2		3	
	健康状态评估全面、准确	1		2		3	
	生活方式评估全面、准确	1		2		3	
	姿势、功能评估全面、准确	1		2		3	
康复计划制订（40分）	目标明确、周期合理	5	6	7	8	9	10
	训练形式、内容科学	5	6	7	8	9	10
	训练强度、难度适宜	5	6	7	8	9	10
	防护与安全教育有效	5	6	7	8	9	10
康复计划实施（40分）	穿着合适、体型健康	5	6	7	8	9	10
	指导方法科学、保护帮助可靠	5	6	7	8	9	10
	示范规范、纠错及时准确	5	6	7	8	9	10
	贴扎熟练、安全教育恰当	5	6	7	8	9	10
团队配合（8分）	分工合理、精神饱满、感染力强	1		2		3	
	场地布置合理，器材准备完善	1		2		3	
	现代化手段运用，思政元素融入	0		1		2	
总分							

2. 学习评价

学生自评，评价自己是否完成学习，是否完成评估、康复计划、评价等实训成果资料，实训任务有无遗漏，然后小组互评。老师对学生进行的评价包括方案、计划书写是否工整规范，报告成果是否出自实训、是否真实合理且阐述详细，学生自评分析是否合理、收获体会是否深刻，个人能力是否得到提升。(表14–5)

评价按照A（优秀）、B（良好）、C（合格）、D（努力）4个档次进行。

表14–5　学习评价表

任务	完成情况记录
相关理论学习情况	
技能训练情况	
任务完成情况	
任务创新情况	
成果上交情况	
收获	

3. 知识测评

(1) [判断题]头前伸纠正训练需要强化颈后肌群力量。(　　)

(2) [单选题]肩胛提肌起于(　　)。

A.第1～3颈椎横突　B.第1～4颈椎横突　第C.2～4颈椎横突　D.第2～5颈椎横突

(3) [单选题]斜方肌在脊椎上起于(　　)。

A.第7颈椎　B.第1胸椎　C.全部胸椎　D.第7颈椎和全部胸椎

(4) [单选题]颈椎的主要特征是(　　)。

A.有肋凹　B.有横突孔　C.椎体体积大　D.棘突长

(5) [单选题]头前伸人群应减少以下哪种练习(　　)。

A.坐姿划船　B.胸大肌拉伸　C.卧推　D.上斜方肌拉伸

(6) [单选题]提杠铃耸肩主要锻炼的肌肉是(　　)。

A.斜方肌　B.背阔肌　C.三角肌　D.胸大肌

(7) [多选题]适合头前伸的康复训练动作有(　　　　)。

A.枕下肌群拉伸　B.肩胛提肌拉伸　C.斜方肌上束拉伸　D.深层颈屈肌拉伸

(8) [多选题]TYW平举主要可以练习哪些肌肉？(　　　　)

A.斜方肌　B.大圆肌　C.菱形肌　D.三角肌后束

扫码答题

任务十五
颈部活动度不足的康复与防护

情景导入

张教练是某健身俱乐部的健身教练员，会员王先生想通过私教服务减脂减重。在检查评估中发现王先生还存在颈部活动度不足的问题，并伴有疼痛，张教练为王先生设计好减脂减重训练计划后，请你进一步评估王先生的健康状况，并制订康复计划解决其颈部活动度不足的问题。王先生的情况如下。

王某，男，45岁，外科医生，很少参加健身锻炼和体力劳动。医学检查未见明显肌肉、骨骼异常。烟龄20年，每天吸烟约10支。

【医学检查情况】

身高：172cm；体重：82kg；心率：72次/分；血压：136/80mmHg；空腹血脂检查结果为：总胆固醇7.9mmol/L，甘油三酯2.62mmol/L，高密度脂蛋白胆固醇1.08mmol/L，低密度脂蛋白胆固醇4.15mmol/L；脉搏节律正常；心脏听诊无异常；安静心电图正常。

【姿势及功能检查情况】

颈部伸展受限，颈部向右侧旋受限。

任务要求

任务类型	颈部活动度不足的康复与防护	学习维度		
		识记	理解	应用
学习任务	颈椎结构与关节活动度	★		
	颈部主要肌肉功能	★		
	颈部活动度筛查方法		★	
	康复训练方法、贴扎技术和生活管理策略		★	
实训任务	识读、评估案例并设计康复计划			★
	指导案例康复训练，实施贴扎技术			★
	开展运动防护教育			★
个人目标				

任务说明

识读案例，分析损伤原因，通过小组协作和角色扮演（客户、教练员、助教员、会籍顾问等）填写、汇报颈部活动度不足评估任务单（表15-1）和颈部活动度不足运动康复计划制订与实施任务单（表15-2），模拟康复训练指导、实施贴扎技术和生活管理教育。

表15-1　颈部活动度不足评估任务单

<table>
<tr><td>姓名：</td><td></td><td>年龄：</td><td></td><td>性别：</td><td></td><td>BMI：</td><td></td></tr>
<tr><td colspan="8" align="center">损伤史</td></tr>
<tr><td colspan="4">医学诊断：</td><td colspan="4">相关损伤史：</td></tr>
<tr><td colspan="8">疼痛位置、时长：</td></tr>
<tr><td colspan="8">客户目标：</td></tr>
<tr><td colspan="8" align="center">生活方式</td></tr>
<tr><td colspan="4">职业特点：</td><td colspan="4">运动习惯：</td></tr>
<tr><td colspan="4">睡眠情况：</td><td colspan="4">吸烟饮酒：</td></tr>
<tr><td colspan="8">膳食营养：</td></tr>
<tr><td colspan="8" align="center">医学检查</td></tr>
<tr><td colspan="4">心率：</td><td colspan="4">血压：</td></tr>
<tr><td colspan="4">血脂：</td><td colspan="4">血糖：</td></tr>
<tr><td colspan="8">其他：</td></tr>
<tr><td colspan="8" align="center">姿势/动作检查</td></tr>
<tr><td colspan="4">检查名称：</td><td colspan="4">结果：</td></tr>
<tr><td colspan="4"></td><td colspan="4"></td></tr>
<tr><td colspan="4"></td><td colspan="4"></td></tr>
<tr><td colspan="4"></td><td colspan="4"></td></tr>
<tr><td colspan="8" align="center">短期目标（　~　周）</td></tr>
<tr><td colspan="8"></td></tr>
<tr><td colspan="8"></td></tr>
<tr><td colspan="8" align="center">中期目标（　~　周）</td></tr>
<tr><td colspan="8"></td></tr>
<tr><td colspan="8"></td></tr>
<tr><td colspan="8" align="center">长期目标（　~　周）</td></tr>
<tr><td colspan="8"></td></tr>
<tr><td colspan="8"></td></tr>
</table>

表15-2 颈部活动度不足运动康复计划制订与实施任务单

第一阶段（ ~ 周）		
目标：		频率：
监控：		时间：
部位（内容）	动作	安排（强度/次数/组数）
第二阶段（ ~ 周）		
目标：		频率：
监控：		时间：
部位（内容）	动作	安排（强度/次数/组数）
第三阶段（ ~ 周）		
目标：		频率：
监控：		时间：
部位（内容）	动作	安排（强度/次数/组数）
贴扎		
生活管理教育		

任务准备

1.阅读任务说明，识读案例。

2.观看“颈部活动度不足”相关的线上资源。

3.收集颈部活动度不足运动康复与防护的知识。

4.自测或互测颈部活动度。

5.结合颈部活动度不足运动康复与防护的知识与技能要求，总结难点和常见问题。

任务实施

1. 认识损伤原因

颈椎是脊柱中比较特殊的节段，对特殊感觉、空间定位至关重要，控制颈椎精细运动的肌肉高度特化，姿势不良、睡觉时枕头过高、快速突然的颈椎运动、颈椎关节炎或脊神经受压等情况往往会引发疼痛、活动受限、炎症等问题。

1.1 颈部活动度不足的表现

颈部过度劳累或长期处于一个姿势，颈前后肌肉力量不平衡，肌肉被动拉长或者缩短，使原本配合完成关节活动的肌肉不能被调动、启动速度慢，或者不能持续发力，易出现疲劳和磨损，造成颈部活动受限，并伴有颈后方和肩胛疼痛。

1.2 颈椎的结构

颈椎共7块，是整个椎骨中形态最小，活动范围最大的节段，每块颈椎以高度协调的方式互相配合发挥作用，适应视觉、听觉、手眼协调和平衡等功能。

颈椎形态

不同节段的颈椎形态有所区别（图15-1），第1和第2颈椎比较独特，分别叫寰椎和枢椎。寰椎的作用是支撑头部重量，寰椎的横突在颈椎中是最大的。枢椎的上关节面相对平坦，和寰椎的下关节面匹配，让寰椎能在水平面内绕着枢椎自由旋转。其余5块颈椎外形相似，是典型的颈椎，能够进行屈伸活动，并联合完成侧屈、旋转活动。

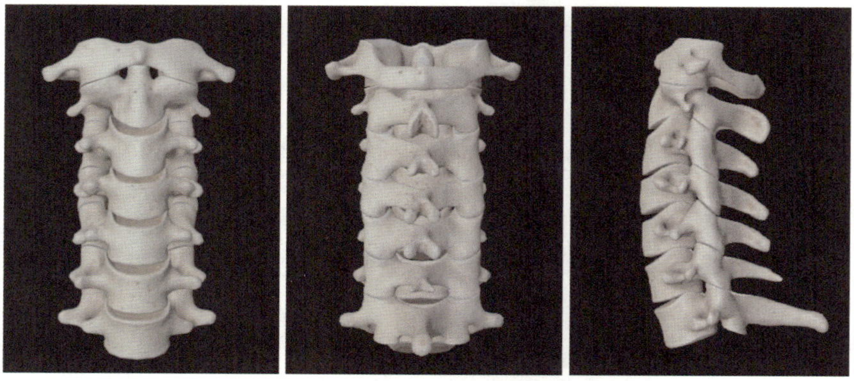

前面　　后面　　侧面

图15-1　颈椎形态

1.3 颈部关节活动

关节突关节是由一个椎体的下关节突和下方椎体的上关节突组成的，关节突关节的空间方向在很大程度上决定着脊柱特定节段的运动方向和范围。寰椎和枢椎之间的关节突关节面接近水平面，所以寰枢关节能够在水平面上充分地旋转。(图15–2)

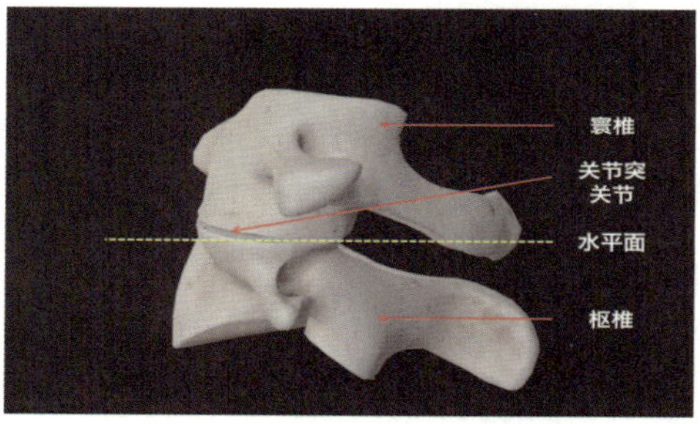

图15-2　关节突关节（寰椎和枢椎）

第2～7颈椎的关节突关节面与水平面、冠状面都成45°角（图15–3），像瓦片一样排列，滑动时可以获得较大幅度的旋转和侧屈。比如，颈椎在伸展过程中，上椎骨的下关节面相对于下椎骨上关节面向后和向下滑动。第2～7颈椎关节突关节运动模式如图15–4所示。

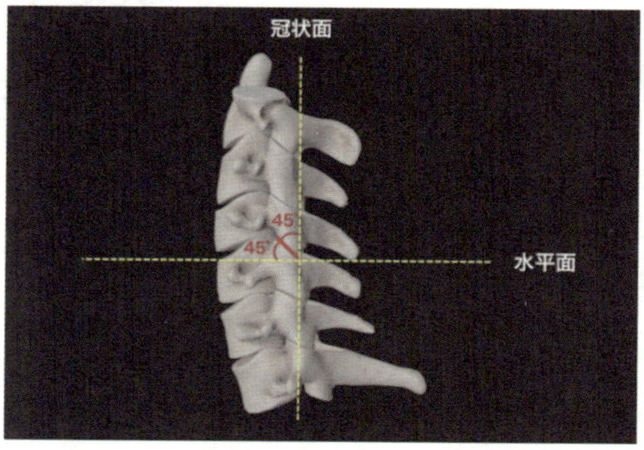

图15-3　关节突关节（第2～7颈椎）

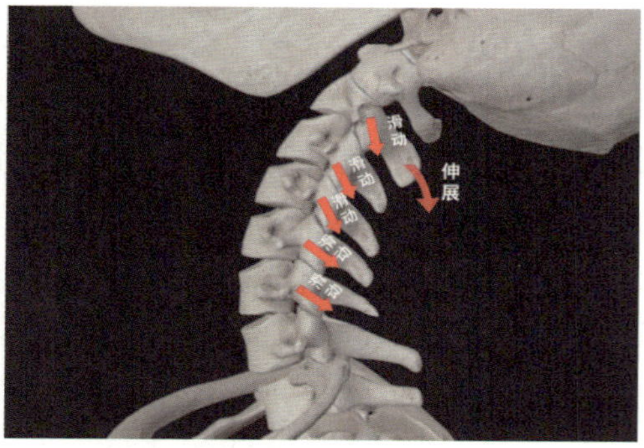

图15-4　关节突关节运动模式（第2～7颈椎）

颈椎能完成屈曲、伸展、向两侧侧屈、旋转等运动。由于各颈椎的形态差异，在完成各种颈椎活动时，不同关节或节段的活动范围差异明显（表15–3）。

表15–3　颈椎关节活动度

颈椎关节活动度		关节或节段	活动范围
屈曲约45°	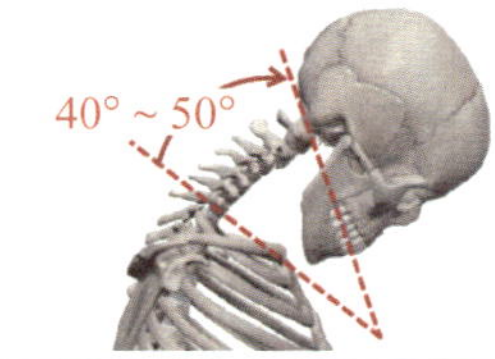	寰枕关节	5°
		寰枢关节	5°
		颈椎节段（第2 ~ 7颈椎）	35° ~ 40°
伸展约80°	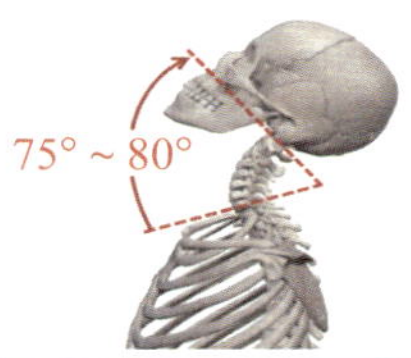	寰枕关节	10°
		寰枢关节	10°
		颈椎节段（第2 ~ 7颈椎）	55° ~ 60°
侧屈各约40°	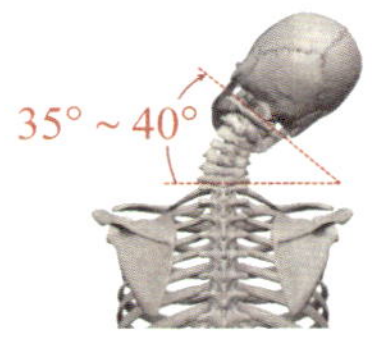	寰枕关节	5°
		寰枢关节	忽略
		颈椎节段（第2 ~ 7颈椎）	30° ~ 35°
侧旋各约70°	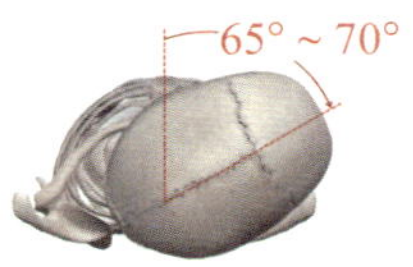	寰枕关节	忽略
		寰枢关节	35° ~ 40°
		颈椎节段（第2 ~ 7颈椎）	30° ~ 35°

1.4　颈部肌肉功能

颈部的肌肉可以分成前侧和后侧两组，前侧肌肉使颈椎屈曲，后侧肌肉使颈椎伸展，几乎每块肌肉都让颈椎侧屈或旋转。浅层肌肉让颈椎有较大的活动度，多数深层肌肉通过关节突关节的运动微调头颈运动。颈椎活动主要肌肉的位置及功能见表15–4。

颈椎活动主要肌肉

表15–4　颈椎活动主要肌肉的位置及功能

肌肉		位置	主要功能
胸锁乳突肌	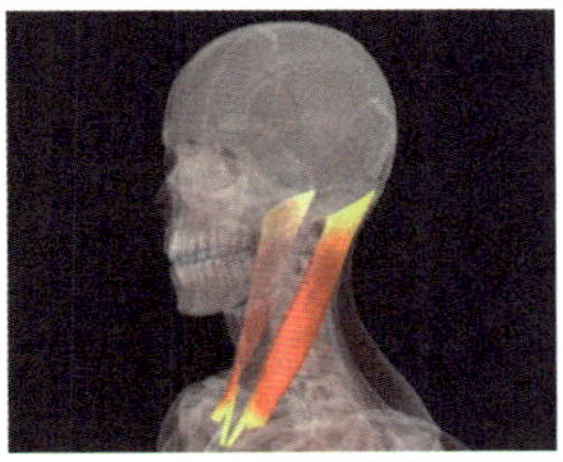	起点：胸骨和锁骨 止点：颞骨乳突	双侧收缩屈曲颈椎下段，伸展颈椎上段； 单侧收缩使颈向同侧屈曲，向对侧旋转

续表

肌肉		位置	主要功能
斜角肌	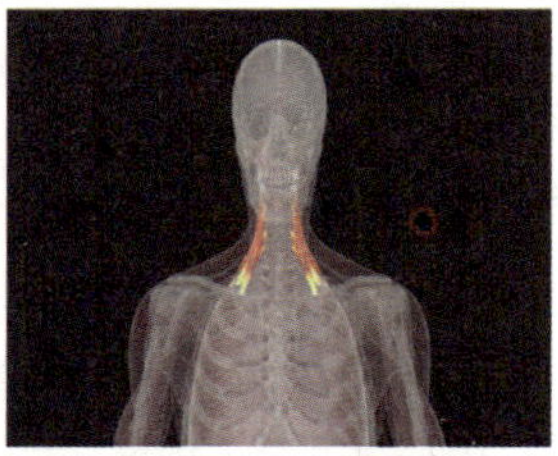	起点：颈椎横突 止点：第1肋骨，第2肋骨	双侧收缩辅助颈椎屈曲、上抬胸廓辅助吸气； 单侧收缩使颈向同侧屈曲，向对侧旋转
肩胛提肌	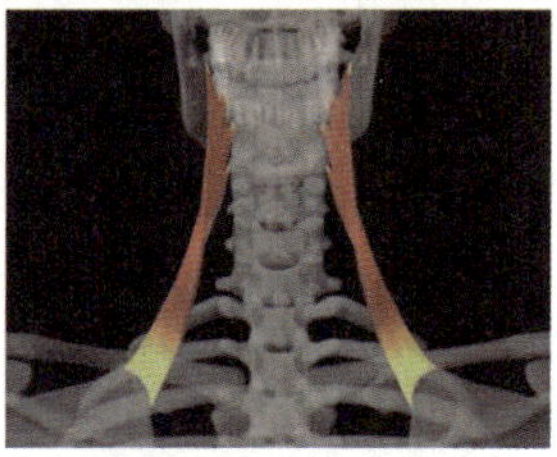	起点：上颈椎横突 止点：肩胛骨上角	双侧收缩伸展颈椎； 单侧收缩上提肩胛骨并向下回旋，使颈向同侧屈曲、旋转
斜方肌上束	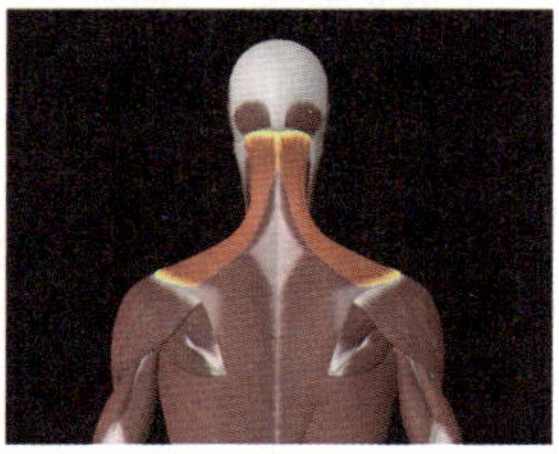	起点：枕外隆凸 止点：锁骨外侧，肩峰和肩胛冈	双侧收缩伸展颈椎； 单侧收缩上提肩胛骨并向上回旋，使颈向同侧屈曲，向对侧旋转

2. 实施评估筛查

通过问卷、谈话，结合医学检查结果，分析案例损伤史、医学检查情况和生活方式，并在此基础上进行姿势和功能检查，了解案例损伤类型和程度，为制订康复计划提供依据。请根据评估筛查结果填写颈部活动度不足评估任务单（表15-1）。

2.1 颈部屈曲活动评估（图15-5）

（1）被测试者保持自然站立，屈曲颈部，活动度应达到约45°，从侧面观察下颌触及胸骨；

（2）如颈部屈曲活动度不足，抓握被测试者两侧上臂，让被测试者被动耸双侧肩，再次屈曲颈部，如果活动度有明显增加，说明斜方肌、肩胛提肌紧张；

（3）如果活动度没有改善，说明枕下肌群、斜角肌紧张。

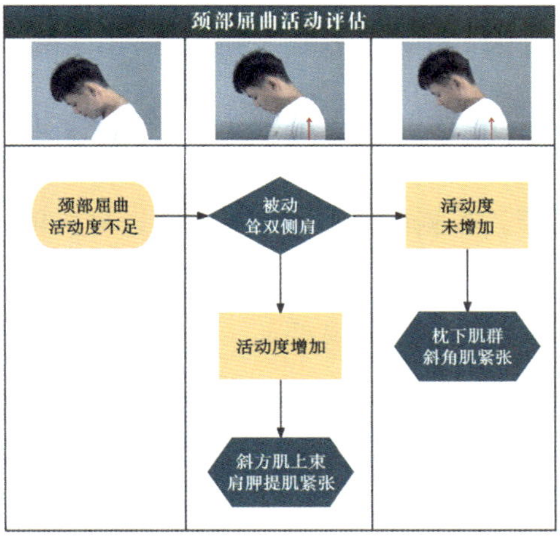

颈部屈曲活动评估

图15-5 颈部屈曲活动评估

2.2 颈部伸展活动评估（图 15-6）

（1）被测试者保持自然站立，伸展颈部，活动度应达到约80°，从侧面观察，面部基本与水平面平行；

（2）若颈部伸展活动度不足，被测试者自主上抬双侧手臂，再次伸展颈部，如果活动度有明显增加，说明斜角肌紧张；

（3）如果活动度没有改善，被测试者张开嘴巴，再次伸展颈部，此时若活动度有明显增加，说明颈阔肌紧张；

（4）如果以上两种测试活动度均无明显增加，说明胸锁乳突肌紧张。

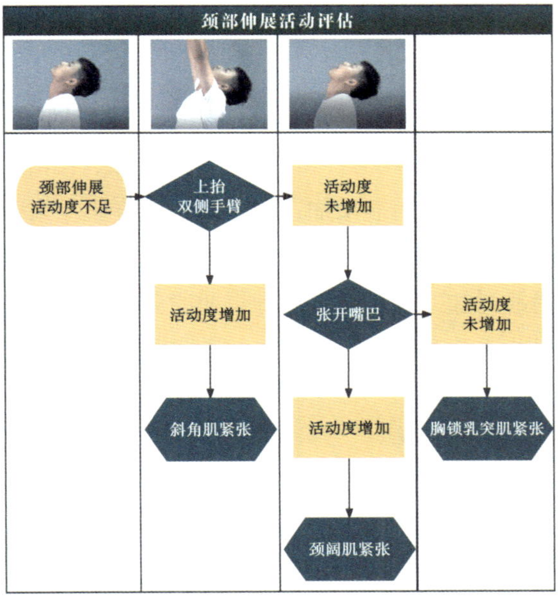

颈部伸展活动评估

图15-6 颈部伸展活动评估

2.3 颈部侧屈活动评估（图 15-7）

（1）被测试者自然站立，向一侧屈曲颈部，活动度应达到约40°；

（2）若颈部向一侧侧屈活动度不足，测试者抓握被测试者对侧手臂，使其被动耸对侧肩，再次侧屈颈部，如果活动度有明显增加，说明对侧斜方肌上束紧张；

（3）如果活动度没有改善，被测试者上抬对侧手臂，再次侧屈颈部，此时若活动度有明显增加，说明对侧斜角肌紧张；

（4）如果以上两种测试活动度均无明显增加，说明对侧胸锁乳突肌紧张。

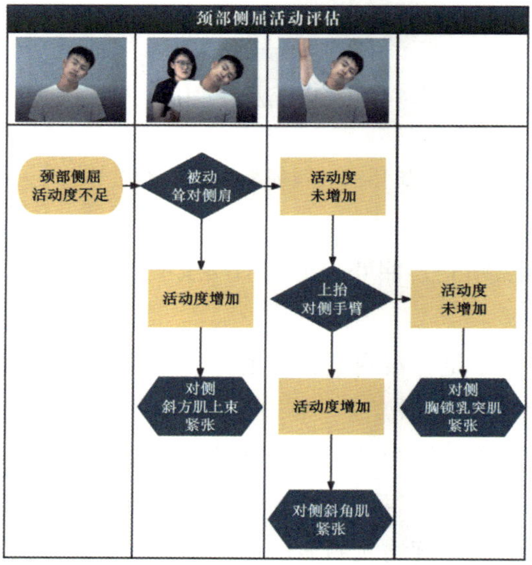

颈部侧屈活动评估

图15-7 颈部侧屈活动评估

2.4 颈部侧旋活动评估（图 15-8）

（1）被测试者保持自然站立，向一侧旋转颈部，活动度应达到约70°；

（2）若颈部向一侧旋转活动度不足，测试者抓握被测试者同侧手臂，使其被动耸同侧肩，再次侧旋颈部，如果活动度有明显增加，说明同侧斜方肌上束紧张；

（3）如果活动度没有改善，测试者抓握被测试者对侧手臂，使其被动耸对侧肩，再次侧旋颈部，如果活动度有明显增加，说明对侧肩胛提肌紧张；

（4）如果以上两种测试活动度均无明显增加，说明同侧胸锁乳突肌紧张。

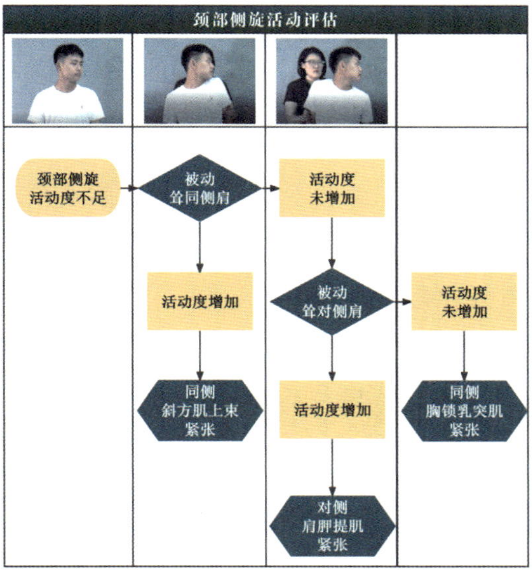

颈部侧旋活动评估

图15-8　颈部侧旋活动评估

3. 制订康复计划

通过分析颈部活动度不足产生的原因，结合评估检查情况，改善颈部活动度不足的训练思路如图15-9所示，请根据评估检查结果填写颈部活动度不足运动康复计划制订与实施任务单（表15-2）。

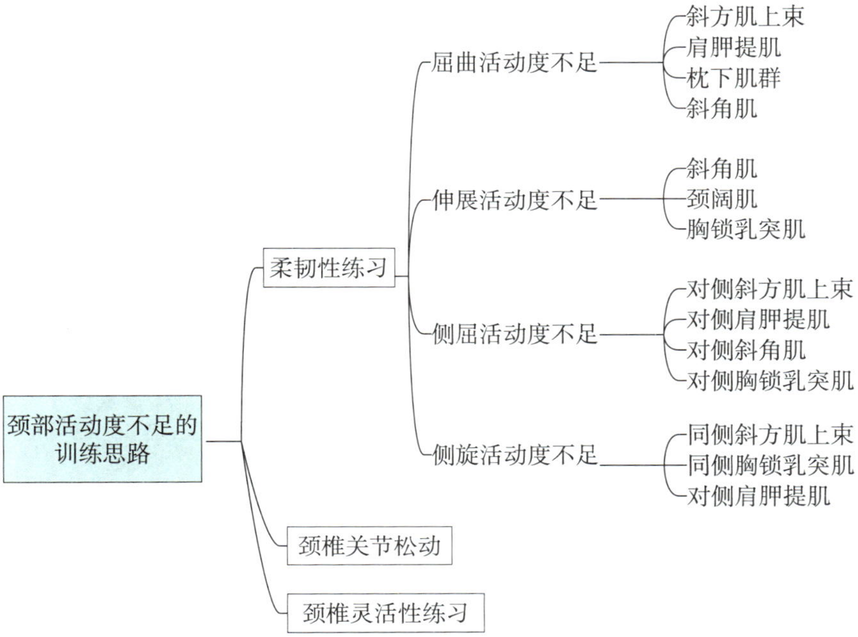

图15-9　改善颈部活动度不足的训练思维导图

4. 指导康复训练

通过角色扮演（客户、教练员、助教员、会籍顾问等），根据颈部活动评估结果对过紧的肌肉进行放松和拉伸训练指导。

指导康复训练

4.1 颈阔肌

（1）颈阔肌放松（图15–10）。

自然站立，缓慢抬头；双手半握拳，从锁骨开始向上推至下颌，重复5～8次。

（2）颈阔肌拉伸（图15–11）。

自然站立，一手在枕骨处辅助，另一手在下颌处辅助；吸气，缓慢抬头，拉伸到极限保持10～20秒；呼气，还原。

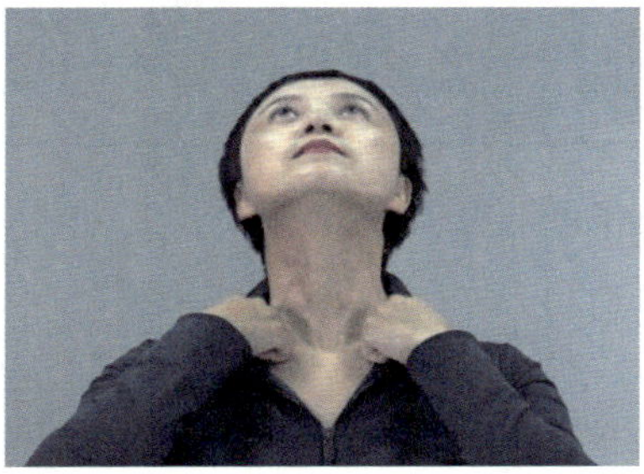

图15–10 颈阔肌放松

图15–11 颈阔肌拉伸

4.2 胸锁乳突肌

（1）胸锁乳突肌按摩（图15–12）。

自然站立，双肩下沉；头向一侧旋转至极限，对侧手从上向下揉捏胸锁乳突肌8～10次。

（2）胸锁乳突肌拉伸（图15–13）。

自然站立，双肩下沉；头向对侧屈曲，向同侧旋转，保持8～10秒；吸气，还原。

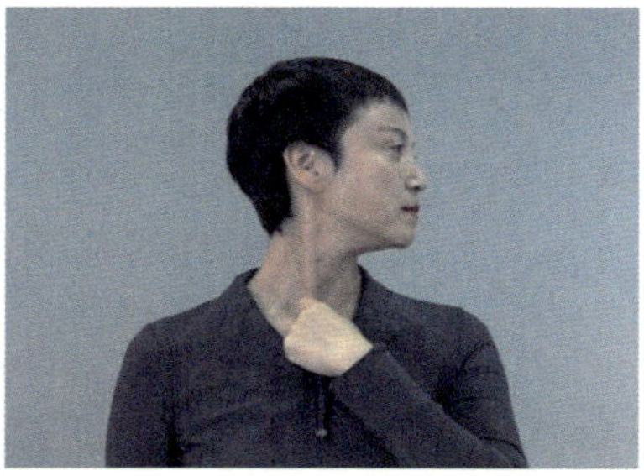

图15–12 胸锁乳突肌按摩

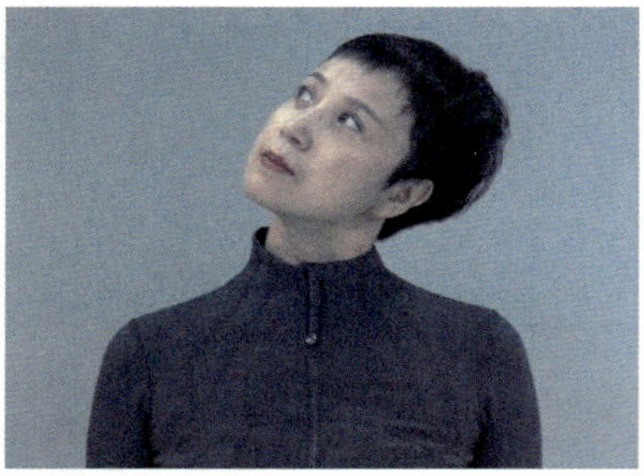

图15–13 胸锁乳突肌拉伸

4.3 斜角肌拉伸（图15–14至图15–16）

仰卧，一侧手臂压在躯干下；对侧手带动头颈向对侧屈，保持10秒。

进阶练习时，坐在椅子上，腰背紧靠椅背，同侧手置于椅面上，对侧手带动头颈向对侧屈。也可以在锁骨窝斜挎伸展带后再拉伸。

图15-14 仰卧斜角肌拉伸

图15-15 坐姿斜角肌拉伸

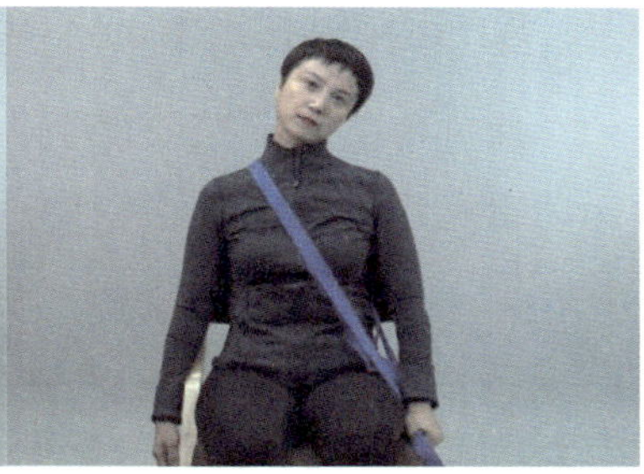

图15-16 坐姿伸展带辅助斜角肌拉伸

4.4 肩胛提肌拉伸（图15-17、图15-18）

仰卧，将一侧手压在躯干下方；头向对侧旋转并低头；对侧手放在耳后，向下方拉动头颈，保持10秒。

进阶练习时，坐在椅子上，腰背紧靠椅背，同侧手置于椅面上，对侧手向下、向对侧拉动头颈部。

图15-17 仰卧肩胛提肌拉伸

图15-18 坐姿肩胛提肌拉伸

4.5 颈椎自主松动（图15-19）

自然站姿或坐姿，肩披毛巾，毛巾包裹颈部和下颌骨；两手交叉抓住毛巾角，向上拉带动头颈部侧旋。

4.6 颈椎灵活性练习（图15-20）

自然站立，双肩下沉；吸气，依次完成前屈、后伸、向两侧屈、向两侧旋；呼气，还原。

图15-19 颈椎自主松动

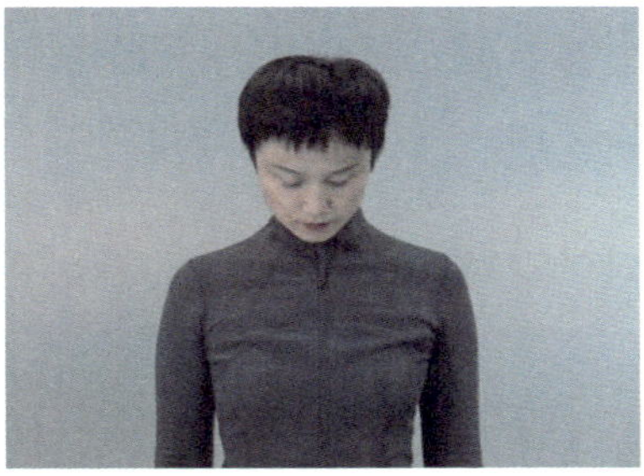

图15-20 颈椎灵活性练习

5. 运用贴扎技术

通过角色扮演，演练肩胛提肌贴扎技术（表15–5），并将贴扎方法填入颈部活动度不足运动康复计划制订与实施任务单（表15–2）。

表15–5 肩胛提肌贴扎

步骤	准备工作	贴法
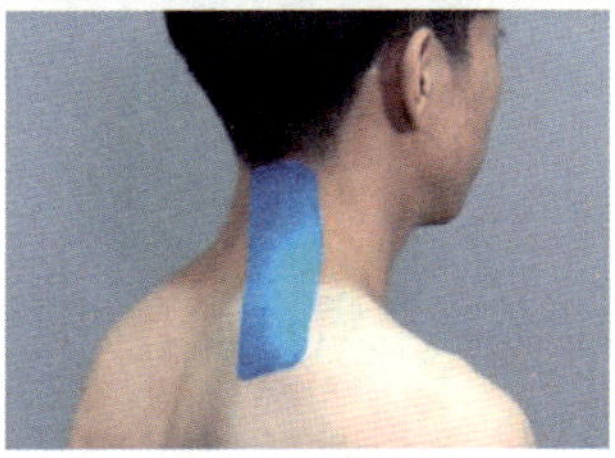	体位：头颈中立 形状：I形 数量：1	锚点：肩胛提肌中段 尾点：发际线下方、肩胛骨上角 拉力：自然拉力
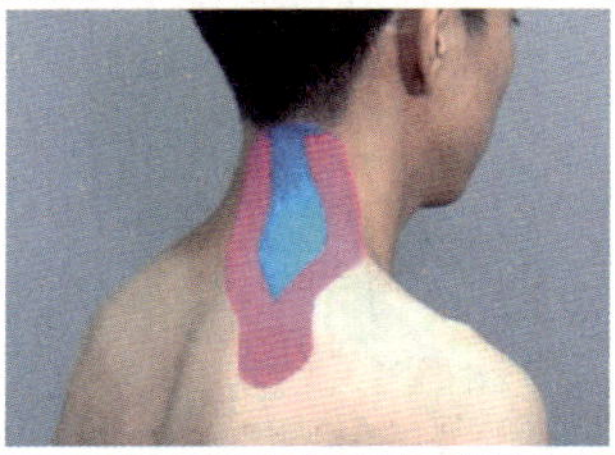	体位：头颈中立 形状：Y形 数量：1	锚点：肩胛骨上角 尾点：发际线下方、颈椎横突 拉力：自然拉力

肩胛提肌贴扎

6. 生活管理教育

请根据案例生活方式，以角色扮演的形式模拟生活管理教育，并将生活管理要点填入颈部活动度不足运动康复计划制订与实施任务单（表15–2）。

颈部主要依靠椎体的结构和功能以及椎间盘和颈部复杂的肌群缓冲外力。结构和功能是相辅相成的，功能发挥得越好，对机体结构的磨损就越小。采用正确的姿势进行运动也更合理、高效。只有颈部挺拔，没有承受过度负荷，才能准确感知头部的位置，才能自由、灵活、精确地进行运动。

在许多运动项目中，颈椎都要承受巨大的压力。如受压迫、突然加速或减速、臂丛神经被牵拉或压迫、静态姿势不平衡、长期处于震动或高重力加速度的环境都容易造成颈部损伤。

◆ 小提示

挥鞭样损伤

突然加速或减速导致的颈部损伤也叫作挥鞭样损伤。外力作用于头部或者躯干时，力量将传导到颈部，颈部像“鞭子”一样被甩出去，会造成颈部前方或后方结构受损，轻则引起颈痛、疲劳、眩晕、注意力不能集中、调节障碍以及对光的适应能力减弱等症状，重则可能出现颈椎骨折、脱位，甚至脊髓横断，导致截瘫。

挥鞭样损伤在赛车、对抗性运动和武术比赛中比较常见。此时头颈部不受控制地被动加速屈曲或伸展，有时既有屈曲又有伸展。日常生活中紧急刹车、急速启动或车祸等也容易导致头颈部出现挥鞭样动作。

挥鞭样损伤

急刹车或车辆碰撞瞬间，司乘人员的躯干受到安全带的限制，身体突然减速，头颈部由于惯性不能和身体同步减速，从而出现过度屈曲。碰撞瞬间，头颈部和躯干的不同步运动将会往复数次，从而造成颈部过度屈曲或伸展。

在颈部过度屈曲或伸展时，由于胸骨与下颌的撞击阻挡了颈部过度屈曲的活动范围，所以，相对于过度屈曲，挥鞭样动作造成的颈部过度伸展引起的肌肉和软组织拉伤比屈曲的动作更加严重。过度伸展时，颈前侧的颈长肌和头长肌被过度牵拉，出现保护性的肌肉挛缩，引起颈椎失稳，斜方肌上束附着处稳定性下降，斜方肌上束失去提升肩带、耸肩的功能。

◆ 思政园地

自我管理，健康生活

钟南山院士年逾八旬仍能熟练地操作各种健身器材，保持自身肌肉线条紧实，坚守医学研究与教育一线，为人民健康奔波不停。这一切源于他严格的自我管理。数十年来，在繁忙的工作之余，钟南山院士坚持每周锻炼3次以上，每次锻炼约1个小时，真正做到了将体育融入生活，实现了促进“主动健康”，是健康生活和人民群众健康事业的践行者。

任务评价

1. 实训评价

学生根据实训评价标准，自评、互评实训成果和实训表现（表15-6）。评分时，先确定评价等级，再从相应的等级中勾选相应的分数。

表15-6　实训评价标准

评价内容	评价指标	评价等级					
		✿		✿✿		✿✿✿	
筛查评估（12分）	基本资料评估全面、准确	1		2		3	
	健康状态评估全面、准确	1		2		3	
	生活方式评估全面、准确	1		2		3	
	姿势、功能评估全面、准确	1		2		3	
康复计划制订（40分）	目标明确、周期合理	5	6	7	8	9	10
	训练形式、内容科学	5	6	7	8	9	10
	训练强度、难度适宜	5	6	7	8	9	10
	防护与安全教育有效	5	6	7	8	9	10
康复计划实施（40分）	穿着合适、体型健康	5	6	7	8	9	10
	指导方法科学、保护帮助可靠	5	6	7	8	9	10
	示范规范、纠错及时准确	5	6	7	8	9	10
	贴扎熟练、安全教育恰当	5	6	7	8	9	10
团队配合（8分）	分工合理、精神饱满、感染力强	1		2		3	
	场地布置合理，器材准备完善	1		2		3	
	现代化手段运用，思政元素融入	0		1		2	
总分							

2. 学习评价

学生自评、小组互评，评价自己是否完成学习，是否完成评估、康复计划、评价等实训成果资料，实训任务有无遗漏。老师对学生进行的评价包括方案、计划书写是否工整规范，报告成果是否出自实训、是否真实合理且阐述详细，学生自评分析是否合理、收获体会是否深刻，个人能力是否得到提升。（表15-7）

评价按照A（优秀）、B（良好）、C（合格）、D（努力）4个档次进行。

表15-7　学习评价表

任务	完成情况记录
相关理论学习情况	
技能训练情况	
任务完成情况	
任务创新情况	
成果上交情况	
收获	

3. 知识测评

（1）[判断题]颈椎活动度不足时，可以练习头颈部360°环转。(　　)

（2）[判断题]驾驶车辆急刹车或被追尾时，碰撞的瞬间车速越快，挥鞭样损伤越严重。(　　)

（3）[单选题]斜方肌上束收缩不能使（　　）。

A. 肩胛骨上提　　B. 肩胛骨上回旋　　C. 肩胛骨下回旋　　D. 肩胛骨回缩

（4）[单选题]颈椎屈曲活动主要发生在（　　）。

A. 寰枕关节　　B. 寰枢关节　　C. 第2～7颈椎　　D. 第3～6颈椎

（5）[单选题]颈椎伸展活动主要发生在（　　）。

A. 寰枕关节　　B. 寰枢关节　　C. 第2～7颈椎　　D. 第3～6颈椎

（6）[单选题]颈椎侧屈活动主要发生在（　　）。

A. 寰枕关节　　B. 寰枢关节　　C. 第2～7颈椎　　D. 第3～6颈椎

（7）[单选题]几乎不能产生旋转活动的关节（节段）是（　　）。

A. 寰枕关节　　B. 寰枢关节　　C. 第2～7颈椎　　D. 第3～6颈椎

（8）[多选题]肩胛提肌收缩可以（　　　　）。

A. 使颈伸　　B. 使颈向同侧屈　　C. 使颈向同侧旋　　D. 使颈向对侧旋

（9）[多选题]胸锁乳突肌收缩可使颈部（　　　　）。

A. 同侧屈　　B. 对侧屈　　C. 同侧旋转　　D. 对侧旋转

（10）[多选题]哪些不是挥鞭样损伤最常见的症状？(　　　　)

A. 头痛　　B. 颈痛　　C. 上肢放射痛　　D. 认知障碍

扫码答题

任务十六
躯干活动度不足的康复与防护

情景导入

小刘是社区的保健按摩师，李女士因为腰部僵硬、疼痛前来进行推拿按摩。经过交谈，小刘发现李女士可能存在躯干活动度不足的问题，请你帮小刘进一步评估李女士的健康状况，并为她制订康复计划以解决她腰部僵硬、疼痛的问题。李女士的情况如下。

李女士，女，25岁，全职妈妈，孩子1.5周岁。

近1年来，李女士感到下背部僵硬，经常腰背疼痛，其余身体情况良好，未使用任何药物治疗。喜欢旅游、园艺和简单体育运动，偶尔在家用椭圆机锻炼。

【医学检查情况】

身高：164cm；体重：54kg；心率：70次/分；血压：115/70mmHg；空腹血糖检查无异常；血脂检查无异常；脉搏节律正常；心脏听诊无异常；安静心电图正常。

【姿势及功能检查情况】

躯干前屈测试不能摸到脚尖；躯干伸展测试因疼痛无法完成；3分钟台阶测试后，心率为98次/分。

任务要求

任务类型	躯干活动度不足的康复与防护	学习维度		
		识记	理解	应用
学习任务	胸腰椎节段结构与关节活动度	★		
	胸腰椎节段主要肌肉功能	★		
	躯干活动度筛查方法	★		
	康复训练方法、贴扎技术和生活管理策略		★	
实训任务	识读、评估案例并设计康复方案			★
	指导案例康复训练，实施贴扎技术			★
	开展运动防护教育			★
个人目标				

任务说明

识读案例，分析损伤原因，通过小组协作和角色扮演（客户、保健按摩师、教练员、助教员等）填写、汇报躯干活动度不足评估任务单（表16-1）和躯干活动度不足运动康复计划制订与实施任务单（表16-2），模拟康复训练指导、实施贴扎技术和生活管理教育。

表16-1　躯干活动度不足评估任务单

姓名：		年龄：		性别：		BMI：	
损伤史							
医学诊断：				相关损伤史：			
疼痛位置、时长：							
客户目标：							
生活方式							
职业特点：				运动习惯：			
睡眠情况：				吸烟饮酒：			
膳食营养：							
医学检查							
心率：				血压：			
血脂：				血糖：			
其他：							
姿势/动作检查							
检查名称：				结果：			
短期目标（　~　周）							
中期目标（　~　周）							
长期目标（　~　周）							

表16-2 躯干活动度不足运动康复计划制订与实施任务单

<table>
<tr><td colspan="3">第一阶段（ ~ 周）</td></tr>
<tr><td colspan="2">目标：</td><td>频率：</td></tr>
<tr><td colspan="2">监控：</td><td>时间：</td></tr>
<tr><td>部位（内容）</td><td>动作</td><td>安排（强度/次数/组数）</td></tr>
<tr><td></td><td></td><td></td></tr>
<tr><td></td><td></td><td></td></tr>
<tr><td></td><td></td><td></td></tr>
<tr><td></td><td></td><td></td></tr>
<tr><td></td><td></td><td></td></tr>
<tr><td colspan="3">第二阶段（ ~ 周）</td></tr>
<tr><td colspan="2">目标：</td><td>频率：</td></tr>
<tr><td colspan="2">监控：</td><td>时间：</td></tr>
<tr><td>部位（内容）</td><td>动作</td><td>安排（强度/次数/组数）</td></tr>
<tr><td></td><td></td><td></td></tr>
<tr><td></td><td></td><td></td></tr>
<tr><td></td><td></td><td></td></tr>
<tr><td></td><td></td><td></td></tr>
<tr><td></td><td></td><td></td></tr>
<tr><td colspan="3">第三阶段（ ~ 周）</td></tr>
<tr><td colspan="2">目标：</td><td>频率：</td></tr>
<tr><td colspan="2">监控：</td><td>时间：</td></tr>
<tr><td>部位（内容）</td><td>动作</td><td>安排（强度/次数/组数）</td></tr>
<tr><td></td><td></td><td></td></tr>
<tr><td></td><td></td><td></td></tr>
<tr><td></td><td></td><td></td></tr>
<tr><td></td><td></td><td></td></tr>
<tr><td></td><td></td><td></td></tr>
<tr><td colspan="3">贴扎</td></tr>
<tr><td colspan="3"></td></tr>
<tr><td colspan="3"></td></tr>
<tr><td colspan="3">生活管理教育</td></tr>
<tr><td colspan="3"></td></tr>
<tr><td colspan="3"></td></tr>
</table>

任务准备

1. 阅读任务说明，识读案例。
2. 观看“躯干活动度不足”相关的线上资源。
3. 收集躯干活动度不足运动康复与防护的知识。
4. 自测或互测躯干活动度。
5. 结合躯干活动度不足运动康复与防护的知识与技能要求，总结难点和常见问题。

任务实施

1. 认识损伤原因

脊柱由33块椎骨组成，可以分成颈段、胸段、腰段、骶骨和尾骨五个节段，通常有7块颈椎、12块胸椎、5块腰椎、5块骶椎和4块尾椎，骶椎和尾椎在成年后融合在一起形成单个的骶骨和尾骨。

1.1　躯干活动度不足的表现

躯干前侧和后侧的肌肉是进行运动的重要部分，躯干活动度不足通常是腰背部肌肉紧张造成的，引发单侧腰、臀部疼痛，身体发僵，动作受限，甚至是腰椎间盘突出症等问题。

1.2　胸腰椎节段的结构

胸椎和腰椎形态各异（表16-3），在锥体大小、锥体形状、横突结构、关节突关节面和棘突排列方面都有所区别。

表16-3　胸腰椎节段形态

名称		数量	特点和功能
胸椎	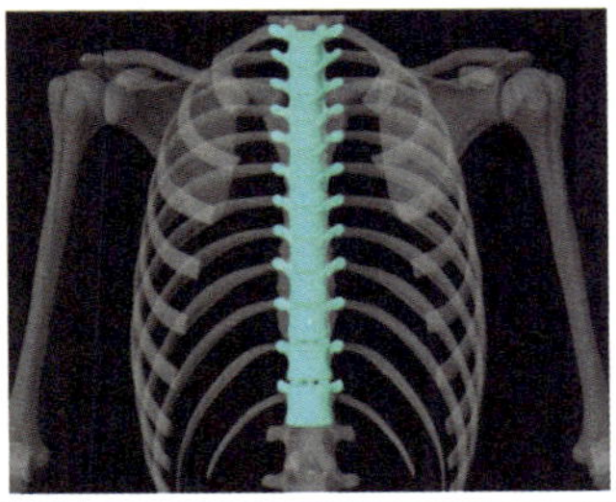	12块	特点：棘突尖锐，瓦状排列；横突较大，有肋凹 功能：支撑胸腔，使胸部旋转灵活
腰椎	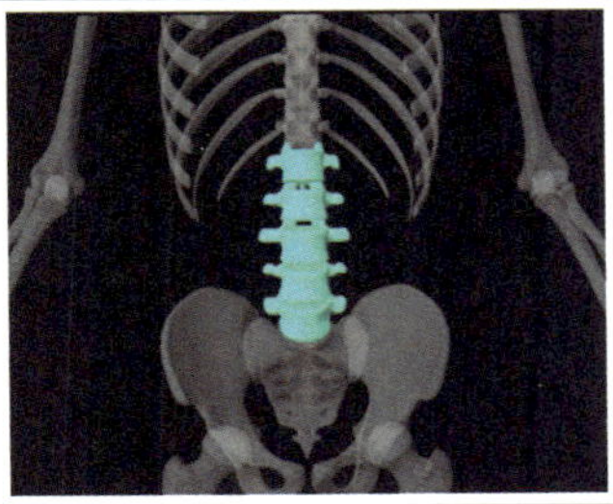	5块	特点：椎体最宽大 功能：连接骶骨，支撑胸椎；支撑上半部身体重量；活动度较大，仅次于颈椎

胸椎形态

1.3 躯干关节活动

关节突关节的方向在很大程度上决定着脊柱各节段的运动方向和范围。胸椎和腰椎关节突关节面的朝向各有不同，运动方向和范围也随之不同（表16–4）。

表16–4 胸腰椎节段关节活动

节段		关节突的关节面朝向	运动方向
胸椎	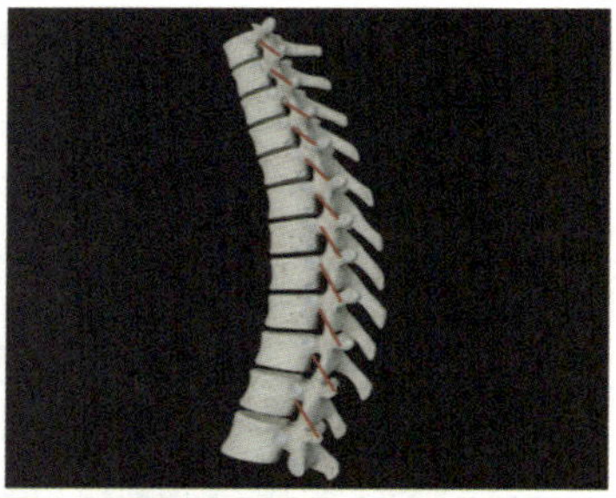	接近冠状面	有利于大幅度侧屈（因肋骨的附着，在一定程度上限制了胸椎侧屈）
腰椎	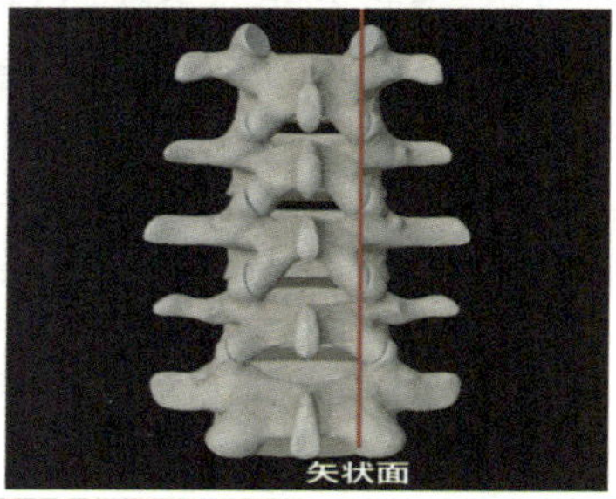	上节段接近矢状面 下节段接近冠状面	上节段利于大幅度屈曲 下节段利于大幅度侧屈

胸椎和腰椎协同运动，在骨盆和下肢的联合作用下让躯干完成前屈、后伸、左右方向侧屈和侧旋四种活动，躯干关节活动度见表16–5。

躯干关节活动度

躯干活动主要肌肉

表16–5 躯干关节活动度

躯干关节活动度	节段	活动范围
屈曲约85°	胸椎节段	30° ~ 40°
	腰椎节段	40° ~ 50°
伸展约35° ~ 40°	胸椎节段	15° ~ 20°
	腰椎节段	20° ~ 25°
两侧侧屈各约45°	胸椎节段	20°
	腰椎节段	25° ~ 30°
两侧旋转各约40°	胸椎节段	30° ~ 35°
	腰椎节段	5° ~ 7°

1.4 胸腰椎节段肌肉功能

由于胸椎与胸廓、肩带相连，腰椎通过骶骨与骨盆相连，所以躯干活动受到胸廓和肩部、骶骨与骨盆乃至下肢节段的影响。躯干活动主要肌肉的位置及功能见表16-6。

表16-6　躯干活动主要肌肉的位置及其功能

肌肉		位置	主要功能
腹直肌	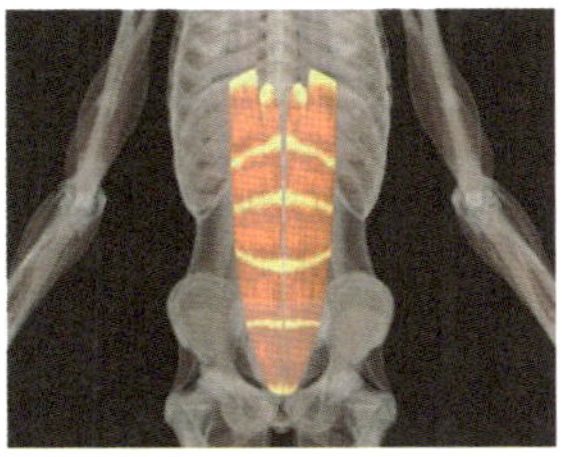	起点：耻骨 止点：胸骨剑突，第5～7肋软骨	双侧收缩屈曲躯干； 单侧收缩协助躯干向同侧侧屈； 辅助呼气
腹外斜肌	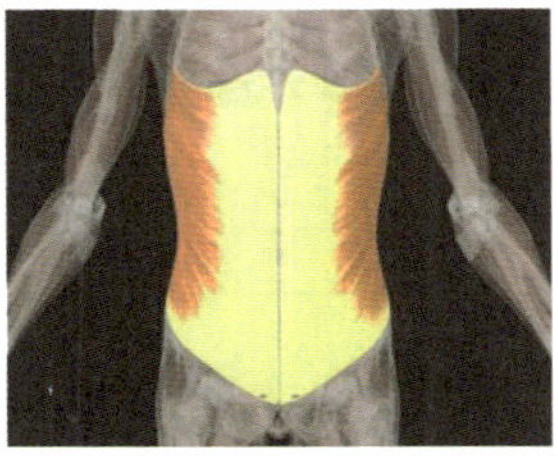	起点：第5～12肋骨外侧 止点：髂嵴前部，腹白线	双侧收缩屈曲躯干； 单侧收缩使躯干向同侧侧屈，向对侧旋转； 辅助呼气
腹内斜肌	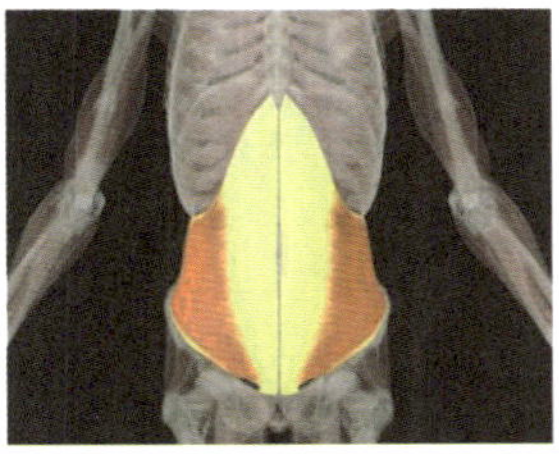	起点：胸腰部筋膜，髂嵴，腹股沟韧带 止点：第10～12肋软骨	双侧收缩屈曲躯干； 单侧收缩使躯干向同侧侧屈，向同侧旋转； 辅助呼气
髂肌	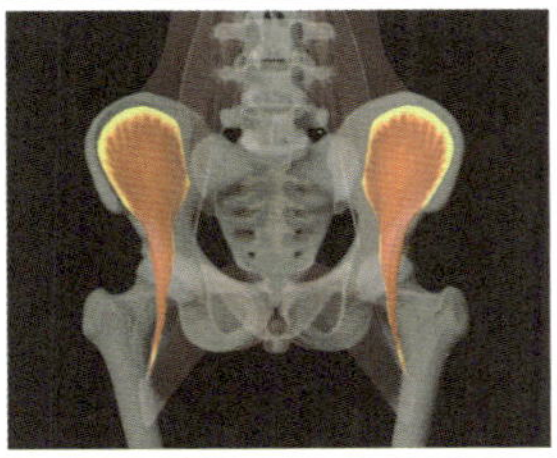	起点：髂窝 止点：股骨小转子	屈曲髋关节； 骨盆前倾运动
腰大肌	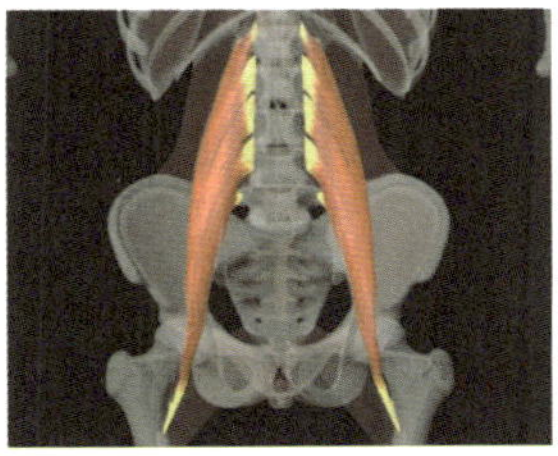	起点：腰椎体侧面和横突 止点：股骨小转子	远固定时屈曲脊柱； 近固定时屈曲髋关节； 稳定腰椎
腰方肌	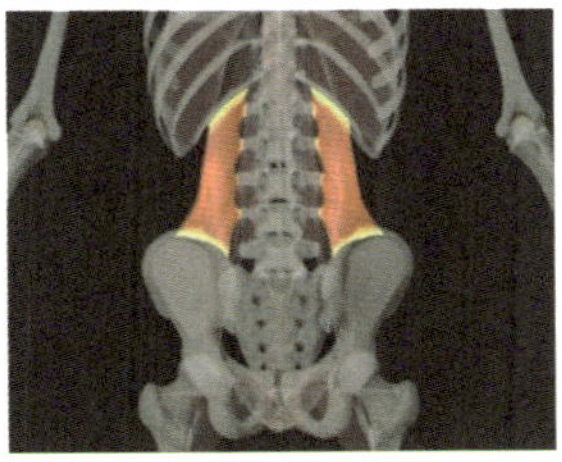	起点：髂嵴后部 止点：12肋骨，第1～4腰椎横突	双侧收缩使躯干伸展； 单侧收缩使脊柱向同侧侧屈； 辅助呼气

续表

肌肉		位置	主要功能
股直肌	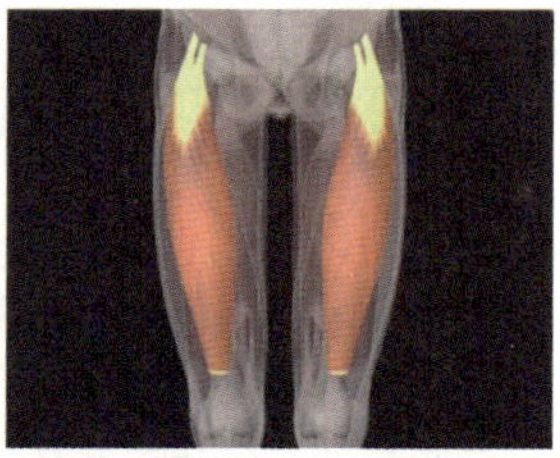	起点：髂前下棘和髋臼上缘 止点：胫骨粗隆	屈曲髋关节； 伸展膝关节
臀大肌	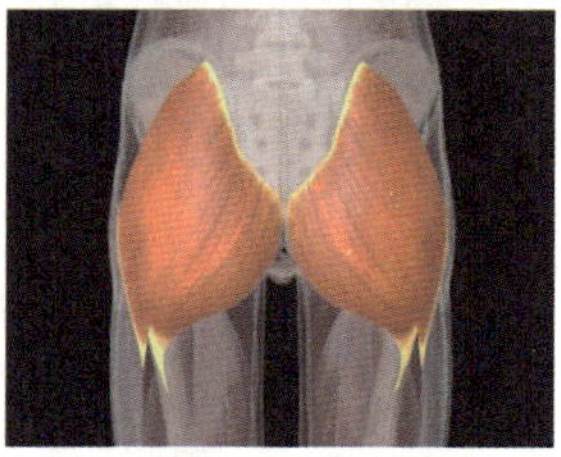	起点：骶骨背面，髂骨翼外面 止点：臀肌粗隆，髂胫束	伸展髋关节； 外旋髋关节
臀中肌	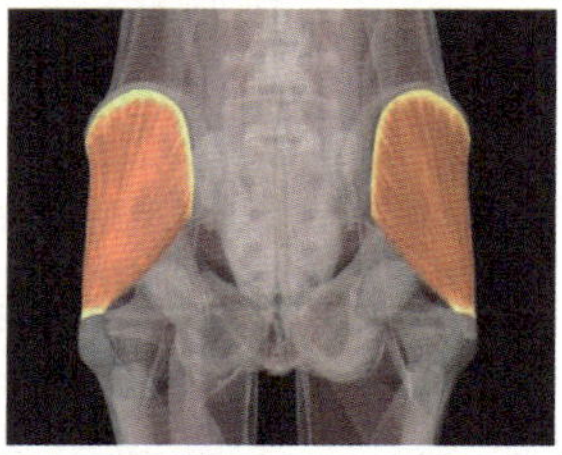	起点：髂骨外侧 止点：股骨大转子	外展髋关节； 内旋髋关节； 单腿站立和步态中，保持骨盆水平
臀小肌	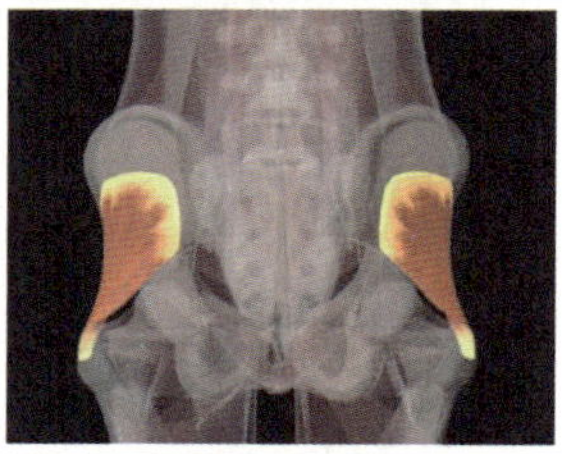	起点：髂骨翼外面 止点：股骨大转子前缘	外展髋关节； 内旋髋关节
扩筋膜张肌	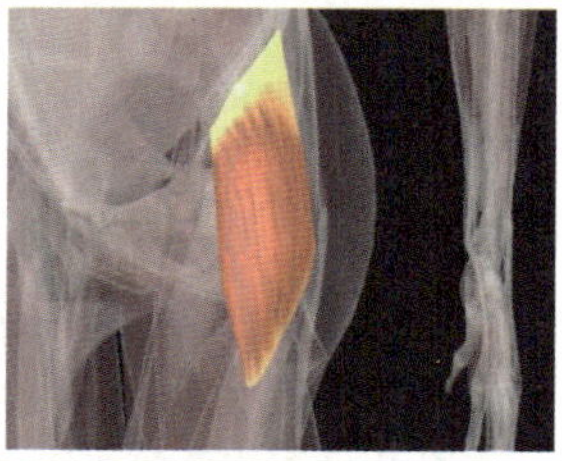	起点：髂前上棘 止点：胫骨外侧髁	屈曲髋关节； 外展髋关节； 内旋髋关节； 拉紧髂胫束稳定膝关节
腘绳肌	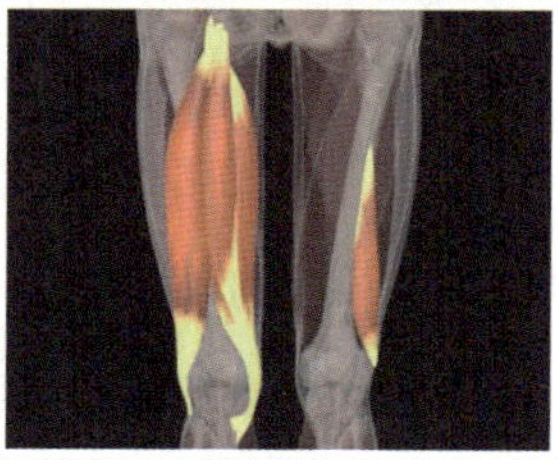	起点：坐骨结节，股骨后侧 止点：胫骨内侧，腓骨头	伸展髋关节； 屈曲膝关节； 内旋膝关节

2. 实施评估筛查

通过问卷、谈话，结合医学检查结果，分析案例损伤史、医学检查情况和生活方式，并在此基础上对其进行姿势和功能检查，了解案例损伤类型和程度，为制订康复计划及制订与实施任务单提供依据。请根据评估检查结果填写躯干活动度不足评估任务单（表16–1）。

2.1　躯干屈曲活动评估（图16–1）

（1）被测试者，自然站立，双脚并拢，膝关节伸直，躯干屈曲，手指可以碰到脚尖，活动度约为85°，从侧面观察时，脊柱呈平滑曲线；

（2）如躯干屈曲活动度不足，被测试者屈膝后再次屈曲躯干，若活动度有明显增加，说明腘绳肌和腓肠肌紧张；

（3）若活动度没有明显增加，说明腘绳肌柔韧性良好，髋屈曲代偿腰椎屈曲，完成躯干前屈的动作，从侧面观察，手指虽然能够接近地面，却明显在脚尖前方且远离下肢，腰背部呈平面，提示下背部腰椎伸展肌群紧张。

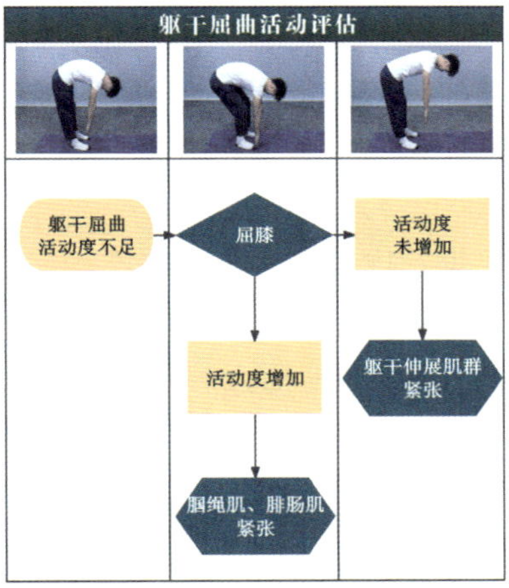

躯干屈曲活动评估

图16–1　躯干屈曲活动评估

2.2　躯干伸展活动评估（图16–2）

（1）被测试者自然站立，双脚并拢，双臂放于两耳侧，伸展躯干活动度约35°～40°，从侧面观察，肩胛冈超过脚后跟，髂前上棘超过脚尖，脊柱呈平滑曲线；

（2）如躯干伸展活动度不足，通过托马斯试验筛查具体的紧张肌肉；

（3）测试右侧时，被测试者坐在按摩床边缘，骶骨紧贴床沿，双手抱持左侧大腿紧贴躯干，向后仰卧，右侧下肢自然伸展，大腿后侧紧贴床面，大腿低于水平面，髋关节伸展角度大于0°，并且大小腿夹角约90°；

托马斯试验

（4）如大腿后侧离开床面，大小腿夹角约呈90°，说明髂腰肌紧张；

（5）如大腿后侧紧贴床面，大小腿夹角大于90°，说明股直肌紧张；

（6）如大腿后侧离开床面，大小腿夹角大于90°，则说明髂腰肌、股直肌紧张。

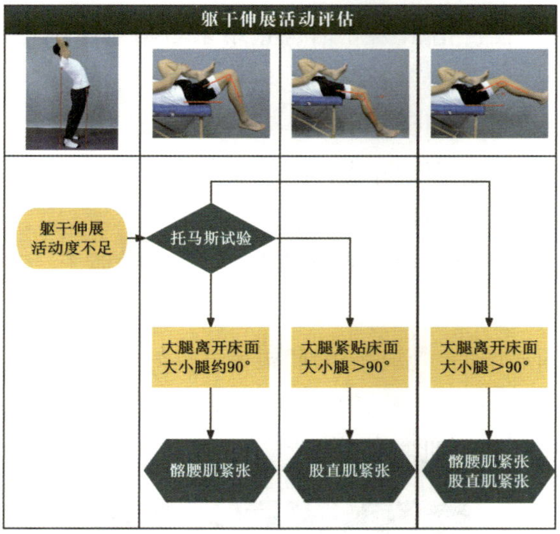

图16-2 躯干伸展活动评估

2.3 躯干侧屈活动评估（图16-3）

（1）被测试者自然站立，双脚并拢，向一侧屈曲躯干，活动度应达到约45°，手指尖能触摸到膝关节外侧；

（2）如躯干向一侧侧屈活动度不足，说明对侧腹斜肌、腰方肌、背阔肌、髋外展肌紧张。

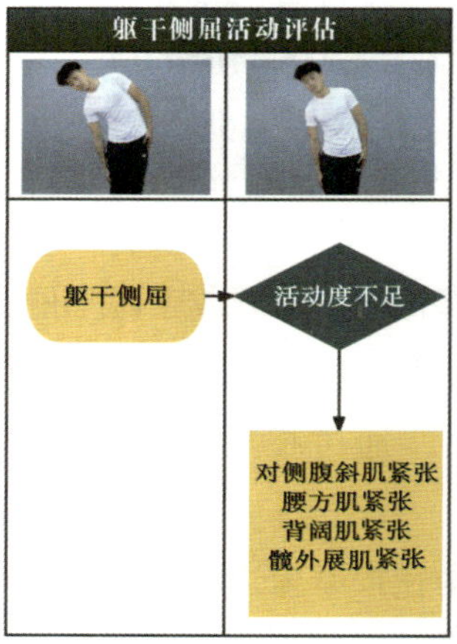

图16-3 躯干侧屈活动评估

2.4 躯干侧旋活动评估（图16-4）

（1）被测试者跨坐在按摩床上，双手交叉放在肩部，向一侧旋转躯干，避免下肢和肩部过度旋转，活动度应达到约40°；

（2）躯干向一侧旋转活动度不足，说明同侧腹外斜肌、对侧腹内斜肌、对侧背阔肌紧张。

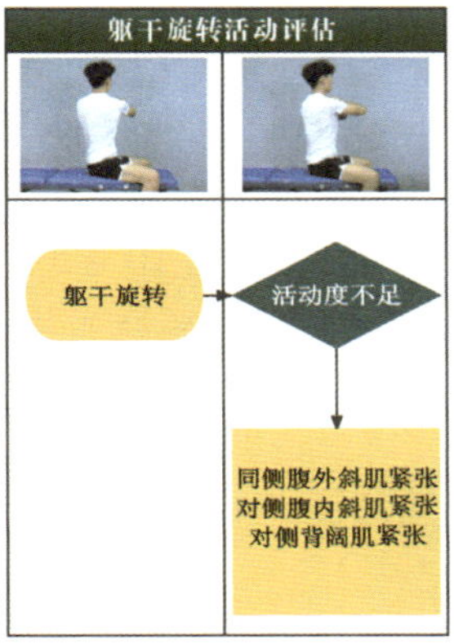

图16-4　躯干侧旋活动评估

3. 制订康复计划

通过分析躯干活动度不足产生的原因，结合评估筛查情况，改善躯干活动度不足的训练思路如图16-5所示，请根据评估筛查结果填写躯干活动度不足运动康复计划制订与实施任务单（表16-2）。

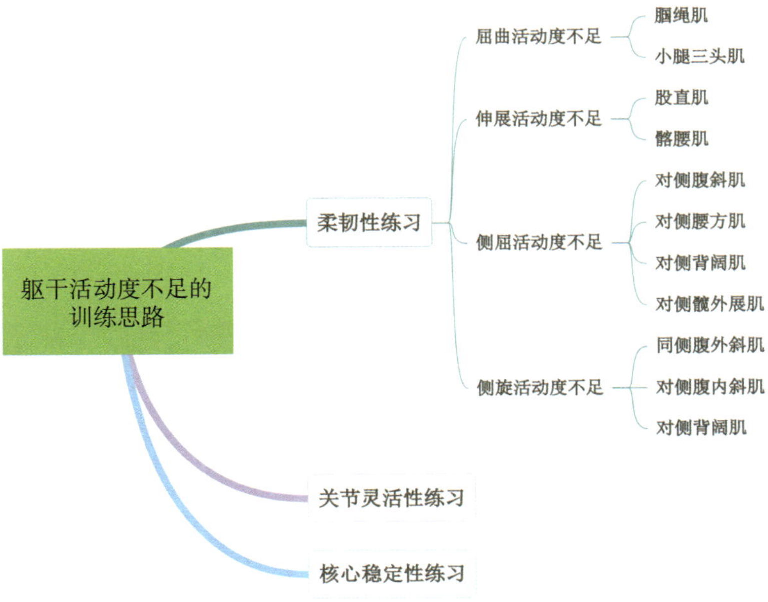

图16-5　改善躯干活动度不足的训练思维导图

4. 指导康复训练

指导康复训练

通过角色扮演（客户、教练员、助教员、会籍顾问等），根据躯干活动评估结果对过紧的肌肉进行放松和拉伸训练指导，并辅以肌力训练指导。

4.1 腹斜肌拉伸

直角坐，拉伸侧屈膝，脚跟和对侧膝持平，手放在身体两侧；身体向对侧旋转，拉伸侧的手放在对侧腿外侧，保持10～20秒（图16–6）。或坐在椅子上，双腿自然分开，双脚踏实地面，腰背挺直；向对侧旋转躯干，手臂自然扶住椅背和扶手，保持10～20秒（图16–7）。

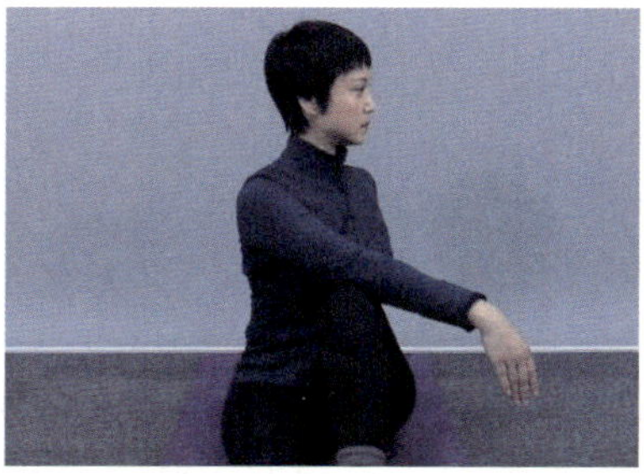

图16–6 腹斜肌拉伸（直角坐）

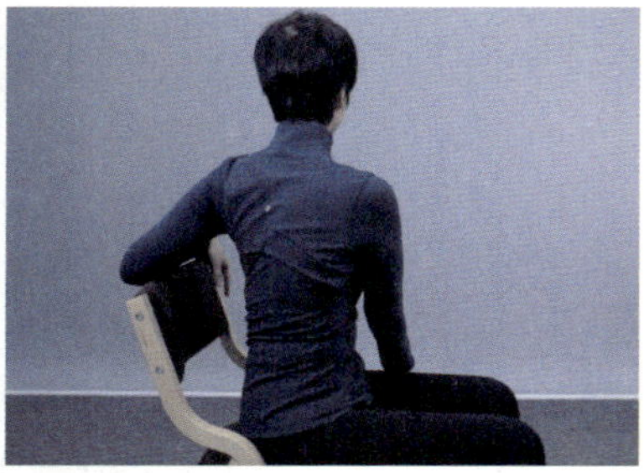

图16–7 腹斜肌拉伸（椅子）

4.2 髂腰肌拉伸

拉伸腿在后，对侧腿在前，做弓箭步；骨盆轻微后倾，将身体向前推，保持10～20秒（图16–8）。

图16–8 髂腰肌拉伸

4.3 背阔肌拉伸

盘腿坐，拉伸侧的手举过头顶；呼气时身体向对侧屈，脊柱向对侧旋转，保持10～20秒（图16–9）。

进阶拉伸时，对墙站立，双手比肩略宽扶于墙面；手臂伸直，背部平直；屈膝向下俯身，臀部向后推，保持10～20秒（图16–10）。

图16–9 背阔肌拉伸

图16–10 背阔肌拉伸（进阶）

4.4　腰方肌拉伸

坐姿，拉伸侧盘腿，另一腿伸直；拉伸侧的手举过头顶，呼气时身体向对侧屈，保持10～20秒（图16–11）。

4.5　臀大肌拉伸（鸽子式）

坐姿，拉伸腿在前，小腿横放，另一腿向后伸直；拉伸腿大腿内旋，髋部保持中正；吸气，脊柱延伸；呼气，身体前屈，保持30秒（图16–12）。

图16–11　腰方肌拉伸

图16–12　臀大肌拉伸（鸽子式）

4.6　髋外展肌群拉伸

坐在椅子上，拉伸侧脚靠近对侧大腿根，小腿尽力平放于椅面；身体向前屈曲，保持10～20秒（图16–13）。

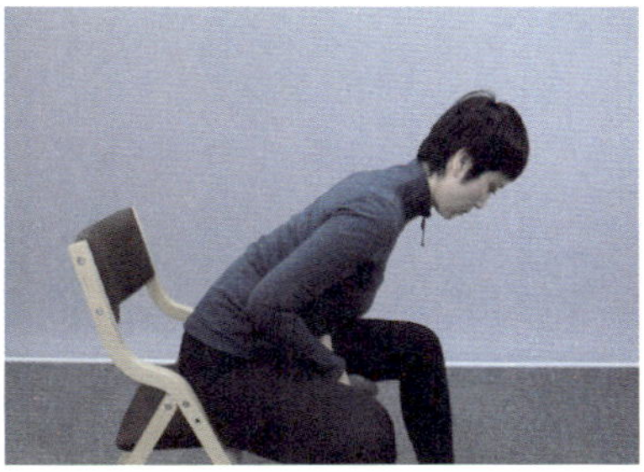

图16–13　髋外展肌群拉伸

4.7　股直肌拉伸

俯卧于垫面，伸展带套在拉伸脚上，双手通过对侧肩，拉动伸展带，从而带动膝关节屈曲，大小腿贴紧，保持10～20秒（图16–14）。

进阶拉伸时，保持髂前上棘贴紧垫面，拉动伸展带至大腿轻微抬起，保持10～20秒（图16–15）。

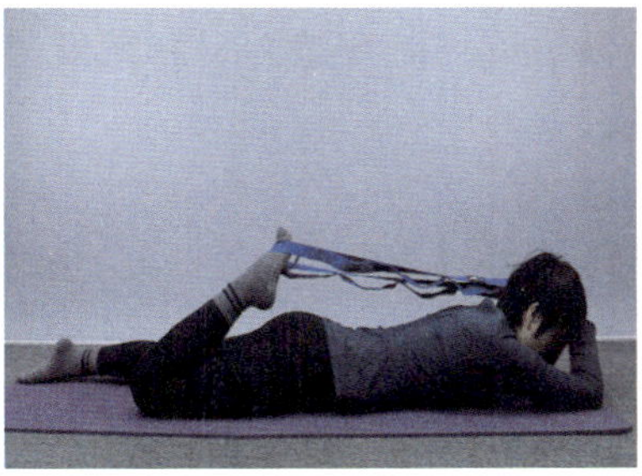

图16–14　股直肌拉伸

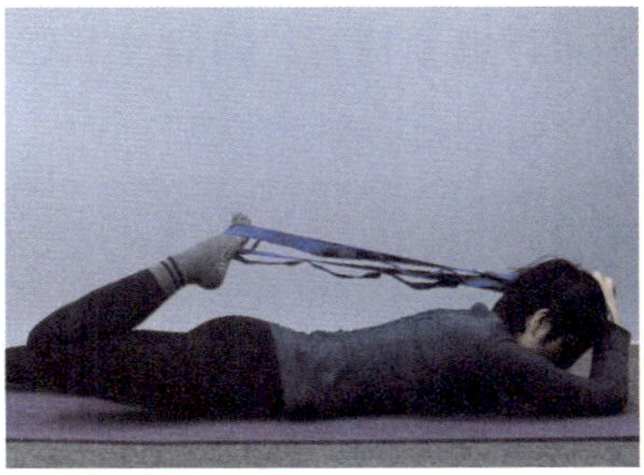

图16–15　伸展带股直肌拉伸（进阶）

4.8　腘绳肌拉伸

仰卧，拉伸腿抬离垫面，且与垫面垂直，另一腿伸直；双手抱住拉伸腿后侧向胸前拉至最大限度，保持10秒（图16–16）。

4.9 腓肠肌拉伸

对墙站立，双手扶墙面；拉伸腿伸直，脚尖点住墙面；重心前移，保持30秒（图16–17）。

图16–16 腘绳肌拉伸

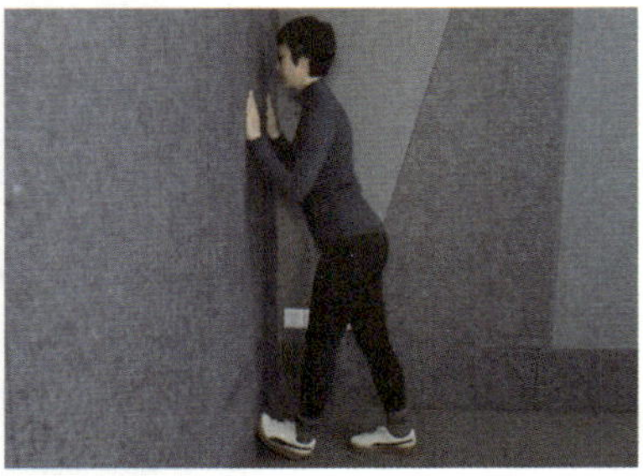

图16–17 腓肠肌拉伸

4.10 躯干灵活性练习

（1）胸椎旋转（图16–18）。

仰卧，双手与躯干呈T字形，双腿屈膝90°；吸气，骨盆向一侧旋转，呼气，还原。保持双侧髂前上棘在同一水平面上，避免膝关节过度位移。

图16–18 胸椎旋转

（2）胸椎伸展（图16–19至图16–22）。

俯卧，双手屈肘放于体侧，缓慢将躯干撑起，保持10～30秒。

进阶练习时，坐在椅子上，躯干贴紧椅背，骨盆轻微后倾；双手交叉放于枕后，夹紧头部，腰椎段贴紧椅背；向后伸展躯干，保持10～30秒。或仰卧在垫上，胸椎处垫毛巾卷或泡沫轴进行伸展。

图16–19 胸椎伸展（俯卧）

图16–20 胸椎伸展（椅子）

图16-21　胸椎伸展（仰卧，毛巾辅助）

图16-22　胸椎伸展（仰卧，泡沫轴辅助）

4.11　核心稳定性练习

（1）仰卧呼吸训练（图16-23）。

仰卧，屈膝，双手放于小腹；想象腹部是气球，吸气时气球充满，腹部鼓起；呼气时气球瘪下去，腹部收紧，使劲吐完最后一口气，感觉腹部酸胀、发硬。

图16-23　仰卧呼吸训练

（2）胸部抬起（卷腹）（图16-24、图16-25）。

仰卧，屈膝，吸气，收紧核心；呼气，整体抬起头部和胸部，逐渐抬起脊柱至肩胛骨下角离开垫面；吸气，收紧核心，保持2～3秒；呼气，降低头部和胸部，回到起始姿势。

退阶练习时，可以在身后垫毛巾辅助。

图16-24　胸部抬起

图16-25　毛巾辅助胸部抬起

（3）仰卧单腿伸展（图16-26）。

仰卧，腿部抬起至桌面模式；两腿交替伸直，脚跟不要接触垫面。可在骶骨下方垫毛巾避免骨盆过度前倾。

图16-26　仰卧单腿伸展

5. 运用贴扎技术

通过角色扮演，演练竖脊肌贴扎技术（表16–7），并将贴扎方法填入躯干活动度不足运动康复计划制订与实施任务单（表16–2）。

竖脊肌贴扎

表16–7 竖脊肌贴扎

步骤	准备工作	贴法
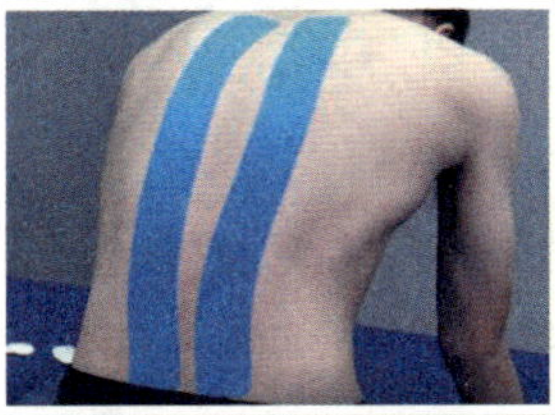	体位：俯身 形状：I形 数量：2	锚点：两侧髂嵴上沿 尾点：两侧肩胛骨上角处 拉力：自然拉力
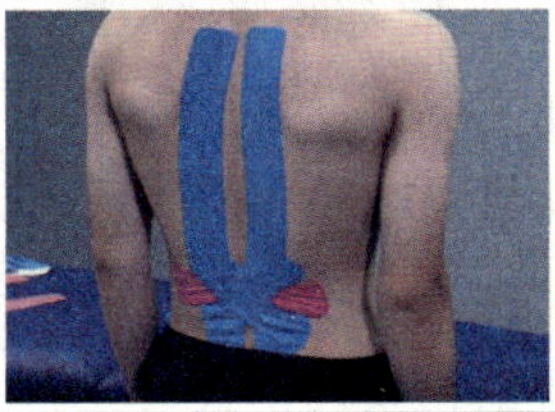	体位：俯身 形状：I形 数量：3	锚点：腰椎体处 尾点：米字延伸 拉力：自然拉力

6. 生活管理教育

请根据案例生活方式，以角色扮演的形式模拟生活管理教育，并将生活管理要点填入躯干活动度不足运动康复计划制订与实施任务单（表16–2）。

腰椎节段处于人体的中心位置，对日常活动起重要作用。日常活动中使用正确的姿势，可以有效保护腰部。不正确的坐姿、站姿、睡姿和错误地搬抬重物等都可能引起腰部肌肉疲劳、脊柱曲度变化、椎间盘受到挤压等问题，影响躯干活动。

腰椎间盘突出症

腰椎间盘突出症通常与不良姿势相关，同时，日常生活中，人体需要做大量的功能性屈曲动作，这些动作也是导致腰椎间盘突出症高发的原因。要减少腰椎间盘突出症的发生率，应注意平时保持正确的日常姿势（表16–8）。

表16–8 正确的日常姿势

姿势	动作要点	注意事项
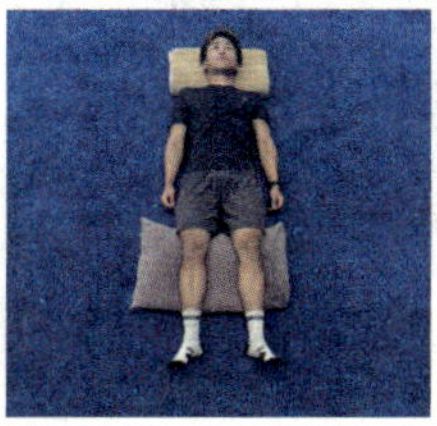	（1）平躺； （2）枕头高度合适，床面软硬适中； （3）腘窝处适当垫起	仰卧对椎间盘压力最小

续表

姿势	动作要点	注意事项
	（1）侧卧； （2）枕头高度合适，床面软硬适中； （3）两手自然放于体前； （4）两腿之间夹垫衬物	侧卧时含胸弓腰，单侧腿跨步会增加腰椎压力
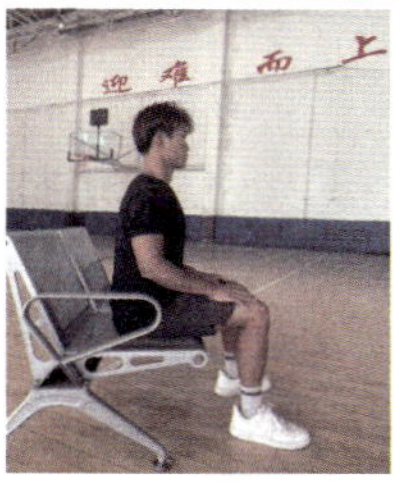	（1）两脚踩实地面，大小腿夹角约90°； （2）大腿和躯干夹角约90°； （3）坐骨接触椅面，骨盆处于中立位； （4）头顶指向天花板，视线和地平面平行	长时间伏案可选择有靠背的椅子，避免久坐
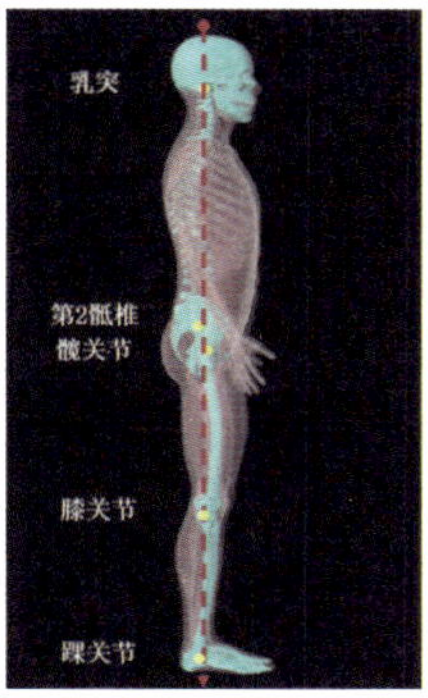	（1）昂首挺胸； （2）腰椎自然轻微地前凸，收紧核心； （3）重力线经过颞骨乳突、第2骶椎前方、髋关节后方、膝关节和踝关节前方； （4）从侧面观察，耳、肩、髋、膝与脚踝基本处于一条直线上	人体正常结构中，骨盆有7°～15°的自然前倾角度
	（1）采取高低蹲的姿势； （2）支撑脚全脚着地，小腿垂直于地面； （3）非支撑脚脚掌着地，脚跟提起	避免下蹲时动作过猛
	（1）靠近重物站立，两脚分开； （2）屈髋屈膝至重物高度，避免弯腰； （3）抱紧重物，让重物尽量靠近身体； （4）缓慢抬起重物，站稳后再进行移动	避免弯腰搬抬重物

◆ 思政园地

胸腰筋膜是附着在所有腰椎棘突、骶椎后侧和髂后上棘结缔组织的延伸部分。胸腰筋膜上直接附着腹内斜肌和腹横肌，与背阔肌和臀大肌融合，并紧紧包裹竖脊肌，使背阔肌和臀大肌影响躯干活动。尽管背阔肌不直接控制躯干活动，但是却通过胸腰筋膜与完成躯干活动的肌肉相互连接、相互依赖、相互影响，所以当出现腰背部疼痛时，应考虑背阔肌的状态。在评估和处理运动损伤时，要有问题意识，多角度、辩证地思考问题，不要“头痛医头、脚痛医脚”。

任务评价

1. 实训评价

学生根据实训评价标准，自评、互评实训成果和实训表现（表16–9）。评分时，先确定评价等级，再从相应的等级中勾选相应的分数。

表16–9 实训评价标准

评价内容	评价指标	评价等级					
		✿		✿✿		✿✿✿	
筛查评估（12分）	基本资料评估全面、准确	1		2		3	
	健康状态评估全面、准确	1		2		3	
	生活方式评估全面、准确	1		2		3	
	姿势、功能评估全面、准确	1		2		3	
康复计划制订（40分）	目标明确、周期合理	5	6	7	8	9	10
	训练形式、内容科学	5	6	7	8	9	10
	训练强度、难度适宜	5	6	7	8	9	10
	防护与安全教育有效	5	6	7	8	9	10
康复计划实施（40分）	穿着合适、体型健康	5	6	7	8	9	10
	指导方法科学、保护帮助可靠	5	6	7	8	9	10
	示范规范、纠错及时准确	5	6	7	8	9	10
	贴扎熟练、安全教育恰当	5	6	7	8	9	10
团队配合（8分）	分工合理、精神饱满、感染力强	1		2		3	
	场地布置合理，器材准备完善	1		2		3	
	现代化手段运用，思政元素融入	0		1		2	
总分							

2. 学习评价

学生自评、小组互评，评价自己是否完成学习，是否完成评估、康复计划、评价等实训成果资料，实训任务有无遗漏。老师对学生进行的评价包括方案、计划书写是否工整规范，报告成果是否出自实训、是否真实合理且阐述详细，学生自评分析是否合理、收获体会是否深刻，个人能力是否得到提升。（表16–10）

评价按照A（优秀）、B（良好）、C（合格）、D（努力）4个档次进行。

表16-10　学习评价表

任务	完成情况记录
相关理论学习情况	
技能训练情况	
任务完成情况	
任务创新情况	
成果上交情况	
收获	

3. 知识测评

（1）[判断题]躯干伸展时，肩胛骨下角应超过脚跟。（　　）

（2）[单选题]躯干前屈时腰椎段屈曲范围是（　　）。

A.20°～30°　　B.30°～40°　　C.40°～50°　　D.50°～60°

（3）[单选题]躯干前屈不足时，可以进行（　　）柔韧性练习。

A.股直肌　　B.髂腰肌　　C.腘绳肌　　D.竖脊肌

（4）[单选题]脊柱的生理弯曲描述正确的是（　　）。

A.颈后曲　　B.胸后曲　　C.腰后曲　　D.骶前曲

（5）[单选题]人体胸椎的数量（　　）。

A.5　　B.7　　C.8　　D.12

（6）[单选题]直腿体前屈时，髂腰肌（　　）。

A.近固定做离心工作　　B.近固定做向心工作

C.远固定做离心工作　　D.远固定做向心工作

（7）[单选题]腰椎压力最小的姿势是（　　）。

A.仰卧　　B.侧卧　　C.站姿　　D.坐姿

（8）[多选题]躯干后仰不足时，可以进行（　　）柔韧性练习。

A.股直肌　　B.髂腰肌　　C.腘绳肌　　D.竖脊肌

（9）[多选题]婴儿式可以拉伸到的肌肉有（　　）。

A.竖脊肌　　B.髂腰肌　　C.股四头肌　　D.胫骨前肌

扫码答题

任务十七
躯干稳定性不足的康复与防护

情景导入

小杨创办了一家健身工作室，主要为企事业单位职工提供健身指导。在某次团体课程中，黄先生向小杨咨询腰部不适的康复锻炼的问题。请你帮助小杨评估黄先生的健康状况，并为其制订运动康复计划。黄先生的情况如下。

黄某，男，38岁，银行职员，无健身经历。身体健康，无关节损伤和慢性病病史。近3个月来，腰部自感不适，一直按腰肌劳损治疗，未见好转。

【医学检查情况】

身高：173cm；体重：50kg；安静心率：80次/分；血压：120/75mmHg；脉搏节律正常；心脏听诊无异常；安静心电图正常。

【姿势及功能检查情况】

骨盆过度前倾；腰椎生理曲度增大。

任务要求

任务类型	躯干稳定性不足的康复与防护	学习维度		
		识记	理解	应用
学习任务	躯干稳定肌主要功能	★		
	躯干各方向肌（耐）力测试方法	★		
	康复训练方法、贴扎技术和生活管理策略		★	
实训任务	识读、评估案例并设计康复方案			★
	指导案例康复训练，实施贴扎技术			★
	开展运动防护教育			★
个人目标				

任务说明

识读案例，分析损伤原因，通过小组协作和角色扮演（客户、教练员、助教员等）填写、汇报躯干稳定性不足评估任务单（表17-1）和躯干稳定性不足运动康复计划制订与实施任务单（表17-2），模拟康复训练指导、实施贴扎技术和生活管理教育。

表17-1　躯干稳定性不足评估任务单

<table>
<tr><td>姓名：</td><td></td><td>年龄：</td><td></td><td>性别：</td><td></td><td>BMI：</td><td></td></tr>
<tr><td colspan="8">损伤史</td></tr>
<tr><td colspan="4">医学诊断：</td><td colspan="4">相关损伤史：</td></tr>
<tr><td colspan="8">疼痛位置、时长：</td></tr>
<tr><td colspan="8">客户目标：</td></tr>
<tr><td colspan="8">生活方式</td></tr>
<tr><td colspan="4">职业特点：</td><td colspan="4">运动习惯：</td></tr>
<tr><td colspan="4">睡眠情况：</td><td colspan="4">吸烟饮酒：</td></tr>
<tr><td colspan="8">膳食营养：</td></tr>
<tr><td colspan="8">医学检查</td></tr>
<tr><td colspan="4">心率：</td><td colspan="4">血压：</td></tr>
<tr><td colspan="4">血脂：</td><td colspan="4">血糖：</td></tr>
<tr><td colspan="8">其他：</td></tr>
<tr><td colspan="8">姿势/动作检查</td></tr>
<tr><td colspan="4">检查名称：</td><td colspan="4">结果：</td></tr>
<tr><td colspan="4"></td><td colspan="4"></td></tr>
<tr><td colspan="4"></td><td colspan="4"></td></tr>
<tr><td colspan="4"></td><td colspan="4"></td></tr>
<tr><td colspan="8">短期目标（　～　周）</td></tr>
<tr><td colspan="8"></td></tr>
<tr><td colspan="8"></td></tr>
<tr><td colspan="8">中期目标（　～　周）</td></tr>
<tr><td colspan="8"></td></tr>
<tr><td colspan="8"></td></tr>
<tr><td colspan="8">长期目标（　～　周）</td></tr>
<tr><td colspan="8"></td></tr>
<tr><td colspan="8"></td></tr>
</table>

表17-2 躯干稳定性不足运动康复计划制订与实施任务单

<table>
<tr><th colspan="3">第一阶段（　~　周）</th></tr>
<tr><td colspan="2">目标：</td><td>频率：</td></tr>
<tr><td colspan="2">监控：</td><td>时间：</td></tr>
<tr><td>部位（内容）</td><td>动作</td><td>安排（强度/次数/组数）</td></tr>
<tr><td></td><td></td><td></td></tr>
<tr><td></td><td></td><td></td></tr>
<tr><td></td><td></td><td></td></tr>
<tr><td></td><td></td><td></td></tr>
<tr><td></td><td></td><td></td></tr>
<tr><th colspan="3">第二阶段（　~　周）</th></tr>
<tr><td colspan="2">目标：</td><td>频率：</td></tr>
<tr><td colspan="2">监控：</td><td>时间：</td></tr>
<tr><td>部位（内容）</td><td>动作</td><td>安排（强度/次数/组数）</td></tr>
<tr><td></td><td></td><td></td></tr>
<tr><td></td><td></td><td></td></tr>
<tr><td></td><td></td><td></td></tr>
<tr><td></td><td></td><td></td></tr>
<tr><td></td><td></td><td></td></tr>
<tr><th colspan="3">第三阶段（　~　周）</th></tr>
<tr><td colspan="2">目标：</td><td>频率：</td></tr>
<tr><td colspan="2">监控：</td><td>时间：</td></tr>
<tr><td>部位（内容）</td><td>动作</td><td>安排（强度/次数/组数）</td></tr>
<tr><td></td><td></td><td></td></tr>
<tr><td></td><td></td><td></td></tr>
<tr><td></td><td></td><td></td></tr>
<tr><td></td><td></td><td></td></tr>
<tr><td></td><td></td><td></td></tr>
<tr><th colspan="3">贴扎</th></tr>
<tr><td colspan="3"></td></tr>
<tr><td colspan="3"></td></tr>
<tr><th colspan="3">生活管理教育</th></tr>
<tr><td colspan="3"></td></tr>
<tr><td colspan="3"></td></tr>
</table>

任务准备

1.阅读任务说明，识读案例。

2.观看“躯干稳定性不足”相关的线上资源。

3.收集躯干稳定性不足运动康复与防护的知识。

4.结合躯干稳定性不足运动康复与防护的知识与技能要求，总结难点和常见问题。

任务实施

1. 认识损伤原因

脊柱呈现自然曲度，颈段、腰段在矢状面上自然前凸，胸段和骶尾段自然后凸。正常的脊柱曲度为整个轴向骨骼结构提供了强度和稳定性，正常曲度的脊柱比笔直的脊柱能承受更大的压缩力。脊柱承重时，脊柱曲度的柔韧性可以使脊柱在承重下轻微屈曲，压缩力可以由结缔组织和沿着脊柱凸面肌肉共同承担。

脊柱依靠椎间盘、关节突关节前后纵韧带、黄韧带、棘上韧带、棘间韧带、横突间韧带将各脊椎连接，竖脊肌、腰背肌和腹肌协助增强脊柱的稳定性。

1.1　躯干稳定性不足的表现

肌肉紧张无力、疾病、创伤或习惯性不良姿势等可以导致脊柱自然曲度发生变化，从而对局部肌肉和关节产生压力，并减少肺部扩张时的胸腔容积，最终导致在腰椎节段出现骨盆过度前倾、骨盆过度后倾等错误姿势，使躯干稳定性下降。

躯干稳定性不足会出现反复发作的腰痛，并牵涉下肢，导致躯干和盆底部肌力和耐力不足，容易在日常活动和运动中出现协调性障碍。

1.2　稳定躯干的肌肉（群）

躯干前外侧的腹直肌、腹外斜肌、腹内斜肌和腹横肌，躯干后侧的竖脊肌、横突棘肌、短节段肌，躯干深层的髂腰肌和腰方肌，这些肌肉包裹着脊椎，协同作用，稳定腰椎，维持着脊椎的平衡。（表 17–3）

躯干稳定肌（群）

表17-3　躯干稳定肌（群）

<table>
<tr><th colspan="2">肌肉（群）</th><th>主要功能</th></tr>
<tr><td>腹肌</td><td>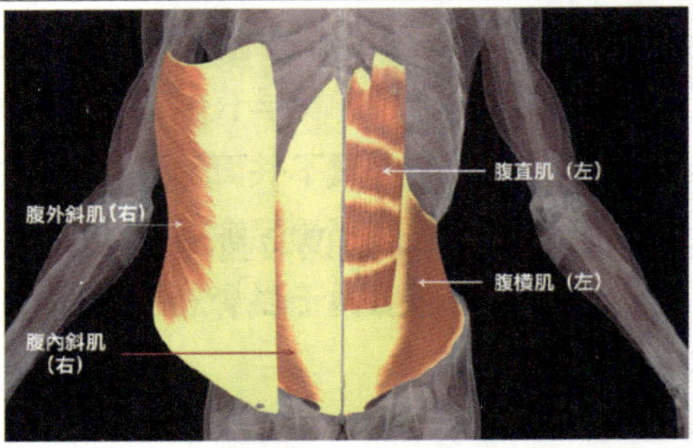</td><td>单侧收缩使躯干侧屈或旋转；
双侧收缩使骨盆后倾运动；
在搬抬物体、咳嗽、排便、分娩时稳定腰椎；
增加腹内压、胸腔压力</td></tr>
<tr><td>腰大肌
腰方肌</td><td>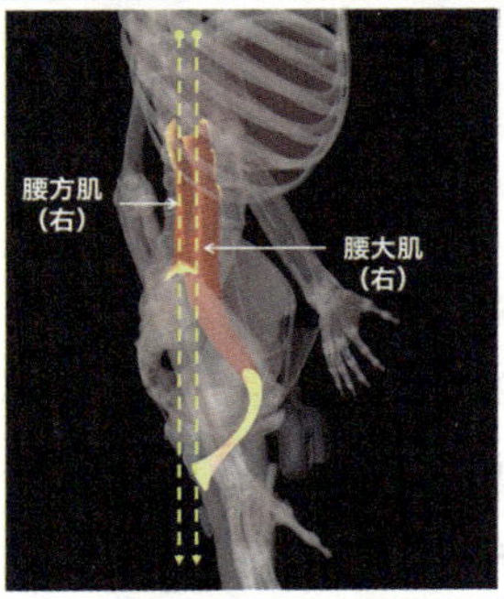</td><td>腰方肌和腰大肌在腰椎两侧基本垂直，二者双侧强烈收缩为腰骶部提供垂直方向上的稳定性</td></tr>
<tr><td>竖脊肌</td><td>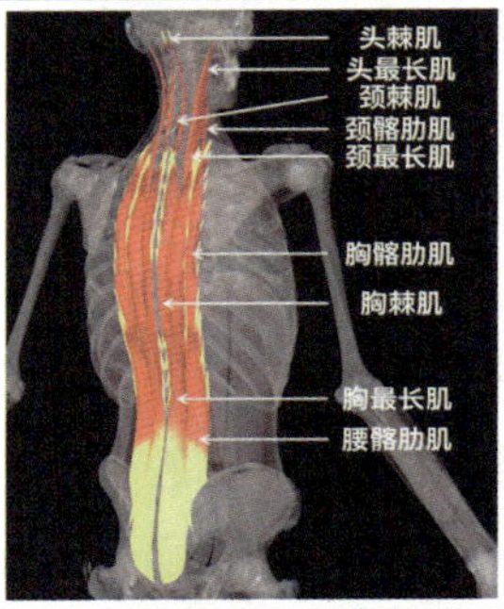</td><td>使躯干伸展、侧屈；
维持人体直立姿势</td></tr>
<tr><td>横突棘肌</td><td>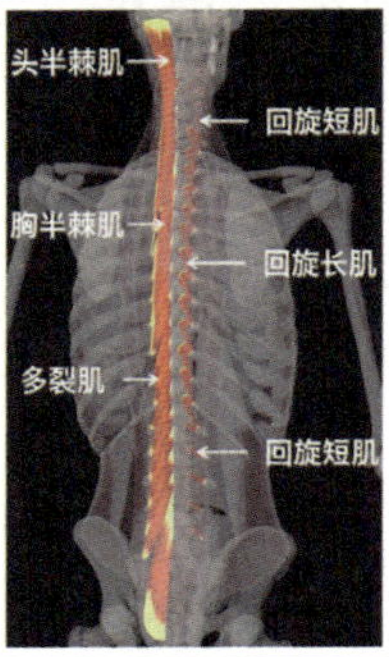</td><td>更精细地控制脊柱在垂直方向的稳定性；
回旋肌：向对侧旋转躯干；
半棘肌：头颈伸展，向对侧旋转；
多裂肌：躯干伸展，向对侧旋转</td></tr>
</table>

续表

肌肉（群）		主要功能
短节段肌	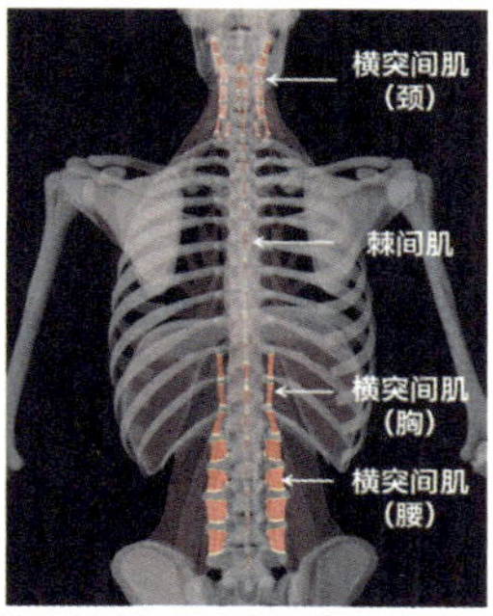	更精细地控制脊柱在垂直方向的稳定性； 棘间肌：躯干伸展； 横突间肌：躯干侧屈

2. 实施评估筛查

通过问卷、谈话，结合医学检查结果，分析案例损伤史、医学检查情况和其生活方式，并在此基础上进行姿势和功能检查，了解案例损伤类型和程度，为制订康复计划提供依据。请根据评估筛查结果填写躯干稳定性不足评估任务单（表17–1）。

2.1 躯干前面屈肌耐力测试

（1）被测试者仰卧，固定足部，两臂于胸前交叉；

（2）辅助被测试者屈膝屈髋各90°，躯干与床面夹角约60°；

（3）记录被测试者维持该姿势的时间，男性60秒以下，女性50秒以下，则提示躯干屈肌耐力较弱。（图17–1）

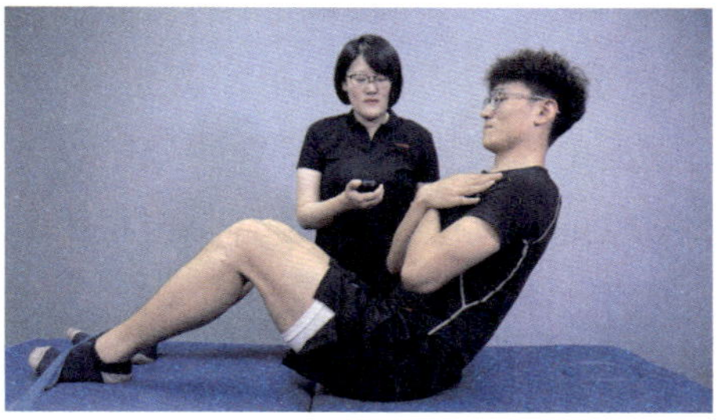

图17–1　躯干前面屈肌（耐）力测试

2.2 躯干背面伸肌耐力测试（索伦森测试）

（1）被测试者俯卧，躯干超出床沿，髂嵴上边界对齐床沿；

（2）固定被测试者臀部和腿部，被测试者两臂于胸前交叉，上身保持水平；

（3）记录被测试者维持该姿势的时间，60秒以下提示躯干伸肌耐力一般，30秒以下提示躯干伸肌耐力较弱。（图17–2）

如果没有绑带可以选择改良索伦森测试。

（1）被测试者俯卧在按摩床上，两手臂交叉置于躯干后面，腰部抬离床面，躯干伸展约30°；

（2）保持该姿势并计时，60秒以下提示躯干伸肌耐力一般，30秒以下提示躯干伸肌耐

力较弱。(图17–3)

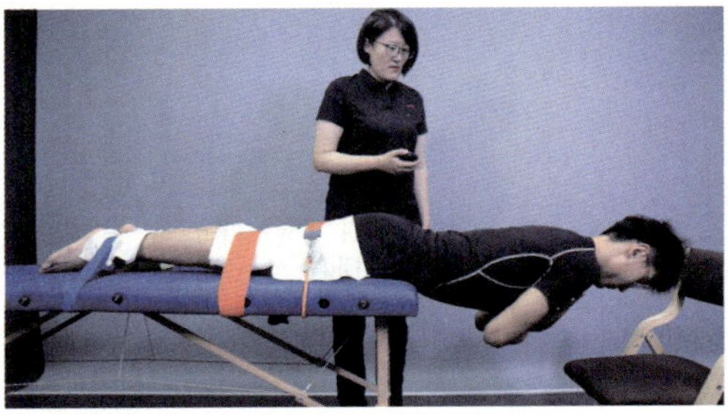

图17–2 躯干背面伸肌耐力测试(索伦森测试)

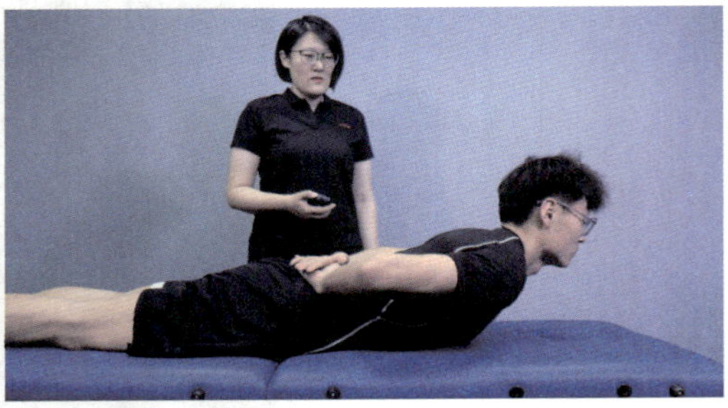

图17–3 改良索伦森测试

◆ 小提示

背伸肌耐力会随着年龄的增长而下降，身体质量指数较大的背伸肌耐力通常较弱，背伸肌耐力的降低与腰背痛发展呈正相关。结合躯干前侧肌耐力测试，如果躯干前侧和后侧肌耐力测试时间之比不等于1，提示躯干前后侧肌耐力不平衡。

2.3 躯干侧面肌耐力测试

(1)被测试者侧卧，两腿伸直，屈肘支撑上身抬起，脊柱呈一直线；

(2)分别记录两侧保持这一姿势的时间，男性60秒以下，女性40秒以下，则提示侧腹肌耐力下降，左右两侧差异大于5%，提示肌力不平衡。(图17–4)

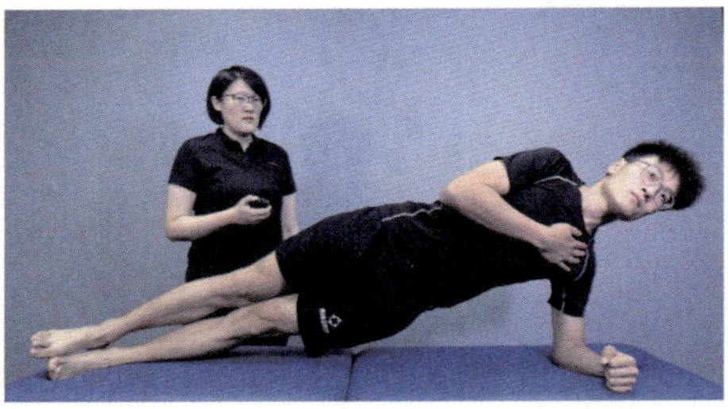

图17–4 躯干侧面肌(耐)力测试

3. 制订康复计划

通过分析躯干稳定性不足产生的原因，结合评估检查情况，改善躯干稳定性不足的训练思路如图17–5所示。要提高躯干肌耐力，应该优先训练最弱的部分，将躯干前、后、左、右四个方向的肌耐力调整到同一水平。请根据评估检查结果填写躯干稳定性不足运动康复计划制订与实施任务单(表17–2)。

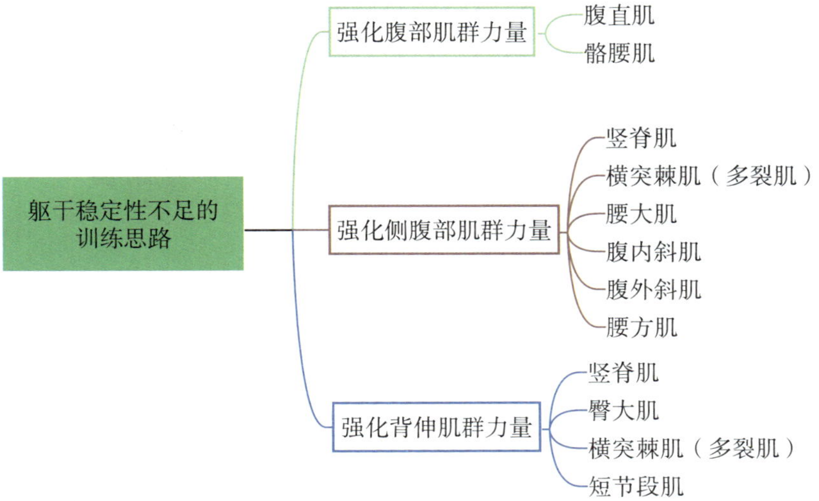

图17-5　改善躯干稳定性不足的训练思维导图

4. 指导康复训练

通过角色扮演（客户、教练员、助教员等），根据躯干肌耐力测试结果对较弱的肌肉进行训练指导。

指导康复训练

4.1　躯干前侧肌耐力训练

（1）双侧足跟滑行（图17-6）。

仰卧，双腿自然弯曲，双手自然放于体侧，掌心向下；吸气，骨盆轻微后倾，腰部贴紧垫面；呼气，双脚向远处滑行，脚跟始终不离开垫面；吸气还原。

（2）行军踏步（图17-7）。

仰卧，双腿自然弯曲；吸气，将一腿抬至桌面姿势；呼气放下，脚尖轻点垫面。

图17-6　双侧足跟滑行

图17-7　行军踏步

（3）单腿伸展（图17-8、图17-9）。

仰卧，双腿呈桌面姿势；双手抱住大腿后侧向躯干方向拉，使腰椎段紧贴垫面；两手臂放于身体两侧；两侧腿交替向前方伸展，与垫面约呈45°。

进阶练习时，可抬起胸部，双手放在膝部。

图17-8　单腿伸展

图17-9　胸部抬起单腿伸展

4.2　躯干侧面肌耐力训练

（1）侧卧抬腿（图17-10）。

侧卧，两肩在一条垂线上，髋微屈，双腿伸直叠放；吸气，上侧腿外展；呼气，还原；两脚不要碰触。

图17-10　侧卧抬腿

（2）侧支撑伸展（图17-11至图17-13）。

侧卧，重心在髋关节上，肘关节支撑，双腿弯曲，上方脚在前、下方脚在后；呼气，骨盆抬离垫面，双腿伸直，上方手指天花板，脊柱呈一条直线，坚持8～10秒；吸气还原。

退阶练习时，可以采取膝支撑或将上方腿放于身体前方辅助支撑。

图17-11　侧支撑伸展

图17-12　侧支撑伸展（膝支撑）

图17-13　侧支撑伸展（4字膝支撑）

（3）侧卧双腿抬升（图17-14）。

侧卧，两肩在一垂线上，脊柱和骨盆处于中立位；呼气，双腿抬离垫面；吸气还原。

（4）胸部抬起旋转（图17–15）。

仰卧，双腿自然弯曲，双手放在头后；呼气，头部和胸部抬起；吸气，保持姿势；呼气，上身向一侧旋转；吸气还原；呼气，上身向另一侧旋转；吸气还原。

图17–14　侧卧双腿抬升

图17–15　胸部抬起旋转

4.3　躯干背面肌耐力训练

（1）俯卧交替髋伸展（俯身游泳，图17–16）。

俯卧，双腿与髋同宽，双臂延伸至头顶，掌心向下；吸气，腹部微收，抬起对侧上下肢，维持约5秒；呼气还原。

图17–16　俯卧交替髋伸展

（2）四足支撑髋伸展（图17–17至图17–19）。

两手、两膝支撑，脚背贴紧垫面；呼气，伸髋一侧至下肢与地面平行；吸气还原，伸另一侧髋至下肢与地面平行；吸气还原。

图17–17　四足支撑髋伸展

进阶练习时，可同时伸展对侧上下肢或以肘关节和膝关节支撑。

图17-18 四足支撑髋伸展+摆手

图17-19 肘支撑髋伸展

（3）臀桥（图17-20）。

仰卧，双腿自然弯曲，双脚与臀部距离约半个脚长；收紧核心，呼气向上顶髋；吸气缓慢下落，臀部不要着地。

图17-20 臀桥

（4）瑜伽球伸展（图17-21）。

胸腹部趴在瑜伽球上，双手自然放于体侧，双脚略宽于髋，微屈膝，两脚支撑在墙壁上；吸气，伸展躯干；呼气，躯干缓慢恢复至起始位置。

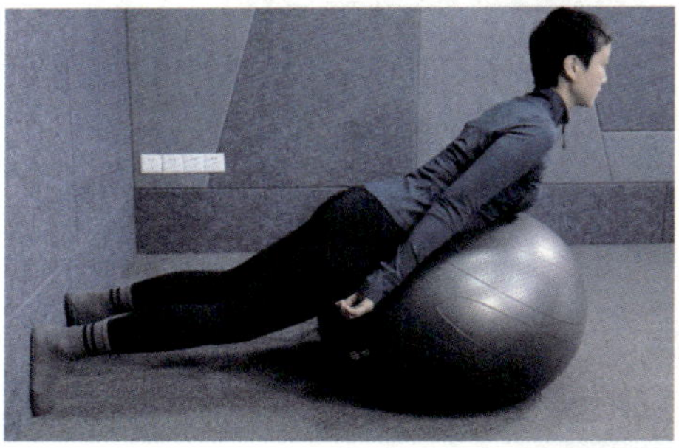

图17-21 瑜伽球伸展

5. 运用贴扎技术

通过角色扮演，演练腰三横突贴扎技术（表17-4），并将贴扎方法填入躯干稳定性不足运动康复计划制订与实施任务单（表17-2）。

表17-4　腰三横突综合征贴扎

步骤	准备工作	贴法
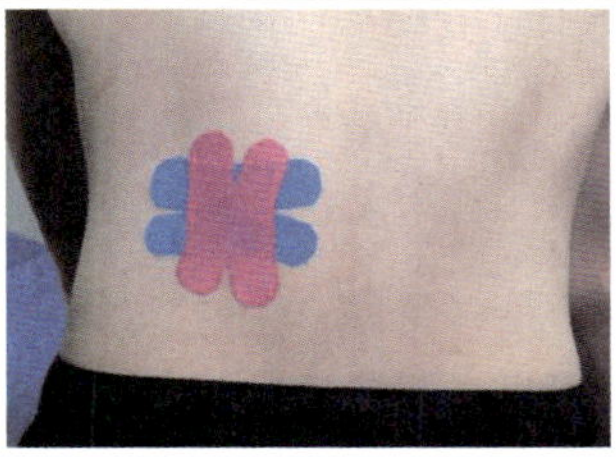	体位：微屈躯干（无痛） 形状：X形 数量：2	锚点：第三腰椎横突处 尾点：自然延展 拉力：中等拉力
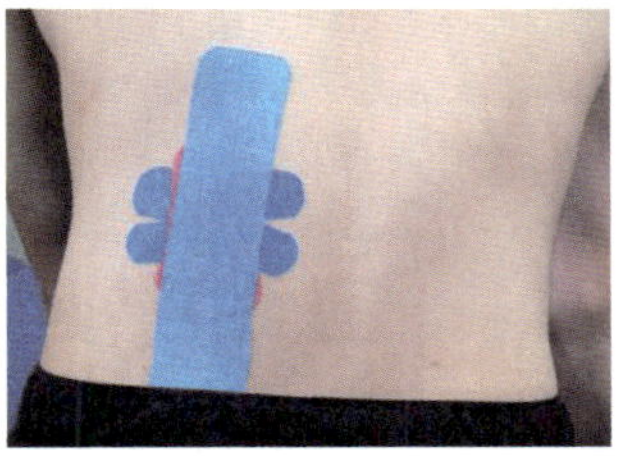	体位：微屈躯干（无痛） 形状：I形 数量：1	锚点：胸廓下 尾点：髂嵴上 拉力：自然拉力
	体位：微屈躯干（无痛） 形状：Y形 数量：1	锚点：胸廓下 尾点：髂嵴上 拉力：自然拉力

腰三横突
综合征贴扎

6. 生活管理教育

请根据案例生活方式，以角色扮演的形式模拟生活管理教育，并将生活管理要点填入躯干稳定性不足运动康复计划制订与实施任务单（表17-2）。

日常活动中应注意选择合理的身体姿势，学习正确的动作模式，根据自身情况选择合适的训练方法和动作。

对于腹肌的训练，通常是用仰卧起坐（图17-22）。仰卧起坐看似简单易学，但因人体上半身重量较大，做仰卧起坐动作时，向前卷曲抬起躯干的运动强度是很大的。躯干完全抬起时，腰椎向后弯曲，本来前凸的腰椎曲度变直，腰部承受的压力过大，会导致椎间盘被过度挤压出现膨出或脱出。有时为了抬起躯干，放在头后的手会带动头部过度屈曲，使颈椎负荷过载。当肩胛骨抬离地面后，如果腹直肌薄弱，髂腰肌和股直肌会强烈收缩，以屈髋来代偿躯干的抬起，此时屈髋肌带动骨盆过度前倾运动，腰椎节段过度前凸，会进一步增加腰椎的负荷。

与仰卧起坐相比，卷腹活动主要集中在胸椎节段，腰椎曲度几乎不发生变化，在有效刺激腹直肌的同时能保护腰椎（图17-23）。

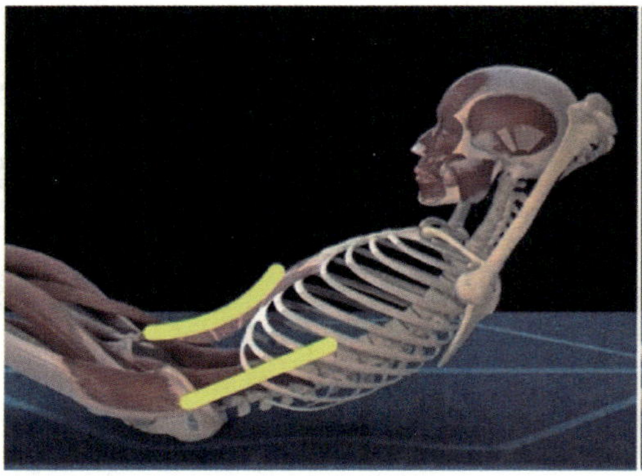

图17-22 仰卧起坐腰椎状态

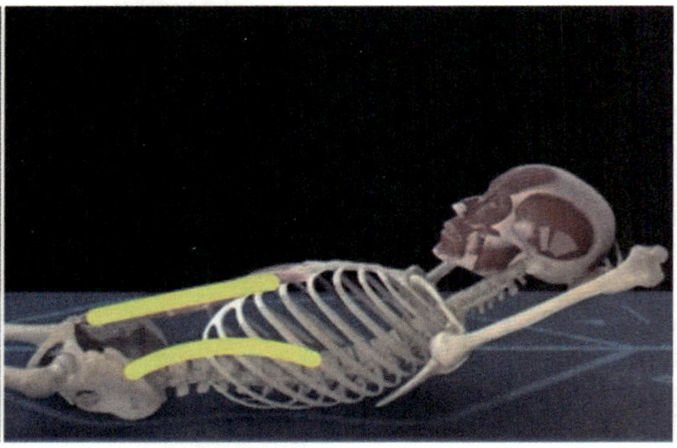

图17-23 卷腹腰椎状态

所以，产后的女性、腹直肌分离的患者、腰痛和椎间盘突出症的患者、腹肌薄弱的人群不适合选择仰卧起坐来提高腹肌肌力，也没有必要分离出某个部位单独练习，而是应该将核心部位当作一个整体来提高其功能。

仰卧起坐腰椎状态

卷腹腰椎状态

◆ 思政园地

科学助攻亚洲速度

在东京奥运会男子100米半决赛中，苏炳添跑出了9秒83的成绩，打破亚洲纪录，闯入决赛，是对西方“9秒85是黄种人极限”这一说法的有力回击。苏炳添1米72的身高不是短跑运动员的理想身高，32岁时创造个人最佳成绩也早已过了短跑项目的“黄金运动年龄”，支持苏炳添不断突破的关键就是科学训练。在训练中，苏炳添与训练团队勇于探究，不畏困难，一方面认真总结比赛经验，另一方面不断学习科学训练方法，坚持不懈地探索符合个人特点的科学化训练方案，深入挖掘各类训练数据，全面分析训练负荷和运动技术，大胆尝试调整体能训练和专项技术，带动亚洲百米提速，让世界领略中国速度。

任务评价

1. 实训评价

学生根据实训评价标准，自评、互评实训成果和实训表现（表17-5）。评分时，先确定评价等级，再从相应的等级中勾选相应的分数。

表17-5　实训评价标准

评价内容	评价指标	评价等级					
		✿		✿✿		✿✿✿	
筛查评估（12分）	基本资料评估全面、准确	1		2		3	
	健康状态评估全面、准确	1		2		3	
	生活方式评估全面、准确	1		2		3	
	姿势、功能评估全面、准确	1		2		3	
康复计划制订（40分）	目标明确、周期合理	5	6	7	8	9	10
	训练形式、内容科学	5	6	7	8	9	10
	训练强度、难度适宜	5	6	7	8	9	10
	防护与安全教育有效	5	6	7	8	9	10
康复计划实施（40分）	穿着合适、体型健康	5	6	7	8	9	10
	指导方法科学、保护帮助可靠	5	6	7	8	9	10
	示范规范、纠错及时准确	5	6	7	8	9	10
	贴扎熟练、安全教育恰当	5	6	7	8	9	10
团队配合（8分）	分工合理、精神饱满、感染力强	1		2		3	
	场地布置合理，器材准备完善	1		2		3	
	现代化手段运用，思政元素融入	0		1		2	
总分							

2. 学习评价

学生自评、小组互评，评价自己是否完成学习，是否完成评估、康复计划、评价等实训成果资料，实训任务有无遗漏。老师对学生进行的评价包括方案、计划书写是否工整规范，报告成果是否出自实训、是否真实合理且阐述详细，学生自评分析是否合理、收获体会是否深刻，个人能力是否得到提升。（表17-6）

评价按照A（优秀）、B（良好）、C（合格）、D（努力）4个档次进行。

表17-6　学习评价表

任务	完成情况记录
相关理论学习情况	
技能训练情况	
任务完成情况	
任务创新情况	
成果上交情况	
收获	

3. 知识测评

（1）[判断题]减掉腹部多余脂肪的最好方法是仰卧起坐。（　　）

（2）[判断题]躯干前面屈肌耐力测试方法是托马斯测试。（ ）

（3）[单选题]躯干背伸肌耐力测试方法是（ ）。

A.索伦森测试 B.托马斯测试 C.叶佳森测试 D.奥伯测试

（4）[单选题]躯干后侧稳定性训练有（ ）。

A.仰卧交替髋伸展 B.侧卧双腿抬升 C.行军踏步 D.单腿伸展

（5）[多选题]骨盆过度前倾的人群建议拉伸（ ）。

A.髂腰肌 B.竖脊肌 C.臀大肌 D.腹直肌

（6）[多选题]下列对于核心力量的作用描述正确的是（ ）。

A.保持身体姿态，稳定重心 B.为肢体运动创造支点

C.预防运动损伤 D.提高肢体工作效率，降低能耗

（7）[多选题]以下描述正确的是（ ）。

A.正常情况下，骶髂关节有较大的活动度以满足运动的需要

B.腰椎活动度下降时早上较为轻松，活动后不适感加重

C.腰部肌肉拉伤时痛点不集中

D.自然条件下，骨盆自带轻微前倾角度

（8）[多选题]能够使躯干伸展的肌肉有（ ）。

A.腹肌 B.腰方肌 C.竖脊肌 D.多裂肌

扫码答题

拓展阅读

腹直肌分离的康复与防护

盆底损伤的康复与防护

模块五　上肢部常见运动损伤的防护

模块导读

本模块的主要内容是介绍上肢部位常见运动损伤类型、损伤产生原理、评估筛查技术、康复训练方法、贴扎技术和生活管理策略。

通过辨析肩峰下撞击综合征、肱骨外上髁炎、腕管综合征、桡骨茎突部狭窄性腱鞘炎等仿真案例，能够对案例进行健康评估与分析，提炼案例康复需求，制订短期和长期康复目标，指导康复训练，并针对案例实施贴扎、开展运动防护教育，传承劳动光荣、技能宝贵的风尚，探索技能成才、技能报国之路。

学习目标

1. 描述上肢部的解剖结构和关节活动范围
2. 解释上肢部的正常运动学
3. 描述上肢部常见运动损伤及典型表现，并讨论致伤因素
4. 描述可以用于筛查常见上肢部运动损伤的评估方法
5. 实施上肢部常见运动损伤的康复性训练
6. 实施上肢部常见运动损伤的贴扎技术
7. 实施预防上肢部常见运动损伤的生活管理策略
8. 培养劳动创新意识
9. 培养终身体育的理念

任务十八
肩峰下撞击综合征的康复与防护

情景导入

安教练是某羽毛球俱乐部的教练员，一名会员在运动中意外受伤，请你帮助安教练评估该会员的健康状况，根据该会员的需求为其制订康复计划，示范和指导康复训练动作，展示贴扎方法并列举生活管理策略，争取让其尽早重新投入羽毛球运动。该会员的情况如下。

唐某，男，52岁，中学体育教师。业余爱好羽毛球，每周参与3次羽毛球运动。3个月前因意外拉伤右肩，右肩外展疼痛，不能正常参加羽毛球运动。无心血管病史，有饮酒习惯。

【医学检查情况】

身高：176cm；体重：62kg；心率：65次/分；血压：136/80mmHg；脉搏节律正常；心脏听诊无异常；安静心电图正常；影像检查未见异常。

【姿势及功能检查情况】

肩关节灵活性测试中双拳距离超过一个半手长；肩部碰撞测试疼痛明显；3分钟台阶器测试后，心率为96次/分。

任务要求

任务内容	肩峰下撞击综合征的康复与防护	学习维度		
		识记	理解	应用
学习任务	肩关节结构与肩肱节律	★		
	肩外展肌肉运动	★		
	肩峰下撞击综合征功能检查方法	★		
	康复训练方法、贴扎技术和生活管理策略		★	
实训任务	识读、评估案例并设计康复计划			★
	指导案例康复训练，实施贴扎技术			★
	开展运动防护教育			★
个人目标				

任务说明

识读案例，分析损伤原因，通过小组协作和角色扮演（客户、教练员、助教员、会籍顾问等）填写、汇报肩峰下撞击综合征评估任务单（表18-1）和肩峰下撞击综合征运动康复计划制订与实施任务单（表18-2），模拟康复训练指导、实施贴扎技术和生活管理教育。

表18-1　肩峰下撞击综合征评估任务单

姓名：		年龄：		性别：		BMI：	
损伤史							
医学诊断：				相关损伤史：			
疼痛位置、时长：							
客户目标：							
生活方式							
职业特点：				运动习惯：			
睡眠情况：				吸烟饮酒：			
膳食营养：							
医学检查							
心率：				血压：			
血脂：				血糖：			
其他：							
姿势/动作检查							
检查名称：				结果：			
短期目标（　～　周）							
中期目标（　～　周）							
长期目标（　～　周）							

表18-2 肩峰下撞击综合征运动康复计划制订与实施任务单

第一阶段（　～　周）		
目标：		频率：
监控：		时间：
部位（内容）	动作	安排（强度/次数/组数）
第二阶段（　～　周）		
目标：		频率：
监控：		时间：
部位（内容）	动作	安排（强度/次数/组数）
第三阶段（　～　周）		
目标：		频率：
监控：		时间：
部位（内容）	动作	安排（强度/次数/组数）
贴扎		
生活管理教育		

任务准备

1. 阅读任务说明，识读案例。

2. 观看“肩峰下撞击综合征”相关的线上资源。

3. 收集肩峰下撞击综合征运动康复与防护的知识。

4. 结合肩峰下撞击综合征运动康复与防护的知识与技能要求，总结难点和常见问题。

任务实施

1. 认识损伤原因

肩峰下撞击综合征是肩峰下间隙软组织反复摩擦、撞击而产生的一种慢性肩部疼痛。

1.1 肩峰下撞击综合征的表现

肩峰下撞击综合征在重复肩外展超过90°的运动员或体力劳动者（如投球、扣球、发球、推肩动作以及农业劳动和重体力劳动）、久坐人群中较常见。出现肩峰下撞击综合征时容易挤压冈上肌肌腱和肱二头肌长头肌腱，够取斜上方物品时易出现肩部疼痛，向上推举时肩关节活动范围受限，无法完全向上抬起，甚至出现疼痛。

1.2 肩关节结构

肩关节复合体是肌肉骨骼系统中最大的运动复合体之一（图18–1），由盂肱关节、肩锁关节、胸锁关节、肩胛胸壁关节构成，它们相互配合完成正常肩部动作。但是，肩胛胸壁关节并不是真正解剖意义上的关节，只是代表肩胛骨前面在胸廓后面形成的连接，肩胛胸壁关节运动用于描述肩胛骨相对于胸廓后面的运动。

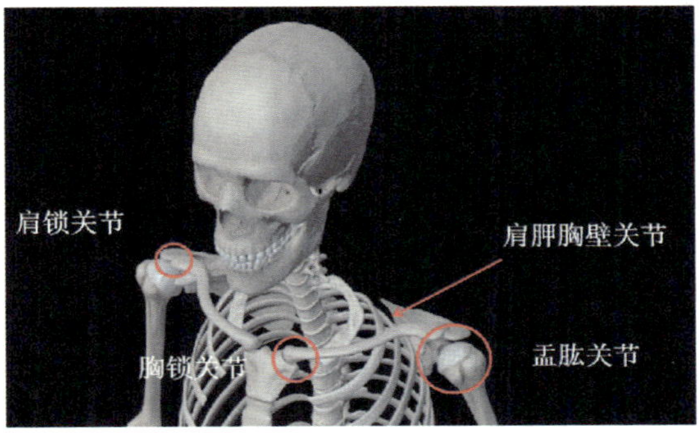

图18–1　肩关节复合体

1.3 肩外展运动

肩外展时，盂肱关节运动如图18–2所示，肱骨头向上转动的同时向下滑动，如果没有同步向下滑动，就会造成肱骨头上移而撞到肩峰。肱骨外旋，可使肱骨大结节避开与肩峰的完全撞击。在自然姿势下，肩胛骨和肱骨所在的平面与冠状面并不重合，即便肱骨充分外旋，在冠状面上外展仍可能出现撞击。在肩胛骨平面上外展时，肱骨大结节位于肩峰最高点的下方，此时无论肱骨处于内旋、中立还是外旋的状态，都可以完成完整的外展动作。

盂肱关节运动

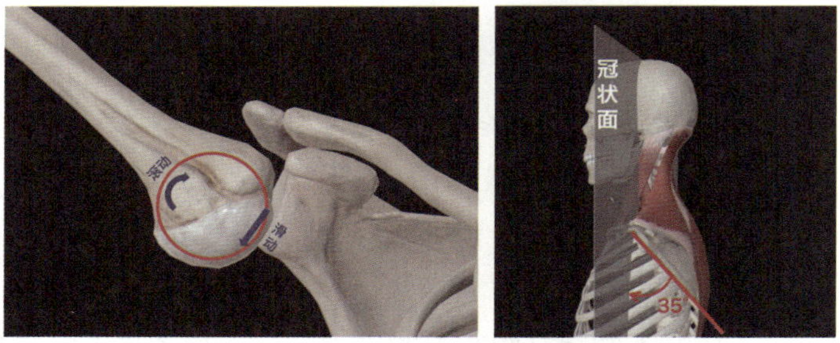

图18–2 盂肱关节运动

肩关节外展的正常关节活动度为180°，包括肱骨外展、肩胛骨上旋、锁骨上提和后旋等多种运动。盂肱关节运动和肩胛胸壁关节运动之间会出现近似2∶1的比率，这个比率被称为肩肱节律（图18–3）。

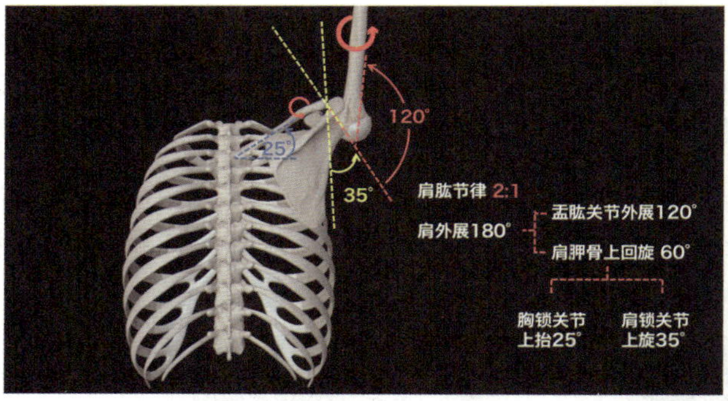

肩肱节律

图18–3 肩肱节律

肱骨外展是由盂肱关节完成的，外展肌为冈上肌、三角肌前束和中束，肩袖肌群为盂肱关节提供主要稳定力。肩袖肌群包括冈上肌、冈下肌、肩胛下肌和小圆肌，这四块肌肉环绕肱骨头（图18–4），冈上肌主动将肱骨头固定在关节盂内。

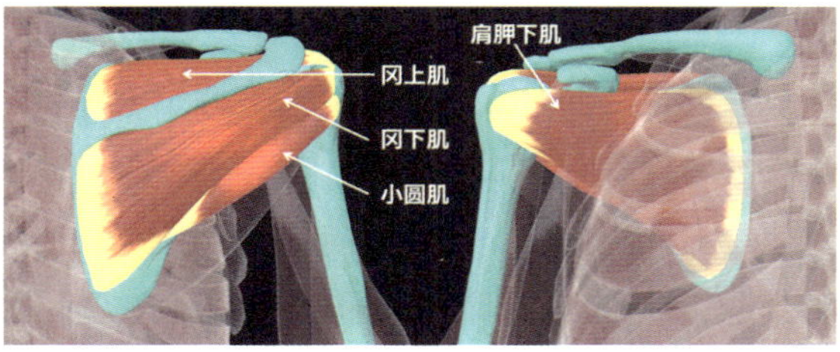

背面　　　　前面

图18-4　肩袖肌群

肩外展时肌肉运动如图18-5所示。小圆肌和冈下肌联合三角肌后束向外旋转肱骨头，小圆肌、冈下肌和肩胛下肌共同抑制三角肌向上牵拉肱骨，避免肱骨大结节撞击肩峰。此外，肩胛骨上回旋是肩关节外展的重要环节，是在前锯肌和斜方肌上束、斜方肌下束的共同作用下完成的。

肩外展时多肌肉协同	
肱骨外旋	小圆肌
	冈下肌
	三角肌后束
抑制三角肌向上拉肱骨	小圆肌
	冈下肌
	肩胛下肌
肩胛骨上回旋	前锯肌
	斜方肌上束
	斜方肌下束

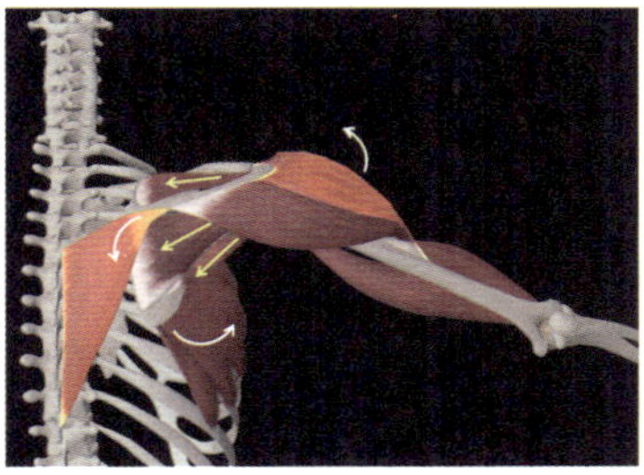

图18-5　肩外展肌肉运动

2. 实施评估筛查

通过问卷、谈话，结合医学检查结果，分析案例损伤史、医学检查情况和生活方式，并在此基础上进行姿势和功能检查，了解案例损伤类型和程度，为制订康复计划提供依据。请根据评估筛查结果填写肩峰下撞击综合症评估任务单（表18-1）。

2.1　倒罐试验

（1）被测试者自然站立，肩外展约90°，肩屈约30°至肩胛平面，肱骨充分内旋；

（2）测试者在被测试者腕部向下施力，以对抗被测试者肩外展；

（3）如肩前方疼痛或有无力感，则提示被测试者的冈上肌肌腱受到挤压或受损。（图18-6）

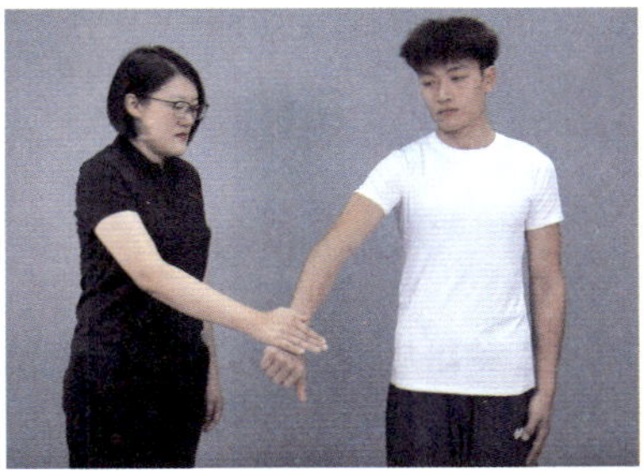

倒罐试验

图18-6　倒罐试验（空罐试验）

2.2 叶佳森试验

（1）被测试者呈坐姿，上臂紧贴身体，屈肘90°，手握拳，手背向上；

（2）被测试者用力做肱骨外旋和前臂旋后的动作；

（3）测试者在被测试者手腕背侧施以向内、向下的阻力，如果被测试者肩前方出现疼痛，即为阳性反应，表明其肱二头肌长头肌腱有损伤。（图18-7）

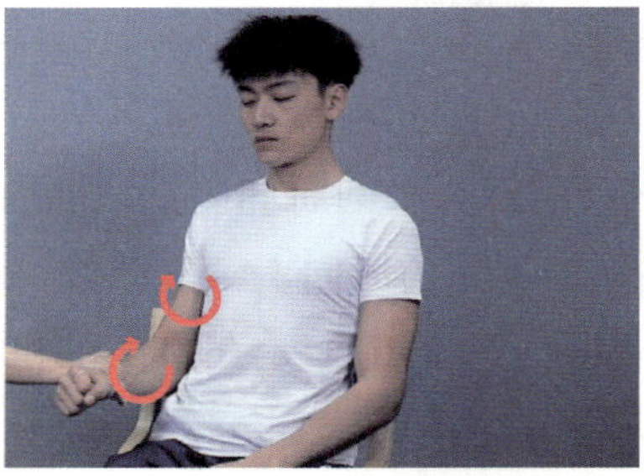

叶佳森试验

图18-7 叶佳森试验

3. 制订康复计划

通过分析肩峰下撞击综合征产生的原因，结合评估筛查情况，改善肩峰下撞击综合征的训练基本思路如图18-8所示。请根据评估筛查结果填写肩峰下撞击综合征运动康复计划制订与实施任务单（表18-2）。

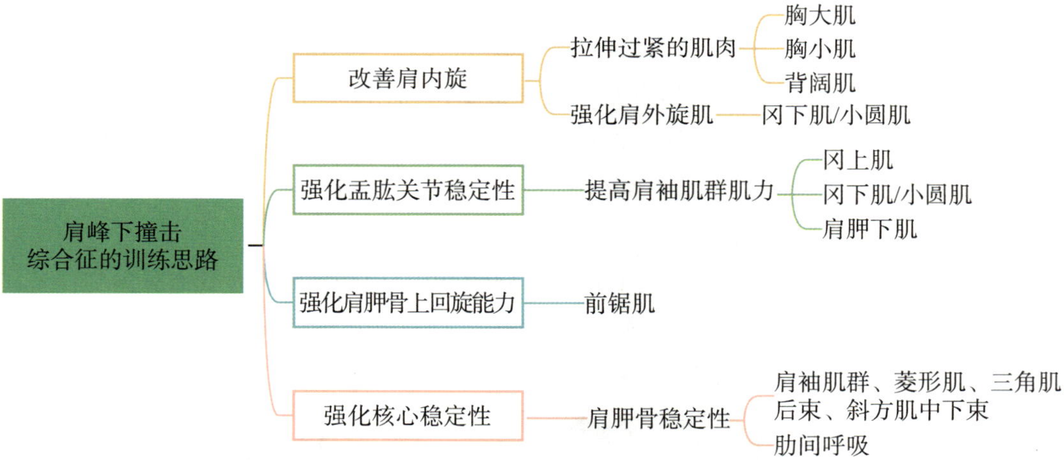

图18-8 改善肩峰下撞击综合征的训练思维导图

4. 指导康复训练

通过角色扮演（客户、教练员、助教员、会籍顾问等），根据评估结果进行康复训练指导。

4.1　改善肩内旋

指导康复训练

（1）胸大肌拉伸（图18–9、图18–10）。

面对墙壁或门框自然站立，手扶墙壁或门框，屈肘90°，肘略高于肩；同侧脚向前迈步；收紧核心，缓慢弯曲同侧腿，身体前倾，拉伸5～10秒。

进阶拉伸时，面向墙角站立，一脚踩在角落，双手和前臂抵住墙面，身体向墙角倾斜。

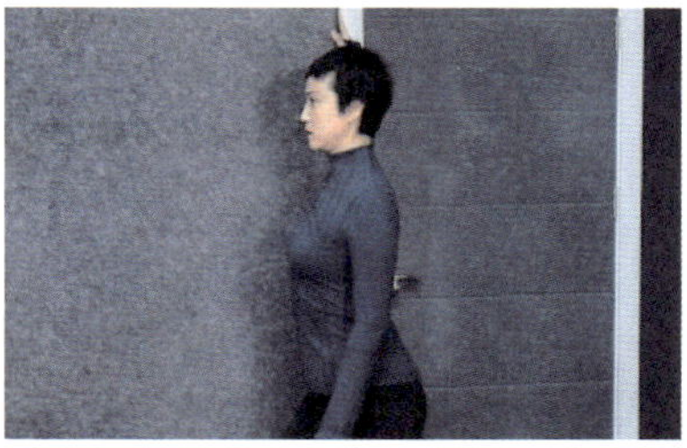

图18–9　胸大肌拉伸

图18–10　胸大肌拉伸（进阶）

（2）胸小肌拉伸（图18–11）。

面对墙壁或门框自然站立，手扶墙壁或门框，身体和上臂呈130°；同侧脚向前迈步；收紧核心，缓慢弯曲同侧腿，身体前倾，拉伸5～10秒。

（3）背阔肌拉伸（图18–12）。

跪姿，双腿与髋同宽，身体前倾，对侧手臂自然弯曲撑于垫面；拉伸侧向前伸展，远离腿部，拉伸15～30秒。

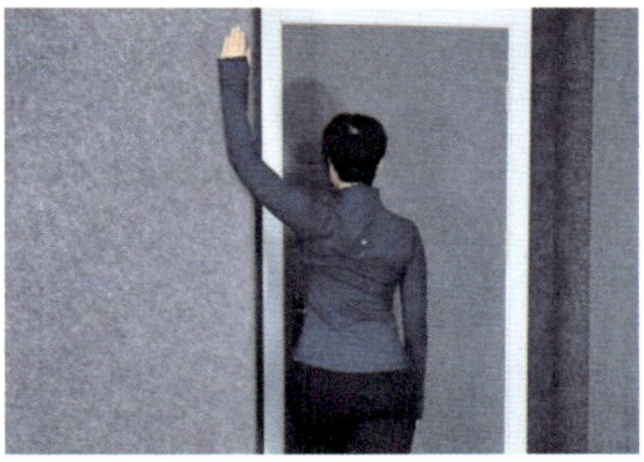

图18–11　胸小肌拉伸

图18–12　背阔肌拉伸

（4）冈下肌、小圆肌肌力训练（图18–13、图18–14）。

自然站立，拉伸侧屈肘90°，肘腰之间夹泡沫轴，拉伸侧手将拉弹力带从肚脐前方向外侧拉动。

进阶练习时，可选择招财猫式。

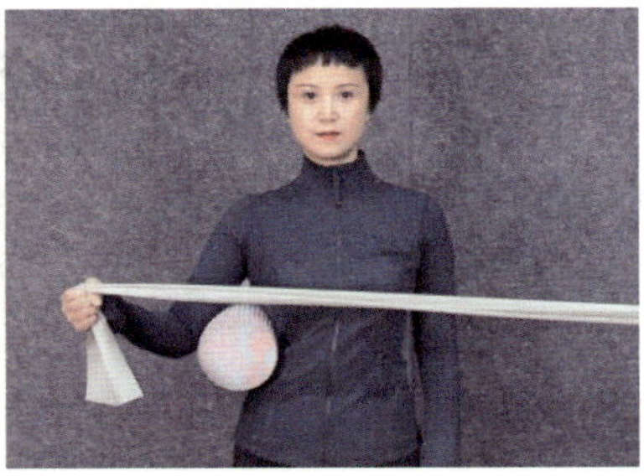

图18-13 冈下肌、小圆肌肌力训练

图18-14 招财猫式

4.2 强化盂肱关节稳定性

（1）冈上肌肌力训练（图18-15、图18-16）。

擦玻璃练习，对墙站立，拉伸侧肩外展90°、水平内收30°，屈肘90°，手掌和墙面之间夹纸，推动纸张向斜上方运动。

进阶练习时，可以手持小哑铃，在肩胛平面上推举。

图18-15 擦玻璃练习

图18-16 冈上肌肌力训练（进阶）

（2）肩胛下肌肌力训练（图18-17、图18-18）。

仰卧，拉伸侧上臂与身体夹角45°，肘关节下垫毛巾；手持小哑铃，肩内旋。

进阶练习时，自然站立，拉伸侧屈肘90°，肘腰之间夹泡沫轴，手握弹力带；保持上肢稳定，向弹力带反方向平移。

图18-17 肩胛下肌肌力训练

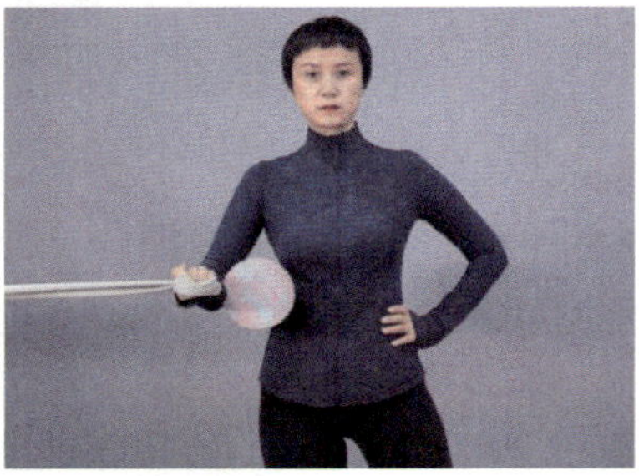

图18-18 弹力带反向平移

4.3　强化肩胛骨上回旋能力

对墙站立，屈肘，两手小鱼际紧贴墙面，向斜上45°方向运动。

进阶练习时，背靠墙面练习（图18-19、图18-20）。

图18-19　对墙肩胛骨上回旋

图18-20　靠墙肩胛骨上回旋

4.4　强化核心稳定性

双手置于两侧肋骨前。吸气，扩张胸腔，肋骨向两侧横向打开，腹部微收，肩部放松，胸廓不要前移；呼气，肋骨向中间收拢下滑，腹部持续用力收缩（图18-21）。

其余练习方法可参考任务十四。

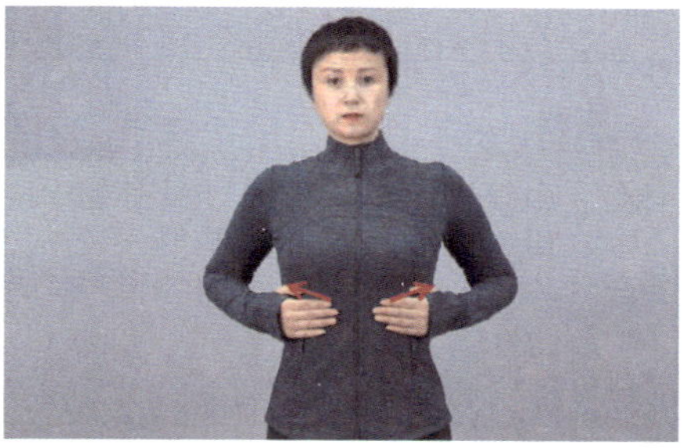

图18-21　肋间呼吸（横向呼吸）

5. 运用贴扎技术

通过角色扮演，演练肩部贴扎技术（表18-3至表18-5），并将贴扎方法填入肩峰下撞击综合征运动康复计划制订与实施任务单（表18-2）。

表18-3　冈上肌贴扎

步骤	准备工作	贴法
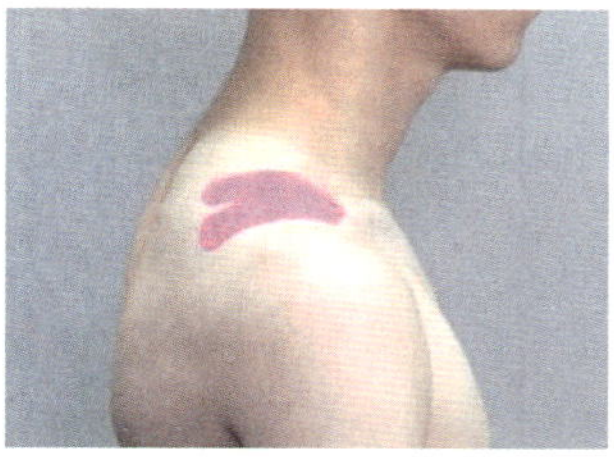	体位：中立位 形状：X形 数量：1	锚点：冈上肌靠近肩峰处 尾点：自然延伸 拉力：自然拉力

冈上肌贴扎

续表

步骤	准备工作	贴法
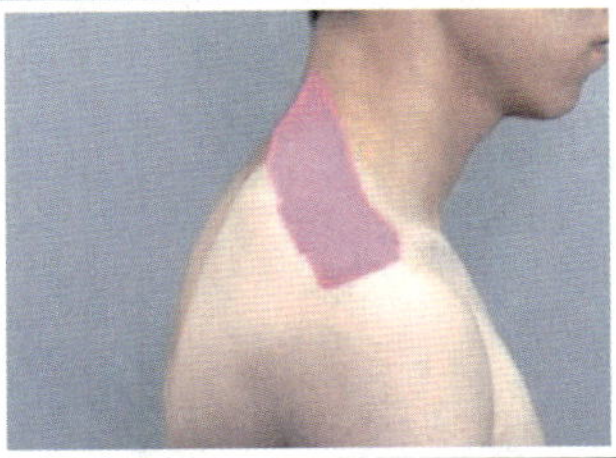	体位：中立位 形状：I形 数量：1	锚点：肱骨头大结节 尾点：颈椎棘突 拉力：自然拉力

表18-4　肱二头肌长头贴扎

步骤	准备工作	贴法
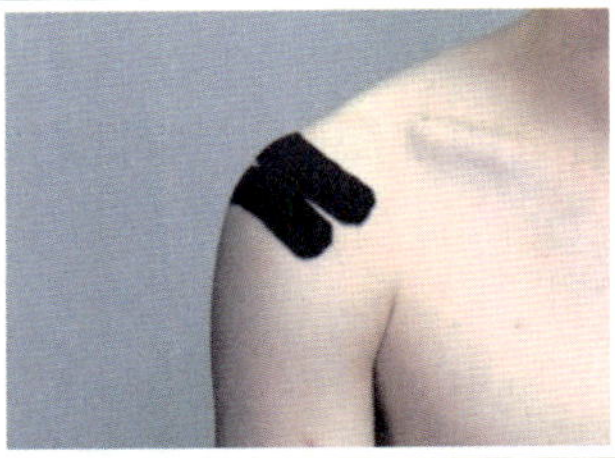	体位：中立位 形状：X形 数量：1	锚点：肩峰处 尾点：自然延伸 拉力：自然拉力
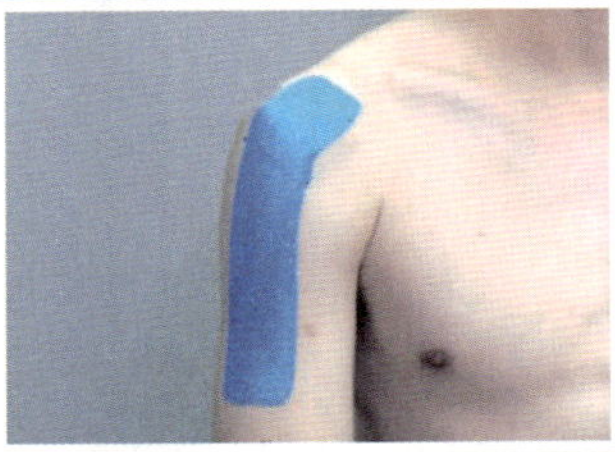	体位：中立位 形状：I形 数量：1	锚点：上臂外侧中段 尾点：肩峰 拉力：自然拉力
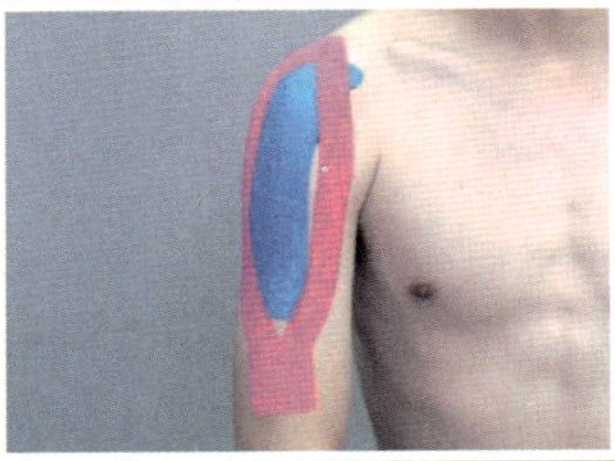	体位：中立位 形状：Y形 数量：1	锚点：上臂外侧中下段 尾点：肩峰 拉力：自然拉力

肱二头肌长头贴扎

表18-5　肩袖损伤伴肿胀贴扎

步骤	准备工作	贴法
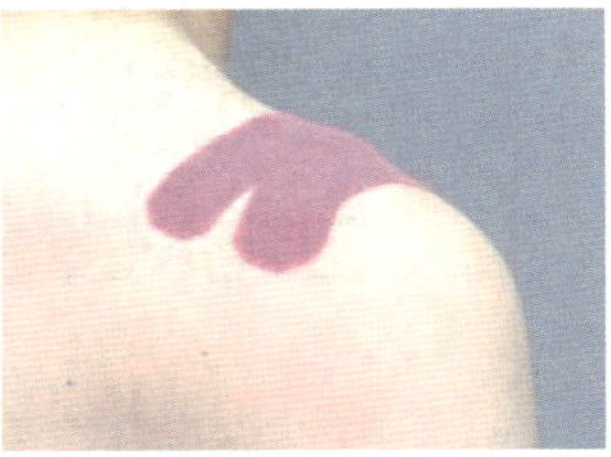	体位：中立位 形状：X形 数量：1	锚点：肩峰处 尾点：自然延伸 拉力：自然拉力

肩袖损伤伴肿胀贴扎

续表

步骤	准备工作	贴法
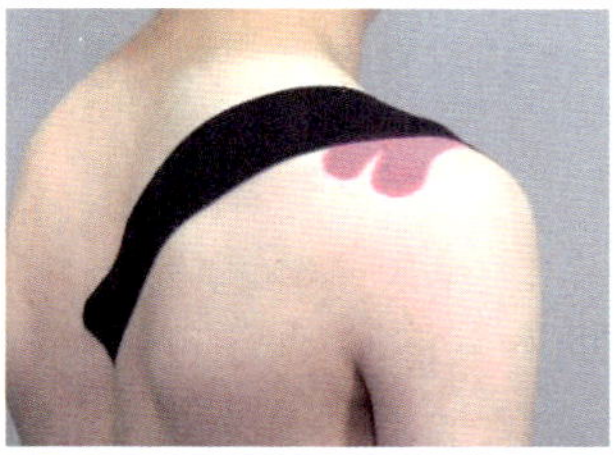	体位：中立位 形状：I形 数量：1	锚点：喙突 尾点：6～7胸椎棘突处 拉力：自然拉力
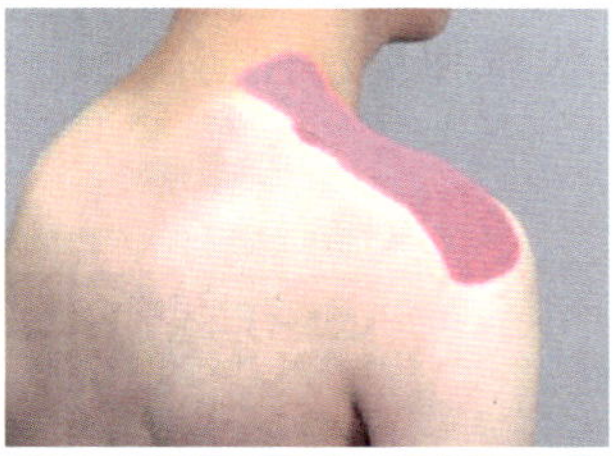	体位：中立位 形状：I形 数量：1	锚点：肱骨大结节 尾点：肩胛骨上角 拉力：自然拉力
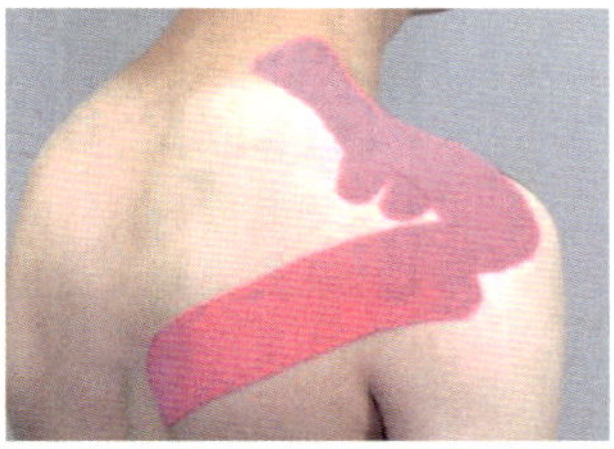	体位：中立位 形状：I形 数量：1	锚点：肩胛骨外侧缘中段 尾点：肩峰、肩胛骨下角 拉力：自然拉力
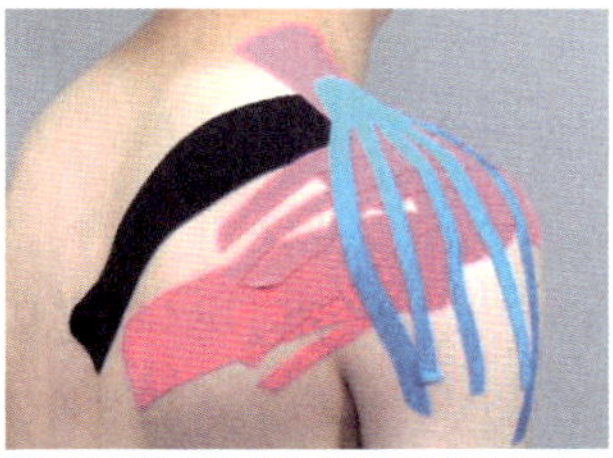	体位：中立位 形状：爪形 数量：2	锚点：喙突、冈上肌中段 尾点：肩外后侧，覆盖肿胀部位 拉力：自然拉力

6. 生活管理教育

请根据案例生活方式，以角色扮演的形式模拟生活管理教育，并将生活管理要点填入肩峰下撞击运动康复计划制订与实施任务单（表18–2）。

不少肩痛常常被误诊为肩周炎。实际上，肩袖损伤和肩峰下撞击综合征占肩痛的一半以上，是肩痛最常见的病因。肩峰下撞击综合征通常由肩部肌肉无力、不良姿势和运动项目或动作的性质引起。生活中应注意提高肩部力量，避免圆肩等不良姿势，肩推练习时应注意正确的方法。

6.1 圆肩

盂肱关节主要的内旋肌是大圆肌、胸大肌、肩胛下肌、背阔肌和三角肌前束，这些肌肉也多是肩关节的伸肌和内收肌。盂肱关节主要的外旋肌是小圆肌、冈下肌和三角肌后束，这些肌肉比内旋肌小，数量也比内旋肌少。这种肌肉分布特点，有利于更好地完成功能性动作，例如抱起箱子。但是这种天然的肌肉不平衡，也会让人体趋于不良的前倾、圆肩姿势，使较弱的外旋肌更容易受伤。

6.2 翼状肩胛

前锯肌是唯一能让肩胛骨前伸的肌肉，与斜方肌上束、斜方肌下束像转动方向盘一样，拉动肩胛骨上旋（图18–22）。如果前锯肌无力，肩胛骨内侧边缘将不能贴紧胸廓，使肩胛骨呈现一种翘起来的状态，像鸟的翅膀，所以这种情况被称为翼状肩胛。这种情况下，肩胛骨不能充分上旋，容易出现肩峰下撞击综合征。

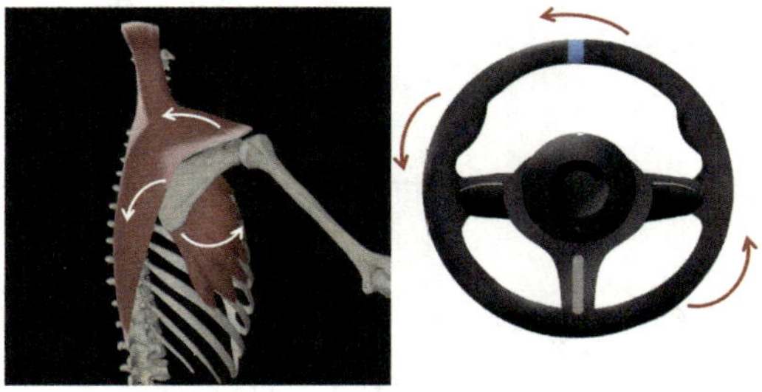

翼状肩胛

图18–22 前锯肌和斜方肌上束、斜方肌下来的力偶

6.3 肩推练习与肩痛

过头肩推是肩部训练的经典方法，可以很好地锻炼三角肌，尤其是三角肌中束。如果进行过头肩推训练时动作不正确或者在不稳定的姿势下做过头伸够动作，可能引起肩峰下撞击。

进行过头肩推动作的练习时，双手在颈前抓紧杠铃杆，让肩外展在肩胛平面上完成，想象双手向前用力掰断杠铃杆的感觉，这时，肘关节向前移动并互相靠近，肩关节自然呈现外旋状态，可以减少冈上肌肌腱损伤（图18–23）。在所有需要将重物举过头顶的动作中，都可以使用这种方法。

图18–23 过头肩推练习动作

◆ 思政园地

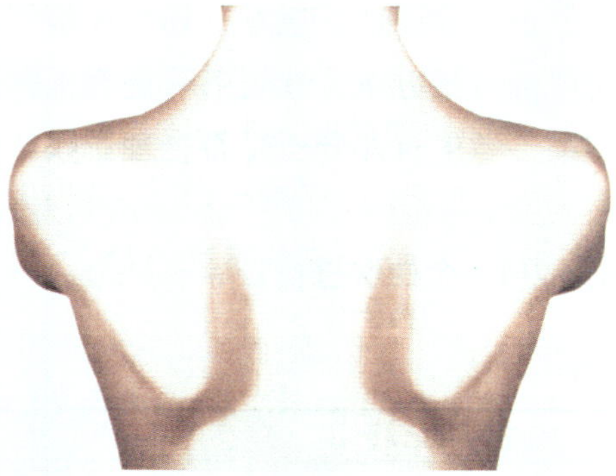

健康之美

翼状肩胛有时被称为“蝴蝶骨”，有些人甚至认为这样才是好看的，或者追求这种体态。从功能和健康来说，翼状肩胛会限制肩胛骨上回旋，进而影响肩部的整体活动。我们应该持有健康的审美价值取向，真正的美应该是健康之美。

任务评价

1. 实训评价

学生根据实训评价标准，自评、互评实训成果和实训表现（表18-6）。评分时，先确定评价等级，再从相应的等级中勾选相应的分数。

表18-6　实训评价标准

评价内容	评价指标	评价等级					
		✿		✿✿		✿✿✿	
筛查评估（12分）	基本资料评估全面、准确	1		2		3	
	健康状态评估全面、准确	1		2		3	
	生活方式评估全面、准确	1		2		3	
	姿势、功能评估全面、准确	1		2		3	
康复计划制订（40分）	目标明确、周期合理	5	6	7	8	9	10
	训练形式、内容科学	5	6	7	8	9	10
	训练强度、难度适宜	5	6	7	8	9	10
	防护与安全教育有效	5	6	7	8	9	10
康复计划实施（40分）	穿着合适、体型健康	5	6	7	8	9	10
	指导方法科学、保护帮助可靠	5	6	7	8	9	10
	示范规范、纠错及时准确	5	6	7	8	9	10
	贴扎熟练、安全教育恰当	5	6	7	8	9	10
团队配合（8分）	分工合理、精神饱满、感染力强	1		2		3	
	场地布置合理，器材准备完善	1		2		3	
	现代化手段运用，思政元素融入	0		1		2	
总分							

2. 学习评价

学生自评、小组互评，评价自己是否完成学习，是否完成评估、康复计划、评价等实训成果资料，实训任务有无遗漏。老师对学生进行的评价包括方案、计划书写是否工整规范，报告成果是否出自实训、是否真实合理且阐述详细，学生自评分析是否合理、收获体会是否深刻，个人能力是否得到提升。（表18–7）

评价按照A（优秀）、B（良好）、C（合格）、D（努力）4个档次进行。

表18–7 学习评价表

任务	完成情况记录
相关理论学习情况	
技能训练情况	
任务完成情况	
任务创新情况	
成果上交情况	
收获	

3. 知识测评

（1）[判断题]冈上肌肌腱炎可用倒罐试验进行排查。（ ）

（2）[判断题]小圆肌可使肩关节内旋。（ ）

（3）[判断题]肩关节伸主要肌群有背阔肌、三角肌后束、冈下肌、小圆肌、大圆肌、肱二头肌长头。（ ）

（4）[单选题]出现肩峰下撞击综合征时，最易受到挤压的是（ ）。

A.大圆肌肌腱 B.肱二头肌长头肌腱 C.冈上肌肌腱 D.冈下肌肌腱

（5）[单选题]可绕三个基本轴运动的关节是（ ）。

A.肩关节 B.膝关节 C.肘关节 D.桡腕关节

（6）[单选题]锻炼三角肌的练习方法有（ ）。

A.引体向上 B.杠铃站立提拉 C.直腿硬拉 D.哑铃站立前平举

（7）[多选题]圆肩驼背的人群建议进行拉伸（ ）。

A.胸大肌 B.斜角肌 C.上斜方肌 D.下斜方肌

（8）[多选题]背阔肌的功能有（ ）。

A.使上臂伸 B.使上臂屈 C.使上臂内收 D.使上臂内旋

（9）[多选题]过头举重时，不容易发生肩峰下撞击综合征的技术有（ ）。

A.颈前推举 B.颈后推举 C.肘关节靠近 D.肘关节远离

（10）[多选题]对肩胛骨稳定性产生影响的后侧肌肉有（ ）。

A.斜方肌上束 B.斜方肌中束 C.斜方肌下束 D.菱形肌

（11）[多选题]手放在颈后的动作，包含了肩关节的哪些运动？（　　）

A. 屈曲　　B. 外展　　C. 外旋　　D. 内收

（12）[多选题]肩关节外展中伴随了哪些运动？（　　）

A. 肩胛骨上回旋　　B. 锁骨上抬　　C. 锁骨旋前　　D. 锁骨旋后

扫码答题

任务十九
肱骨外上髁炎的康复与防护

情景导入

曹教练是体能康复中心的私人教练员，会员孙女士在该中心参加健身训练，近期发现右侧手臂酸痛，被诊断为肱骨外上髁炎。请你帮助曹教练进一步评估孙女士的健康状况，并为其制订康复计划解决肱骨外上髁炎的问题。孙女士的情况如下。

孙某，女，40岁，国企行政人员，坚持规律运动20多年，乐于尝试各种运动项目，参加攀岩运动约半年。近2～3个月以来，右侧手臂酸痛，提重物时无力，肘关节外侧疼痛，不能进行攀岩活动。

【医学检查情况】

身高：165cm；体重：64kg；心率：71次/分；血压：115/80mmHg；脉搏节律正常；心脏听诊无异常；安静心电图正常。

【姿势及功能检查情况】

肱骨外上髁压痛；网球肘测试为阳性。

任务要求

任务类型	肱骨外上髁炎的康复与防护	学习维度		
		识记	理解	应用
学习任务	主要腕伸肌肉功能	★		
	桡神经在前臂的走向	★		
	肱骨外上髁炎评估检查方法	★		
	康复训练方法、贴扎技术和生活管理策略		★	
实训任务	识读、评估案例并设计康复计划			★
	指导案例康复训练，实施贴扎技术			★
	开展运动防护教育			★
个人目标				

任务说明

识读案例，分析损伤原因，通过小组协作和角色扮演（客户、教练员、助教员、会籍顾问等）填写、汇报肱骨外上髁炎评估任务单（表19-1）和肱骨外上髁炎运动康复计划制订与实施任务单（表19-2），模拟康复训练指导、实施贴扎技术和生活管理教育。

表19-1 肱骨外上髁炎评估任务单

姓名：		年龄：		性别：		BMI：	
损伤史							
医学诊断：				相关损伤史：			
疼痛位置、时长：							
客户目标：							
生活方式							
职业特点：				运动习惯：			
睡眠情况：				吸烟饮酒：			
膳食营养：							
医学检查							
心率：				血压：			
血脂：				血糖：			
其他：							
姿势/动作检查							
检查名称：				结果：			
短期目标（ ~ 周）							
中期目标（ ~ 周）							
长期目标（ ~ 周）							

表19-2 肱骨外上髁炎运动康复计划制订与实施任务单

第一阶段（ ~ 周）		
目标：		频率：
监控：		时间：
部位（内容）	动作	安排（强度/次数/组数）
第二阶段（ ~ 周）		
目标：		频率：
监控：		时间：
部位（内容）	动作	安排（强度/次数/组数）
第三阶段（ ~ 周）		
目标：		频率：
监控：		时间：
部位（内容）	动作	安排（强度/次数/组数）
贴扎		
生活管理教育		

任务准备

1. 阅读任务说明，识读案例。
2. 观看“肱骨外上髁炎”相关的线上资源。
3. 收集肱骨外上髁炎运动康复与防护的知识。
4. 结合肱骨外上髁炎运动康复与防护的知识与技能要求，总结难点和常见问题。

任务实施

1. 认识损伤原因

网球肘病因

腕伸肌群运动

肱骨外上髁炎又称网球肘，是常见的过劳伤。除了网球运动，乒乓球运动、羽毛球运动、垒球运动、体操、攀岩、投掷、击剑运动也可能引起这种损伤。厨师、小提琴手、建筑工人等职业，经常进行器械操作、手工劳作等动作，同样可能引发肱骨外上踝炎。

1.1 肱骨外上髁炎的表现

肱骨外上踝炎多发于30～54岁人群，会出现肘外侧疼痛，且疼痛在夜间会加重，还可能沿着手臂向上或向下辐射，会逐渐感到腕部软弱无力，严重时难以完成拿杯子、转动门把手、拧毛巾等日常动作。

1.2 主要腕伸肌

肱骨外上髁炎主要由于过度伸展腕部，导致前臂伸肌肌腱在肱骨外上髁附着处产生退行性改变。主要腕伸肌包括桡侧腕短伸肌、桡侧腕长伸肌和指伸肌（图19–1）。这些肌肉的肌腹位于前臂后面，受桡神经支配，肱骨外上髁是它们的肌腱起点。

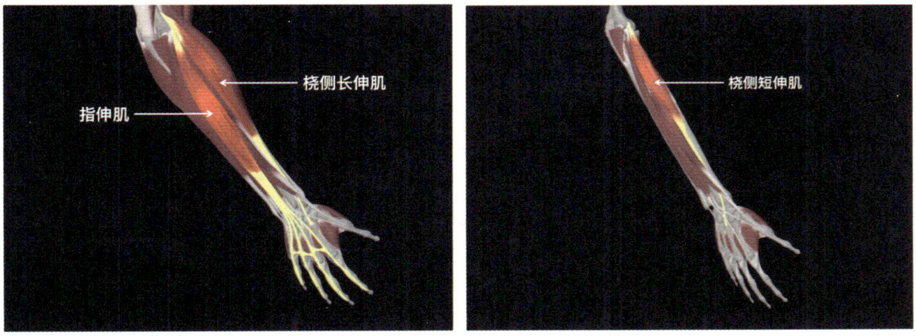

图19–1　主要腕伸肌

桡神经始于腋动脉后方，在肱骨外上髁上方穿过肱肌与肱桡肌之间，再下行于肱桡肌和桡侧腕长伸肌之间（图19–2）。肱骨外上髁的肌腱磨损和肌肉张力的改变可能会压迫桡神经，引起发麻和疼痛，并经前臂外侧向下扩散，甚至到达手腕。

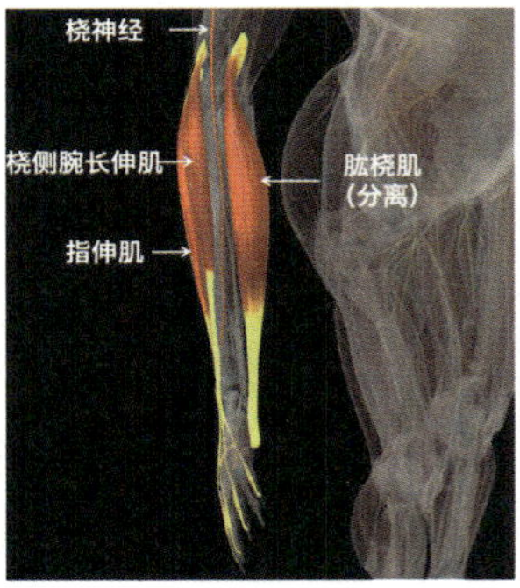

图19–2 桡神经（前臂段）

2. 实施评估筛查

通过问卷、谈话，结合医学检查结果，分析案例损伤史、生活方式，并在此基础上进行评估检查，了解案例损伤类型和程度，为制订康复计划提供依据。请根据评估检查结果填写案例肱骨外上髁炎评估任务单（表19–1）。

网球肘试验（图19–3）

（1）被测试者处坐姿，肘屈约90°，前臂旋前，手指屈曲，伸腕；

（2）测试者在被测试者手背处对抗被测试者腕伸，同时触诊肱骨外上髁；

（3）如出现外上髁疼痛即阳性，提示出现网球肘。

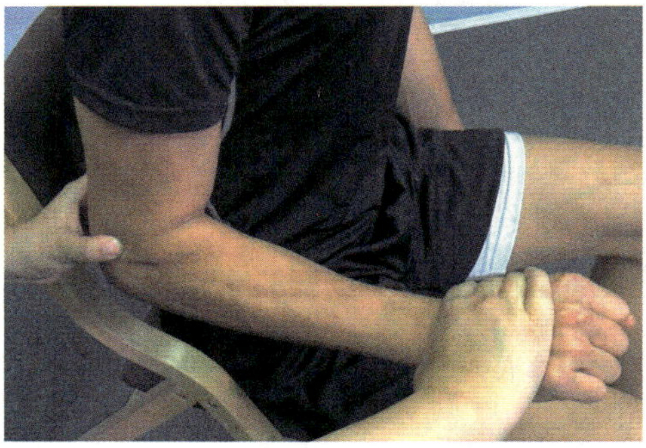
图19–3 网球肘试验

网球肘试验

3. 制订康复计划

通过分析肱骨外上髁炎产生的原因，结合评估筛查情况，改善肱骨外上髁炎的基本训练思路如图19–4所示，请根据评估筛查结果填写肱骨外上髁炎运动康复计划制订与实施任务单（表19–2）。

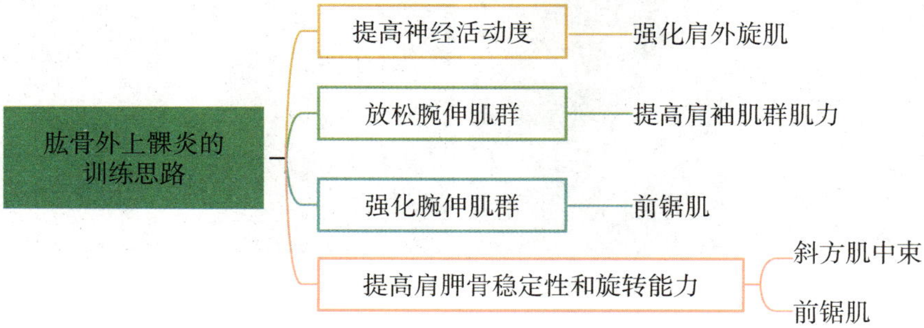

图19–4 改善肱骨外上髁炎的训练思维导图

4. 指导康复训练

指导康复训练

通过角色扮演（客户、教练员、助教员、会籍顾问等），根据评估结果进行训练指导。

4.1 桡神经活动练习

（1）桡神经滑动（图19–5）。

仰卧，头部轻微垫起，训练侧上肢与躯干夹角约30°；头向同侧旋，腕屈；头向对侧旋，腕伸。

（2）桡神经牵拉（图19–6）。

仰卧，头部轻微垫起，训练侧上肢与躯干夹角约30°；头向对侧屈，腕屈；头向同侧屈，腕伸。

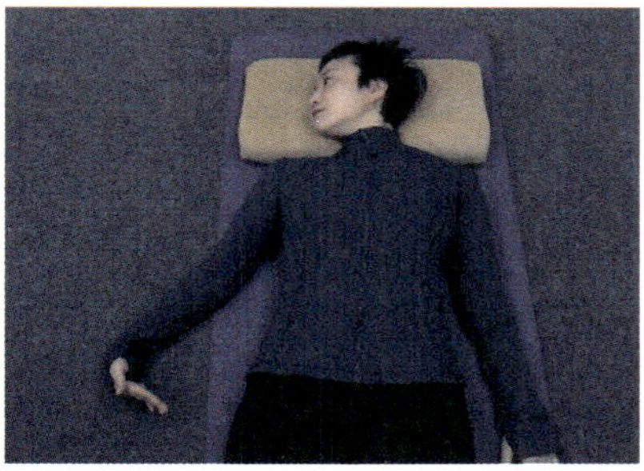

图19–5　桡神经滑动

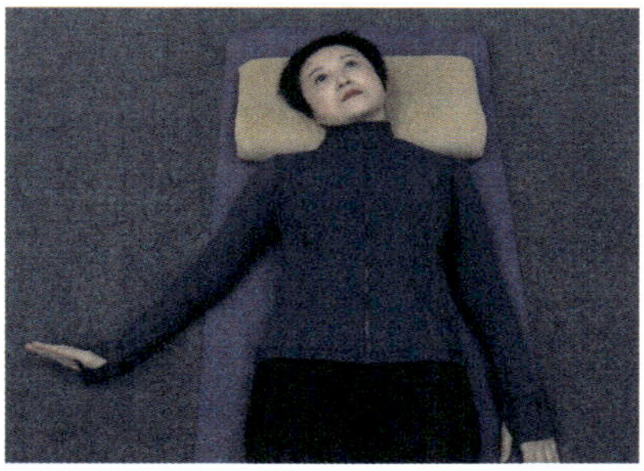

图19–6　桡神经牵拉

4.2 腕伸肌群拉伸（图19–7、图19–8）

自然站立，拉伸侧手臂前平举，前臂内旋；屈腕，另一侧手抓拉伸侧手朝身体方向拉，保持10～15秒。

进阶拉伸时，四足位，双手与肩同宽，屈腕，手背朝下，双臂伸直，臀部朝脚跟下压。

图19–7　站姿腕伸肌群拉伸

图19–8　跪姿腕伸肌群拉伸

4.3 腕伸肌群肌力训练

（1）哑铃腕伸（图19–9）。

训练侧手臂的前臂放在桌面上，手心向下，手持1～2kg的哑铃；另一侧手按压于训练侧手腕处以固定前臂；训练侧手臂缓慢伸腕，抬起哑铃，坚持3～5秒，再缓慢放下。

（2）腕部回旋练习（图19–10）。

木棒中间悬吊哑铃或重物，两手转动木棒，将重物由下向上卷，再由上向下放。负重从2～3kg开始。

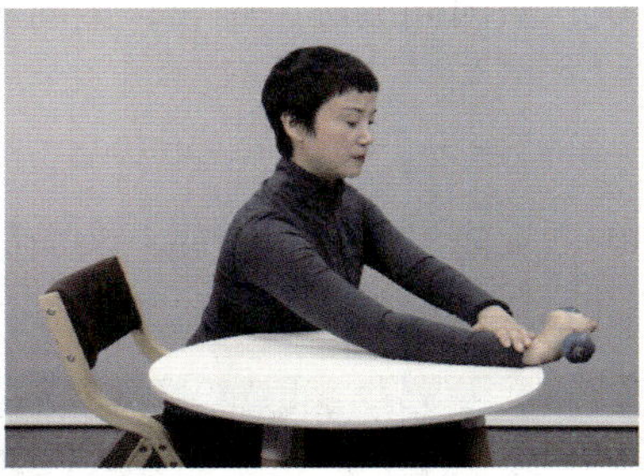

图19–9 哑铃腕伸

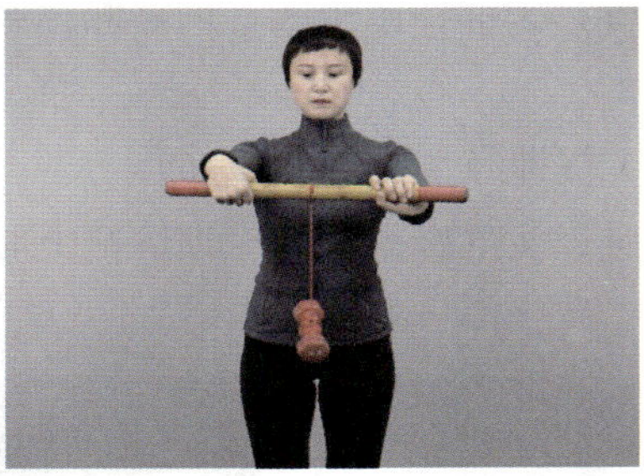

图19–10 腕部回旋练习

4.4 肩胛稳定性和旋转能力训练

（1）斜方肌中束强化训练（图19–11至图19–14）。

跪坐在垫面，肩屈约90°，躯干正直；呼气，肘关节向躯干后方移动，双手与腰部同高，双臂紧贴躯干；吸气，还原。

进阶练习时，可将肘关节伸直，或对抗弹力带练习。

图19–11 坐姿徒手划船

图19–12 徒手直臂肩胛骨后缩

图19–13 坐姿弹力带划船

图19–14 弹力带直臂肩胛骨回缩

（2）前锯肌强化训练（图19–15、图19–16）

四足支撑，脊柱中立位；吸气，肋骨向两侧打开；呼气，收缩腹部，尾骨向内卷，拱起背部，保持8～10秒；吸气，从尾骨开始反卷，两肩胛骨靠近，抬头，胸骨尽量与垫面垂直，维持8～10秒。

进阶练习时，四足支撑，双脚脚趾点地，让双膝抬离地面约5～8cm。

图19–15　猫式伸展

图19–16　四足支撑抬膝

5. 运用贴扎技术

通过角色扮演，演练肱骨外上髁炎贴扎技术（表19–3），并将贴扎方法填入肱骨外上髁炎运动康复计划制订与实施任务单（表19–2）。

表19–3　肱骨外上髁炎贴扎

步骤	准备工作	贴法
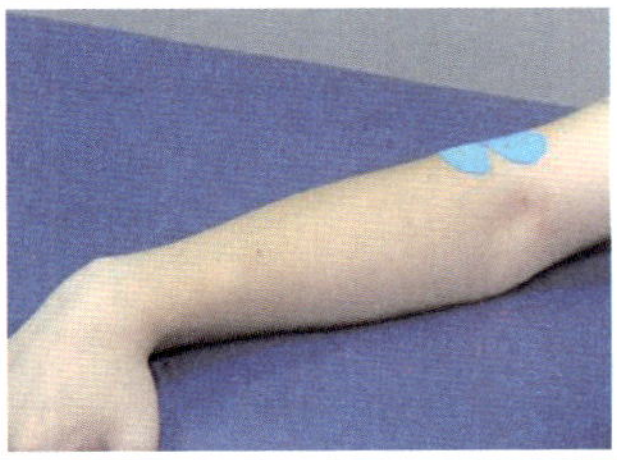	体位：屈肘、屈腕 形状：X形 数量：1	锚点：肱骨外上髁 尾点：自然延伸 拉力：自然拉力
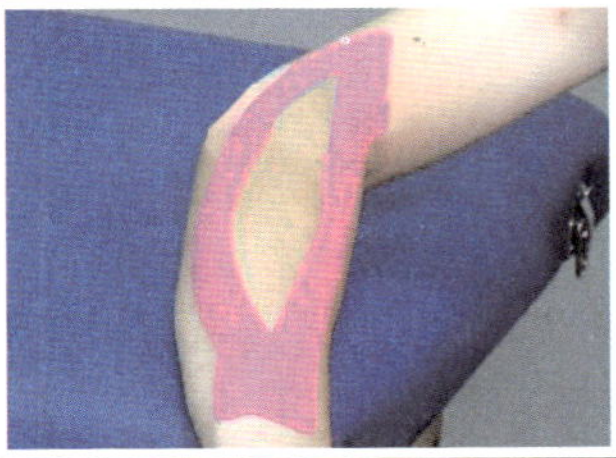	体位：屈肘、屈腕 形状：Y形 数量：1	锚点：手腕背侧 尾点：肱骨外上髁 拉力：自然拉力

肱骨外上髁炎贴扎

6. 生活管理教育

请根据案例生活方式，以角色扮演的形式模拟生活管理教育，并将生活管理要点填入肱骨外上髁炎运动康复计划制订与实施任务单（表19–2）。

肘关节和前臂组成复合体，完成日常各项活动的动作，比如进食、梳洗、伸手、投掷、推拉等。在日常生活中应注意调整和避免容易引起肱骨外上髁炎的抓握活动。

◆ 思政园地

“妈妈肘”

除了运动中的损伤，提重物、拧毛巾、炒菜、揉面、拖地、抱孩子、手洗衣物等家务劳动都需要反复伸腕，也易造成网球肘。在家庭中，女性通常承担了更多的家务劳动，所以网球肘也被称为“妈妈肘”。勤劳是中华民族的传统美德，每个人都应该加强劳动意识，尊重劳动，培养积极的劳动态度和良好的劳动习惯，请和家庭成员一起主动承担家务劳动，一起参与锻炼！

任务评价

1. 实训评价

学生根据实训评价标准，自评、互评实训成果和实训表现（表19-4）。评分时，先确定评价等级，再从相应的等级中勾选相应的分数。

表19-4 实训评价标准

评价内容	评价指标	评价等级					
		✿		✿✿		✿✿✿	
筛查评估（12分）	基本资料评估全面、准确	1		2		3	
	健康状态评估全面、准确	1		2		3	
	生活方式评估全面、准确	1		2		3	
	姿势、功能评估全面、准确	1		2		3	
康复计划制订（40分）	目标明确、周期合理	5	6	7	8	9	10
	训练形式、内容科学	5	6	7	8	9	10
	训练强度、难度适宜	5	6	7	8	9	10
	防护与安全教育有效	5	6	7	8	9	10
康复计划实施（40分）	穿着合适、体型健康	5	6	7	8	9	10
	指导方法科学、保护帮助可靠	5	6	7	8	9	10
	示范规范、纠错及时准确	5	6	7	8	9	10
	贴扎熟练、安全教育恰当	5	6	7	8	9	10
团队配合（8分）	分工合理、精神饱满、感染力强	1		2		3	
	场地布置合理，器材准备完善	1		2		3	
	现代化手段运用，思政元素融入	0		1		2	
总分							

2. 学习评价

学生自评、小组互评，评价自己是否完成学习，是否完成评估、康复计划、评价等实训成果资料，实训任务有无遗漏。老师对学生进行的评价包括方案、计划书写是否工整规范，报告成果是否出自实训、是否真实合理且阐述详细，学生自评分析是否合理、收获体会是否深刻，个人能力是否得到提升。(表19–5)

评价按照A（优秀）、B（良好）、C（合格）、D（努力）4个档次进行。

表19–5　学习评价表

任务	完成情况记录
相关理论学习情况	
技能训练情况	
任务完成情况	
任务创新情况	
成果上交情况	
收获	

3. 知识测评

（1）[判断题]经常伸展腕关节，尤其是用力伸腕的同时做前臂旋前、旋后就易于引起肱骨外上髁炎。(　　)

（2）[判断题]网球肘的表现是肱骨内上髁痛。(　　)

（3）[单选题]外侧髁痛试验可用于（　　）的诊断。

A.肘内侧副韧带拉伤　　B.肘外侧副韧带拉伤　　C.高尔夫球肘　　D.网球肘

（4）[多选题]网球肘发生的原因包括（　　　　）。

A.前臂伸肌力量不足　　B.前臂屈肌力量不足

C.技术动作错误　　D.热身和放松不足

（5）[多选题]网球肘康复时可以着重进行（　　　　）训练。

A.腕伸肌群放松　　B.腕屈肌群放松　　C.腕伸肌力练习　　D.腕屈肌力练习

（6）[多选题]网球肘的多发人群有（　　　　）。

A.体育爱好者　　B.专业运动员　　C.家庭主妇　　D.无运动习惯人群

扫码答题

任务二十
腕管综合征的康复与防护

情景导入

江教练是某高尔夫球俱乐部的教练员，训练中发现会员梁女士存在腕管综合征的问题，请你帮助江教练进一步评估梁女士的健康状况，并为其制订康复计划以解决腕管综合征的问题。梁女士的情况如下。

梁某，女，50岁，私营企业高管。喜爱参加各类体育活动，每月参加1～2次高尔夫球运动。近1个月来，手指麻木、疼痛，挥杆时握杆无力。

【医学检查情况】

身高：163cm；体重：60kg；心率：75次/分；血压：115/75mmHg；脉搏节律正常；心脏听诊无异常；安静心电图正常。

【姿势及功能检查】

腕部叩击试验为阳性。

任务要求

任务类型	腕管综合征的康复与防护	学习维度		
		识记	理解	应用
学习任务	腕管结构与内容物	★		
	正中神经支配区域与肌肉功能	★		
	腕管综合征检查方法	★		
	康复训练方法、贴扎技术和生活管理策略		★	
实训任务	识读、评估案例并设计康复计划			★
	指导案例康复训练，实施贴扎技术			★
	开展运动防护教育			★
个人目标				

任务说明

识读案例，分析损伤原因，通过小组协作和角色扮演（客户、教练员、助教员、会籍顾问等）填写、汇报腕管综合征评估任务单（表20–1）和腕管综合征运动康复计划制订与实施任务单（表20–2），模拟康复训练指导、实施贴扎技术和生活管理教育。

表20–1 腕管综合征评估任务单

姓名：		年龄：		性别：		BMI：	
损伤史							
医学诊断：				相关损伤史：			
疼痛位置、时长：							
客户目标：							
生活方式							
职业特点：				运动习惯：			
睡眠情况：				吸烟饮酒：			
膳食营养：							
医学检查							
心率：				血压：			
血脂：				血糖：			
其他：							
姿势/动作检查							
检查名称：				结果：			
短期目标（ ~ 周）							
中期目标（ ~ 周）							
长期目标（ ~ 周）							

表20-2 腕管综合征运动康复计划制订与实施任务单

第一阶段（ ~ 周）		
目标：		频率：
监控：		时间：
部位（内容）	动作	安排（强度/次数/组数）
第二阶段（ ~ 周）		
目标：		频率：
监控：		时间：
部位（内容）	动作	安排（强度/次数/组数）
第三阶段（ ~ 周）		
目标：		频率：
监控：		时间：
部位（内容）	动作	安排（强度/次数/组数）
贴扎		
生活管理教育		

任务准备

1. 阅读任务说明，识读案例。
2. 观看“腕管综合征”相关的线上资源。
3. 收集腕管综合征运动康复与防护的知识。
4. 结合腕管综合征运动康复与防护的知识与技能要求，总结难点和常见问题。

任务实施

1. 认识损伤原因

腕管综合征是以正中神经在腕管内受压而引起的手指麻木等为主要症状表现的综合征。

腕管综合征

1.1 腕管综合征的表现

腕管综合征发病最常见的原因是腕部的过度使用。例如，在自行车这种需要腕部支撑的运动中，以及在高度用手的乒乓球、高尔夫球、帆板等运动中较为常见。程序员、木工、厨师等从业人员的手腕长时间处于非中立位，也会增加腕管综合征的风险。一般表现为拇指、食指、中指和环指出现感觉异常、麻木、刺痛。抓握时可能有鱼际肌无力的感觉，甚至可能发展至鱼际隆起萎缩。

1.2 腕管结构及其内容物

腕关节由8块位于桡骨远端和手之间的骨组成（图20–1）。腕部主要包括桡腕关节、腕中关节和腕掌关节。腕关节可以完成屈曲、伸展，尺侧偏和桡侧偏等运动。

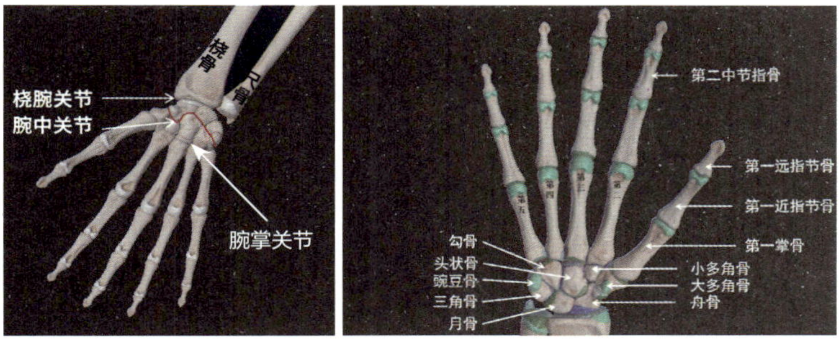

图20–1　腕关节与腕、手部骨骼

腕关节与腕、手部骨骼

腕管在手腕掌侧，是腕骨和腕横韧带构成的狭窄通道，1条神经和9条肌腱穿行其中，它们分别是1条正中神经，1条拇长屈肌腱、4条指浅屈肌腱和4条指深屈肌腱。（图20–2）

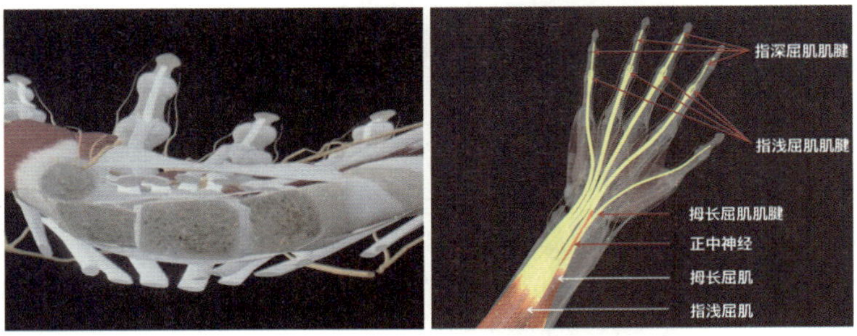

图20-2 腕管和腕管内容物

当腕部外伤、骨折、脱位、扭伤或劳损时，引起腕横韧带增厚或管内肌腱肿胀、膨大使腕管相对变窄，或腕骨退变增生，从而管腔内周径缩小，腕管内容积减少或压力增高，使正中神经在腕管内受压。另外，腕部外伤、骨折、脱位、扭伤或劳损时，也可能引起腕管内骨性结构异常，卡压正中神经。

1.3 正中神经支配的区域

正中神经沿着肱二头肌内侧行走到肘窝时，穿过旋前圆肌，从前臂中间达到腕管，在手掌分支（图20-3）。当正中神经受到挤压时，桡侧3～4个手指会出现麻木、疼痛，夜间或清晨较为明显，甚至会从睡眠中痛醒，压迫或叩击腕横韧带、背伸腕关节时疼痛感加重，局部疼痛感常放射到肘部及肩部。

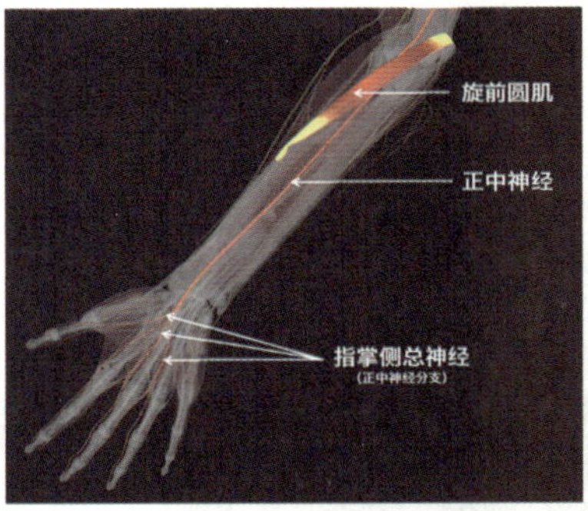

图20-3 正中神经在前臂和手部的走向

1.4 正中神经支配的肌肉

正中神经支配着手部的多块肌肉（表20-3），出现腕管综合征挤压正中神经时，可能出现拇短展肌和拇对掌肌萎缩或力弱，拇指不灵活等症状。有时拇指外展、对掌无力，与其他手指对捏的力量下降甚至不能完成对捏动作，手部动作不灵活，端或提物品时偶尔会突然失手。

正中神经支配的肌肉

表20-3　正中神经支配的肌肉

肌肉		位置	主要功能
桡侧腕屈肌	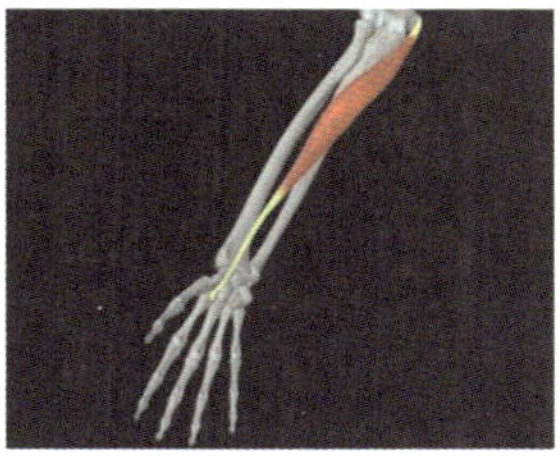	起点：肱骨内上髁 止点：第2掌骨底掌侧面	使肘关节屈曲、腕关节屈曲和外展
指浅屈肌	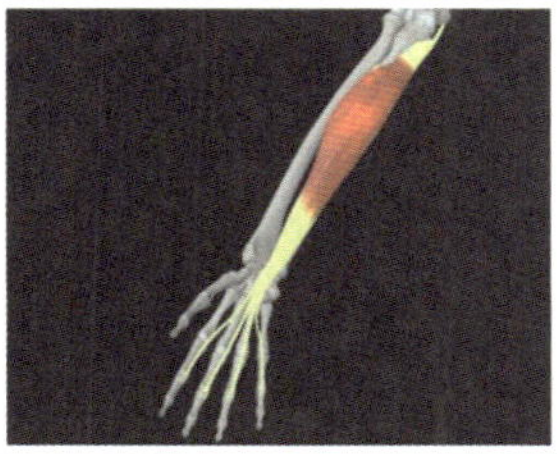	手外在肌 起点：肱骨内上髁、桡骨上1/2掌侧面 止点：第2～5中节指骨	使腕关节屈曲、肘关节屈曲、掌指关节屈曲、近端指骨间关节屈曲
指深屈肌	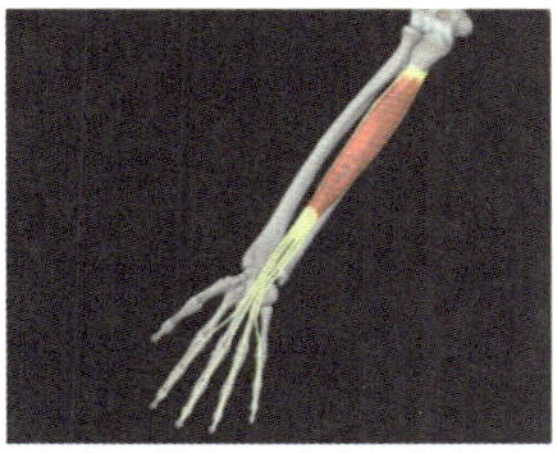	手外在肌 起点：尺骨上端 止点：第2～5远节指骨底掌侧面	使腕关节屈曲、掌指关节屈曲、近端指间关节屈曲、远端指间关节屈曲
拇长屈肌	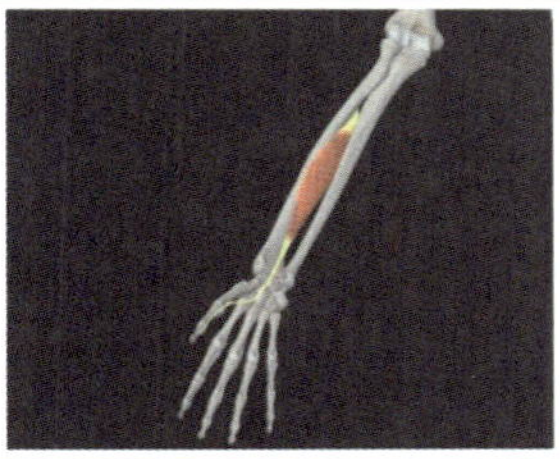	手外在肌 起点：桡骨上端 止点：拇指远节指骨底掌面	使拇指掌指关节屈曲、拇指指骨间关节屈曲
蚓状肌	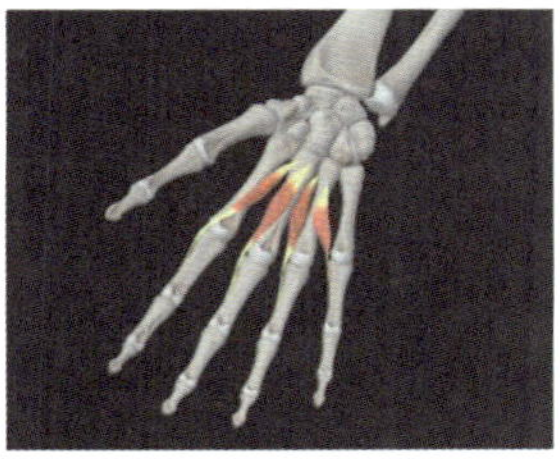	手内在肌 起点：指深屈肌腱桡侧 止点：第2～5指的指背腱膜	使掌指关节屈曲、指间关节伸展
拇短屈肌	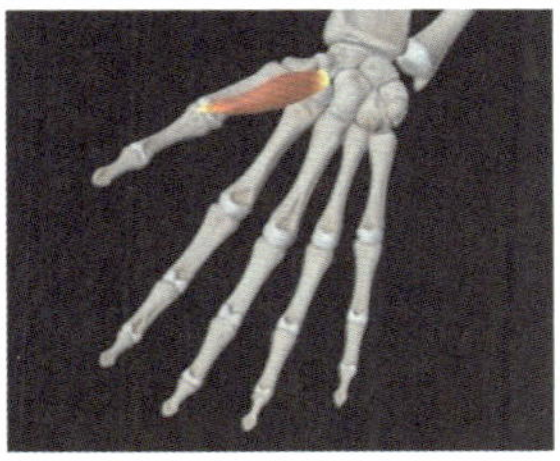	手内在肌 起点：屈肌支持带、大多角骨 止点：拇指近节指骨底	使拇指屈曲

续表

肌肉		位置	主要功能
拇短展肌	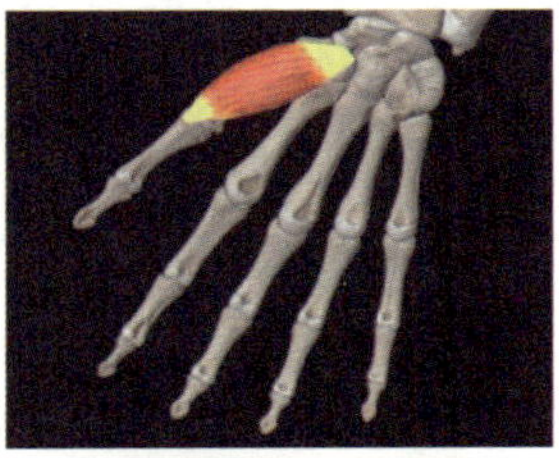	手内在肌 起点：屈肌支持带、舟骨 止点：拇指近节指骨底	使拇指外展
拇对掌肌	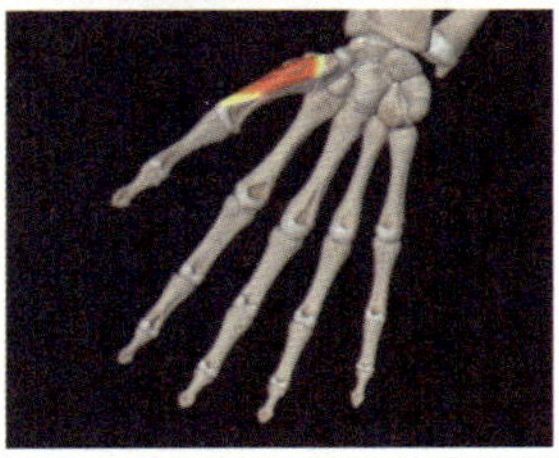	手内在肌 起点：屈肌支持带、大多角骨 止点：第1掌骨桡侧	使拇指对掌

2. 实施评估筛查

通过问卷、谈话，结合医学检查结果，分析案例损伤史和生活方式，并在此基础上进行姿势和功能检查，了解案例损伤类型和程度，为制订康复计划提供依据。请根据评估筛查结果填写腕管综合征评估任务单（表20-1）。

2.1 腕部叩击试验

（1）被测试者的手掌自然伸展，腕关节处于中立位；

（2）测试者用手指叩击被测试者的腕部掌面或腕横韧带处，正中神经支配区域的某个手指出现麻木、疼痛感，提示出现腕管综合征。（图20-4）

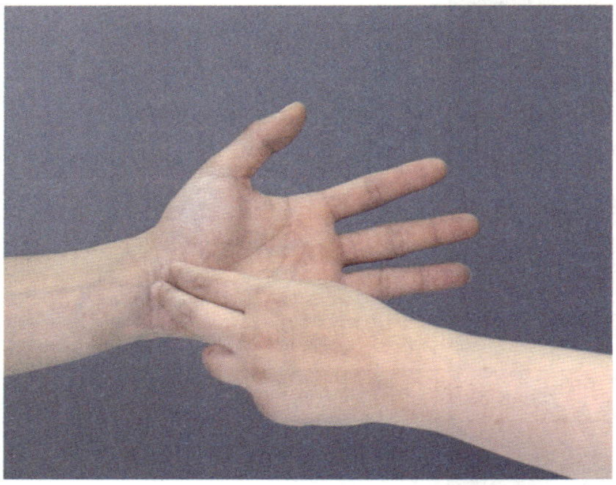

图20-4 腕部叩击试验

2.2　改良屈腕试验

（1）一侧腕关节被动屈曲，施加压力达到最大的角度并维持1分钟；

（2）对另一侧手臂重复此过程，如果正中神经支配的区域出现麻木、刺痛、无力感，即为阳性反应。（图20-5）

改良屈腕试验

2.3　反向屈腕试验

（1）自然站立，两臂外展90°，掌心相对，互相对抗，让腕伸到最大角度并维持1分钟；

（2）如果正中神经支配区域出现麻木、刺痛、无力感即为阳性反应。（图20-6）

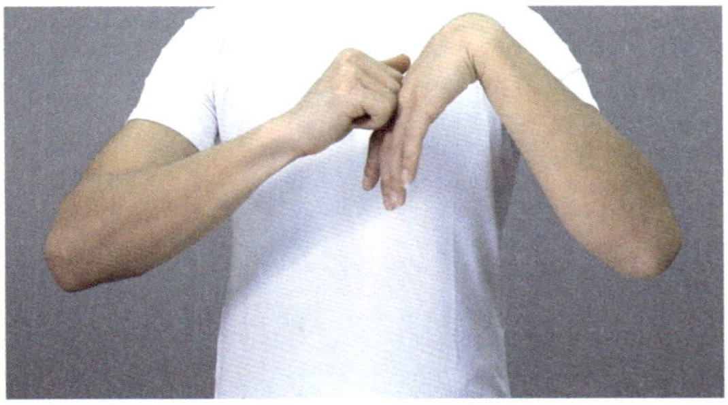

图20-5　改良屈腕试验

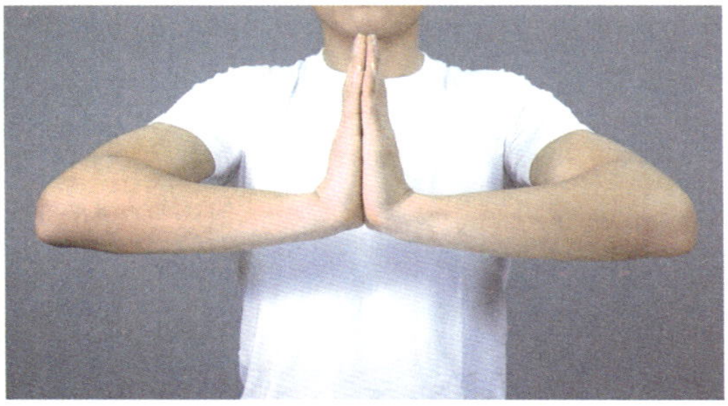

图20-6　反向屈腕试验

3. 制订康复计划

通过分析腕管综合征产生的原因，结合评估筛查情况，改善腕管综合征的训练思路如图20-7所示，请根据评估筛查结果填写腕管综合征运动康复计划制订与实施任务单（表20-2）。

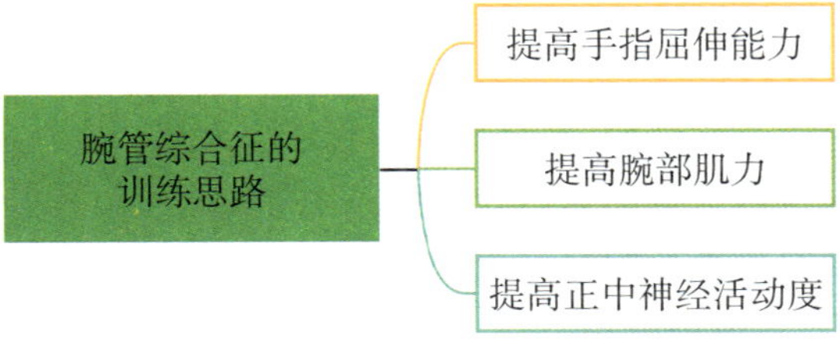

图20-7　改善腕管综合征的训练思维导图

4. 指导康复训练

通过角色扮演（客户、教练员、助教员、会籍顾问等），根据评估结果进行训练指导。

指导康复训练

4.1 手指屈伸练习

（1）手指肌腱滑动练习（图20-8）。

依次屈曲远端指间关节、中端指间关节、掌指关节和近端指间关节，每个动作保持5～10秒，重复5～8次。

（2）其他手指练习参照任务二十一。

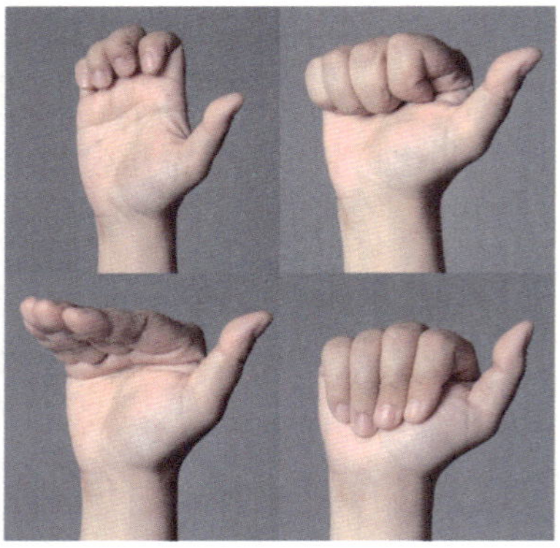

图20-8 手指肌腱滑动练习

4.2 腕部肌群强化练习

（1）屈伸练习（图20-9至图20-11）。

自然站立，一侧肩屈约90°，肘屈90°，握拳，屈曲手腕，在最大幅度处保持3秒后恢复至起始位置；伸展手腕，在最大幅度处保持3秒后恢复至起始位置；重复以上练习。

进阶练习时，对抗弹力带完成腕屈或腕伸。

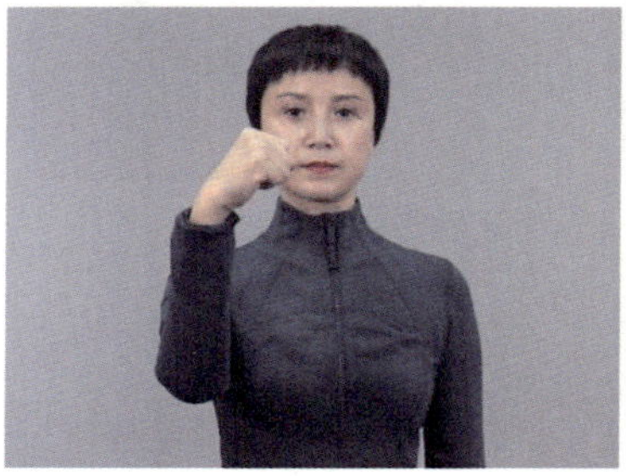

图20-9 徒手腕部屈伸练习

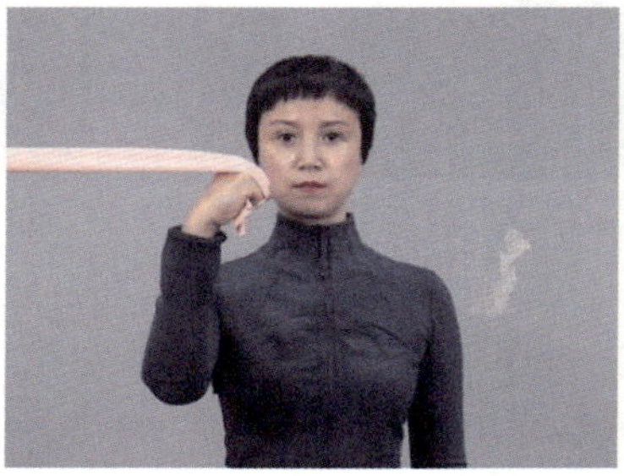

图20-10 抗阻腕屈练习

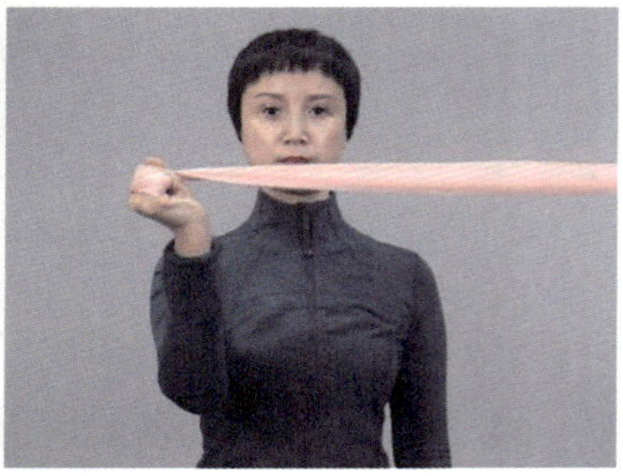

图20-11 抗阻腕伸练习

（2）桡侧偏/尺侧偏练习（图20-12至图20-15）。

自然站立，一侧肩屈约90°，肘屈90°；腕尺侧偏，在最大幅度处保持3秒后恢复至起始位置；腕桡侧偏，在最大幅度处保持3秒后恢复至起始位置；重复以上练习。

进阶练习时，抓握重物在矢状面完成尺侧偏和桡侧偏，或对抗弹力带练习。

图20-12 徒手桡侧偏/尺侧偏练习

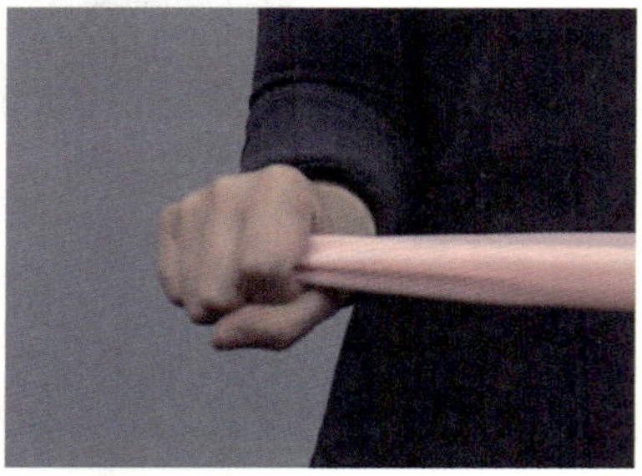

图20-13 抗阻尺侧偏练习

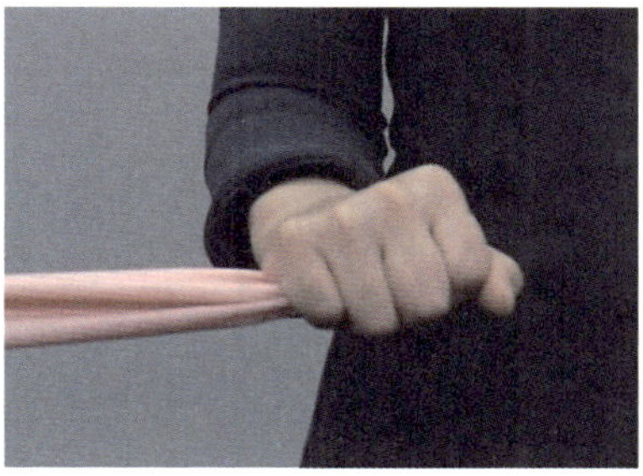

图20-14　抗阻桡侧偏练习

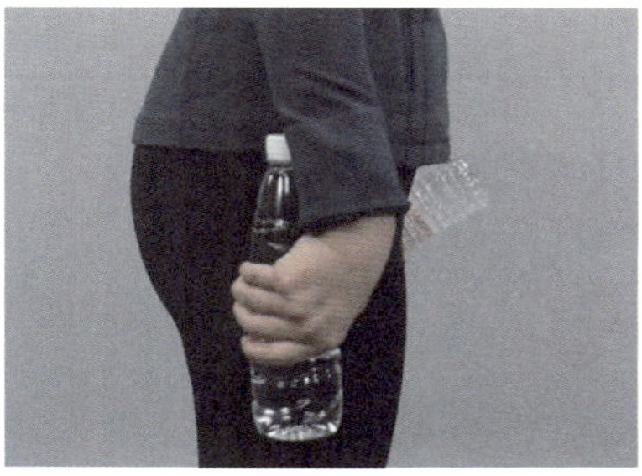

图20-15　负重桡侧偏/尺侧偏练习

（3）内旋/外旋练习（图20-16）。

坐姿，前臂放在桌上，手掌向上，前臂紧贴桌面；内旋手腕，在最大幅度处保持3秒后恢复至起始位置；外旋手腕，在最大幅度保持3秒后恢复至起始位置；重复以上练习。

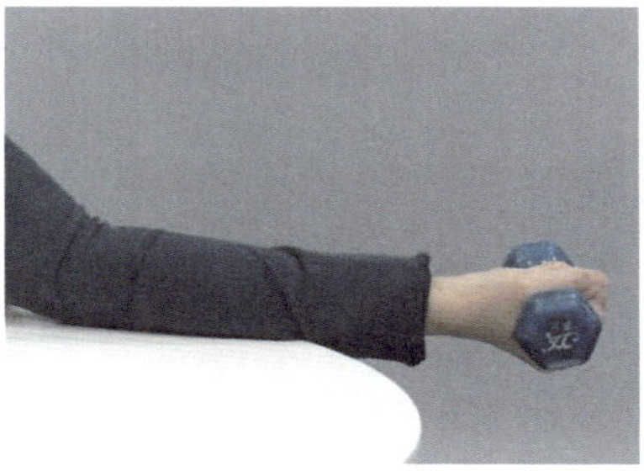

图20-16　内旋/外旋练习

4.3　正中神经活动度练习

（1）正中神经滑动（图20-17）。

仰卧，肩部靠近床沿，手掌向上，前臂伸出床面；训练侧上肢与躯干夹角约30°，头向同侧屈，腕伸；头向对侧屈，腕屈。

（2）正中神经牵拉（图20-18）。

仰卧，肩部靠近床沿，手掌向上，前臂伸出床面；训练侧上肢与躯干夹角约30°，头向同侧屈，腕屈；头向对侧屈，腕伸。

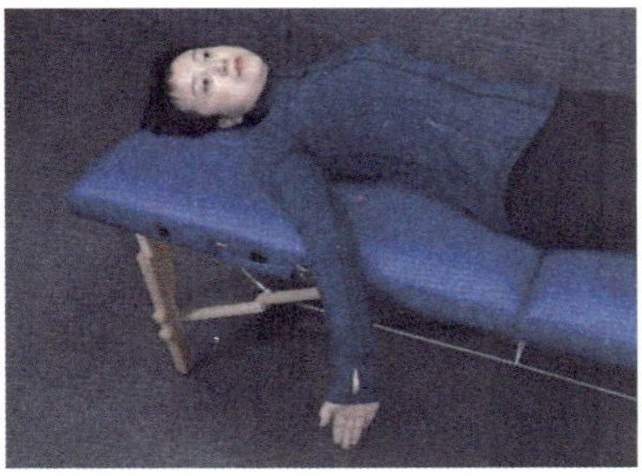

图20-17　正中神经滑动

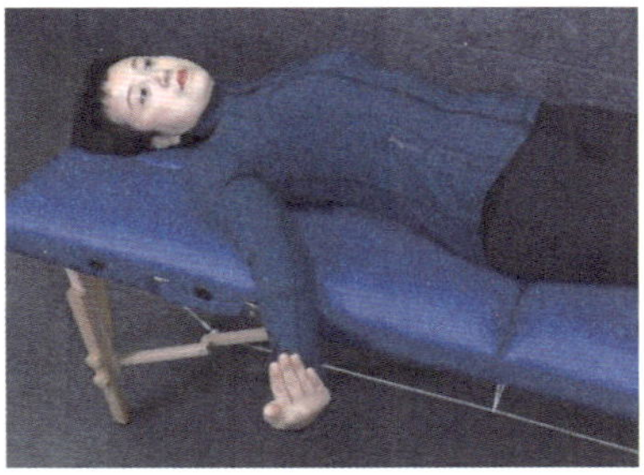

图20-18　正中神经牵拉

5. 运用贴扎技术

通过角色扮演，演练腕管综合征贴扎技术（表20-4），并将贴扎方法填入腕管综合征运动康复计划制订与实施任务单（表20-2）。

表20-4 腕管综合征贴扎

步骤	准备工作	贴法
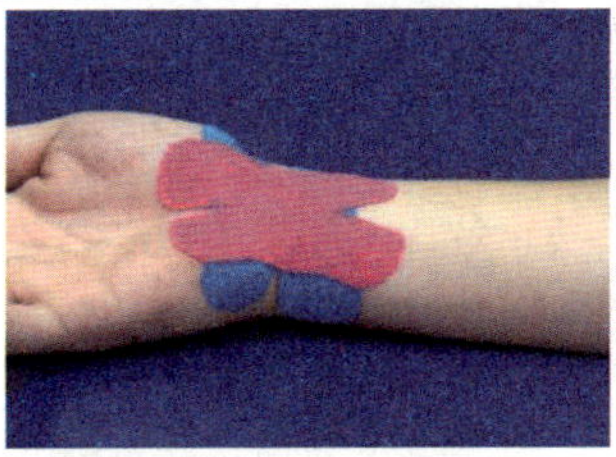	体位：腕部中立位 形状：X形 数量：2	锚点：腕管中部 尾点：自然延伸 拉力：自然拉力
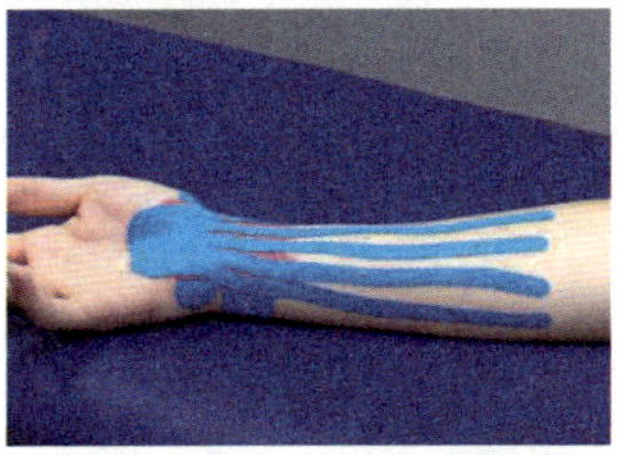	体位：腕部中立位 形状：爪形 数量：1	锚点：大小鱼际之间 尾点：前臂中段 拉力：自然拉力

腕管综合征贴扎

6. 生活管理教育

手是高度复杂、协调的器官，腕关节是手的稳定平台，腕关节疼痛或无力，会影响手的功能。

在自然放松的状态下，手腕部呈弯弓形状，手掌心自然凹陷（图20-19）。这个凹陷包括两个横弓和一个纵弓。远端横弓由指掌关节形成，近端横弓由远排腕骨形成，两者共同为腕管搭建了骨性基底，为手掌提供了重要的稳定支持。腕部通过控制这个结构的凹陷程度，使手可以牢牢抓握和操控各种形状、大小的物体，也使得手的灵活性大大提升。

请根据案例生活方式，以角色扮演的形式模拟生活管理教育，并将生活管理要点填入腕管综合征运动康复计划制订与实施任务单（表20-2）。

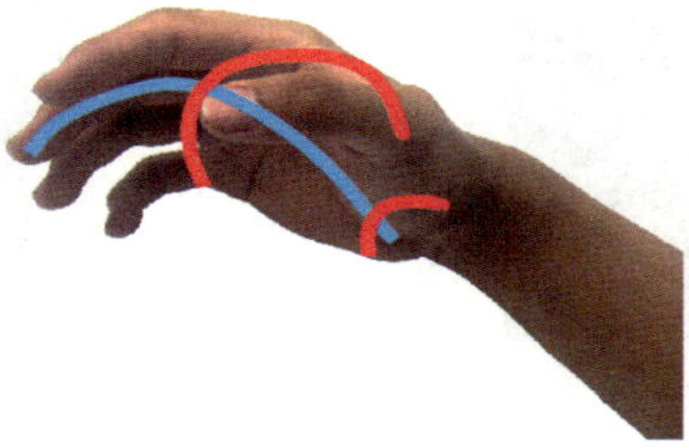

图20-19 手腕部弓形结构

◆ 思政园地

国潮养生新风尚——八段锦

八段锦，是中国古代健身功法。在我国古老的导引术中，八段锦是流传最广，对导引术发展影响最大的一种功法。经过历代养生学家的不断完善，八段锦形成了完善的理论基础和完整的功理功法，被国家体育总局指定为我国第62个体育项目。八段锦不仅是中华民族养生智慧的结晶，更是体医融合的千年典范。

随着中华文明的发展，八段锦等中华传统养生技艺坚持守正创新，还登上了2024年龙年春晚舞台，备受年轻人喜爱，引领了国潮养生新风尚。实践创新让中华文化传承数千年而不息，技术运用让中华传统技艺保持活力。

任务评价

1. 实训评价

学生根据实训评价标准，自评、互评实训成果和实训表现（表20-5）。评分时，先确定评价等级，再从相应的等级中勾选相应的分数。

表20-5　实训评价标准

评价内容	评价指标	评价等级					
		✿		✿✿		✿✿✿	
筛查评估（12分）	基本资料评估全面、准确	1		2		3	
	健康状态评估全面、准确	1		2		3	
	生活方式评估全面、准确	1		2		3	
	姿势、功能评估全面、准确	1		2		3	
康复计划制订（40分）	目标明确、周期合理	5	6	7	8	9	10
	训练形式、内容科学	5	6	7	8	9	10
	训练强度、难度适宜	5	6	7	8	9	10
	防护与安全教育有效	5	6	7	8	9	10
康复计划实施（40分）	穿着合适、体型健康	5	6	7	8	9	10
	指导方法科学、保护帮助可靠	5	6	7	8	9	10
	示范规范、纠错及时准确	5	6	7	8	9	10
	贴扎熟练、安全教育恰当	5	6	7	8	9	10
团队配合（8分）	分工合理、精神饱满、感染力强	1		2		3	
	场地布置合理，器材准备完善	1		2		3	
	现代化手段运用，思政元素融入	0		1		2	
总分							

2. 学习评价

学生自评、小组互评，评价自己是否完成学习，是否完成评估、康复计划、评价等实训成果资料，实训任务有无遗漏。老师对学生进行的评价包括方案、计划书写是否工整规范，报告成果是否出自实训、是否真实合理且阐述详细，学生自评分析是否合理、收获体会是否深刻，个人能力是否得到提升（表20–6）。

评价按照A（优秀）、B（良好）、C（合格）、D（努力）4个档次进行。

表20–6　学习评价表

任务	完成情况记录
相关理论学习情况	
技能训练情况	
任务完成情况	
任务创新情况	
成果上交情况	
收获	

3. 知识测评

（1）[判断题]腕管综合征康复训练后应及时放松前臂肌肉。（　）

（2）[判断题]腕管综合征的症状常在清晨或夜间出现。（　）

（3）[单选题]腕管综合征主要卡压（　）。

A.正中神经　B.尺神经　C.桡神经　D.臂内侧皮神经

（4）[多选题]腕管综合征常以（　）疼痛和麻木明显。

A.拇指　B.食指　C.中指　D.无名指

（5）[多选题]腕管综合征的主要症状有（　）。

A.小指串麻疼痛　B.大鱼际肌萎缩　C.持物无力　D.感觉减退

（6）[多选题]预防腕管综合征的措施包括（　）。

A.避免长时间使用手，及时休息　B.避免过度用力

C.注意局部保暖，避免寒冷刺激　D.避免腕部超常活动

扫码答题

任务二十一
桡骨茎突部狭窄性腱鞘炎的康复与防护

情景导入

何同学是高等职业教育本科院校体能训练专业的学生，业余时间在学校电子竞技社团从事运动防护工作。该社团主力选手于同学反映近期手部不适，出现桡骨茎突部狭窄性腱鞘炎。请你帮助何同学进一步评估于同学的健康状况，并为其制订康复计划解决桡骨茎突部狭窄性腱鞘炎的问题。于同学的情况如下。

于某，男，20岁，大学在校学生。业余时间参加电子竞技社团，是该社团的主力选手，除了体育课，很少参加体育运动。近1个月来，于某出现拇指外侧疼痛症状，使用筷子吃饭时偶尔也会有疼痛感。

【医学检查情况】

身高：178cm；体重：75kg；心率：72次/分；血压：110/68mmHg；脉搏节律正常；心脏听诊无异常；安静心电图正常。

【姿势及功能检查】

握拳尺偏试验为阳性反应。

任务要求

任务类型	桡骨茎突部狭窄性腱鞘炎的康复与防护	学习维度		
		识记	理解	应用
学习任务	拇指关节活动	★		
	控制拇指活动的主要肌肉	★		
	桡骨茎突部狭窄性腱鞘炎评估检查方法	★		
	康复训练方法、贴扎技术和生活管理策略		★	
实训任务	识读、评估案例并设计康复计划			★
	指导案例康复训练，实施贴扎技术			★
	开展运动防护教育			★
个人目标				

任务说明

识读案例，分析损伤原因，通过小组协作和角色扮演填写、汇报桡骨茎突部狭窄性腱鞘炎评估任务单（表21-1）和桡骨茎突部狭窄性腱鞘炎运动康复计划制订与实施任务单（表21-2），模拟康复训练指导、实施贴扎技术和生活管理教育。

表21-1　桡骨茎突部狭窄性腱鞘炎评估任务单

姓名：		年龄：		性别：		BMI：	
损伤史							
医学诊断：				相关损伤史：			
疼痛位置、时长：							
客户目标：							
生活方式							
职业特点：				运动习惯：			
睡眠情况：				吸烟饮酒：			
膳食营养：							
医学检查							
心率：				血压：			
血脂：				血糖：			
其他：							
姿势/动作检查							
检查名称：				结果：			
短期目标（　～　周）							
中期目标（　～　周）							
长期目标（　～　周）							

表21-2　桡骨茎突部狭窄性腱鞘炎运动康复计划制订与实施任务单

<table>
<tr><td colspan="3">第一阶段（　～　周）</td></tr>
<tr><td colspan="2">目标：</td><td>频率：</td></tr>
<tr><td colspan="2">监控：</td><td>时间：</td></tr>
<tr><td>部位（内容）</td><td>动作</td><td>安排（强度/次数/组数）</td></tr>
<tr><td></td><td></td><td></td></tr>
<tr><td></td><td></td><td></td></tr>
<tr><td></td><td></td><td></td></tr>
<tr><td></td><td></td><td></td></tr>
<tr><td></td><td></td><td></td></tr>
<tr><td colspan="3">第二阶段（　～　周）</td></tr>
<tr><td colspan="2">目标：</td><td>频率：</td></tr>
<tr><td colspan="2">监控：</td><td>时间：</td></tr>
<tr><td>部位（内容）</td><td>动作</td><td>安排（强度/次数/组数）</td></tr>
<tr><td></td><td></td><td></td></tr>
<tr><td></td><td></td><td></td></tr>
<tr><td></td><td></td><td></td></tr>
<tr><td></td><td></td><td></td></tr>
<tr><td></td><td></td><td></td></tr>
<tr><td colspan="3">第三阶段（　～　周）</td></tr>
<tr><td colspan="2">目标：</td><td>频率：</td></tr>
<tr><td colspan="2">监控：</td><td>时间：</td></tr>
<tr><td>部位（内容）</td><td>动作</td><td>安排（强度/次数/组数）</td></tr>
<tr><td></td><td></td><td></td></tr>
<tr><td></td><td></td><td></td></tr>
<tr><td></td><td></td><td></td></tr>
<tr><td></td><td></td><td></td></tr>
<tr><td></td><td></td><td></td></tr>
<tr><td colspan="3">贴扎</td></tr>
<tr><td colspan="3"></td></tr>
<tr><td colspan="3"></td></tr>
<tr><td colspan="3">生活管理教育</td></tr>
<tr><td colspan="3"></td></tr>
<tr><td colspan="3"></td></tr>
</table>

任务准备

1. 阅读任务说明，识读案例。
2. 观看“桡骨茎突部狭窄性腱鞘炎”相关的线上资源。
3. 收集桡骨茎突部狭窄性腱鞘炎运动康复与防护的知识。
4. 结合桡骨茎突部狭窄性腱鞘炎知识与技能要求，总结难点和常见问题。

任务实施

1. 认识损伤原因

腱鞘是绕在肌腱外的结缔组织，作用是将肌腱固定在骨膜上，防止肌肉收缩肌腱被拉紧时弹起或向两侧滑动，可以减少肌腱受到骨骼和其他组织的摩擦和压迫。在正常情况下，肌腱在腱鞘内可以自由滑动。

腱鞘炎的发生主要是由于手部长期重复活动导致肌腱劳损，在帆船帆板、射击等运动项目中，以及在手工劳动者、理发师、乐器演奏家等职业中最为常见。

1.1 桡骨茎突部狭窄性腱鞘炎的表现

玩手机游戏、刷短视频等活动需要拇指反复外展，腕关节外展、背伸等，桡骨茎突处的腱鞘过度摩擦、挤压，引发桡骨茎突部狭窄性腱鞘炎，出现凸起、疼痛，疼痛可向前臂和拇指放射，并在手腕和拇指活动时加剧。

1.2 拇指活动

人类拥有最复杂的手部结构，手功能在大脑皮层中占据大面积的感觉和运动功能投射区，能够完成各种不同力度和准确度的复杂操作。

拇指功能占手功能的一半以上，拇指指掌关节除了可以完成屈曲、伸展等运动，还可以完成独特的对指动作。（表21-3）

拇指活动

表21-3 拇指活动

拇指活动		关节或节段	原动肌
前屈约50°	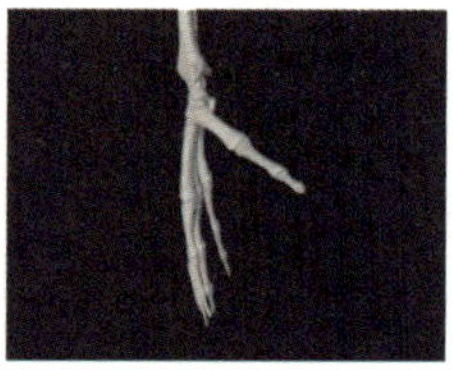	指间关节 掌指关节	拇长屈肌 拇短屈肌

续表

拇指活动		关节或节段	原动肌
后伸约50°	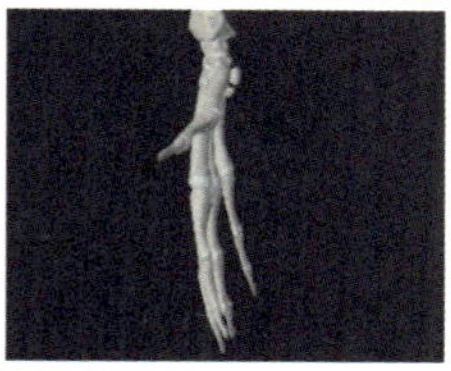	指间关节 掌指关节	拇长伸肌 拇短伸肌
外展约70°	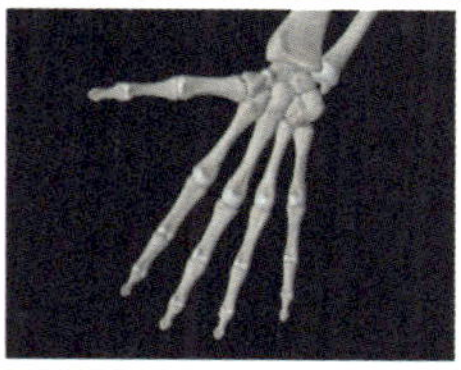	指间关节 掌指关节	拇长展肌 拇短展肌
内收约70°	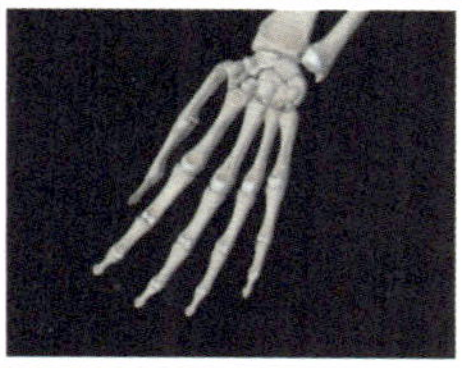	指间关节 掌指关节	拇收肌
对掌约30°	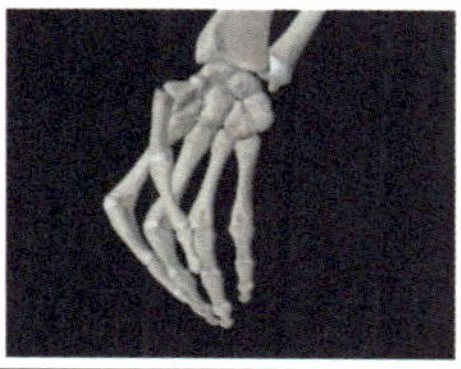	指间关节 掌指关节	拇对掌肌

1.3　拇长展肌和拇短伸肌

桡骨茎突部位有拇长展肌腱、拇短伸肌腱的总腱鞘。（图21–1）

拇指外展、腕关节外展与背伸时，拇长展肌和拇短伸肌处于紧张状态，肌腱与腱鞘之间的摩擦加重，长时间重复用力引起的过度摩擦会导致腱鞘狭窄，引发桡骨茎突部狭窄性腱鞘炎。

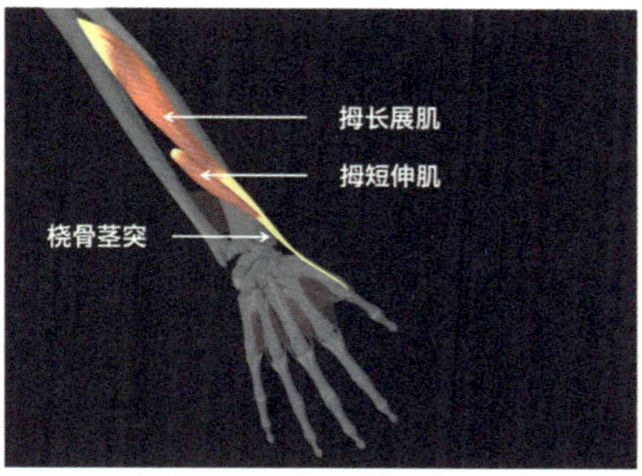

图21–1　拇长展肌和拇短伸肌

桡骨茎突部狭窄性腱鞘炎

2. 实施评估筛查

通过问卷、谈话，结合医学检查结果，分析案例损伤史和生活方式，并在此基础上进行姿势和功能检查，了解案例损伤类型和程度，为制订康复计划提供依据。请根据评估筛查结果填写桡骨茎突部狭窄性腱鞘炎评估任务单（表21–1）。

握拳尺偏试验（图21–2）

（1）被测试者拇指屈曲，握拳，将拇指压在其他四指下面；

（2）被测试者腕关节向尺侧倾斜。如果桡骨茎突处发生疼痛或疼痛加剧，则提示有桡骨茎突部狭窄性腱鞘炎。

握拳尺偏试验

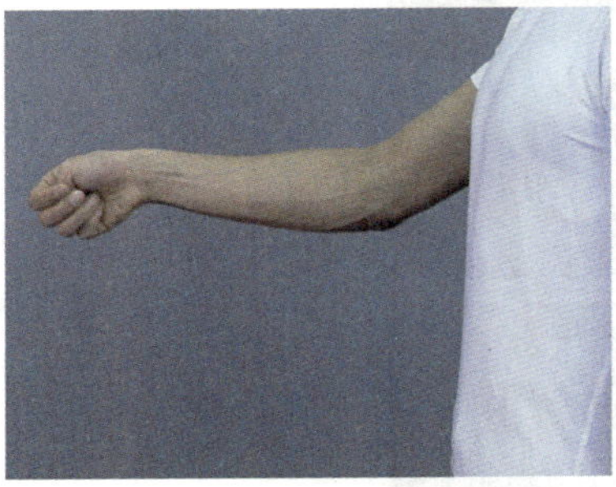

图21–2　握拳尺偏试验

3. 制订康复计划

通过分析桡骨茎突部狭窄性腱鞘炎产生的原因，结合评估筛查情况，改善桡骨茎突部狭窄性腱鞘炎的基本训练思路如图21–3所示。请根据评估筛查结果填写桡骨茎突部狭窄性腱鞘炎运动康复计划制订与实施任务单（表21–2）。

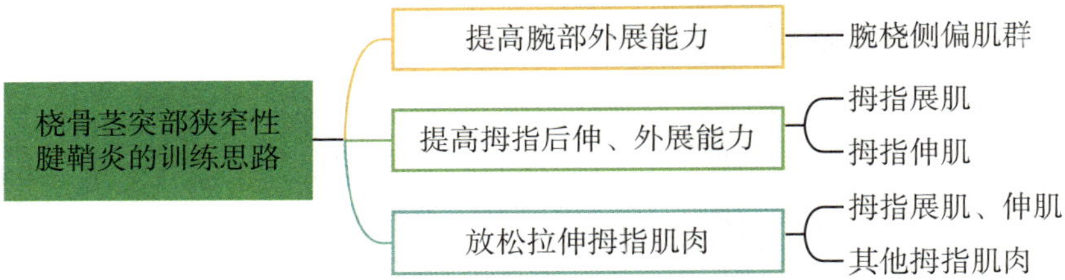

图21–3　改善桡骨茎突部狭窄性腱鞘炎的训练思维导图

4. 指导康复训练

通过角色扮演，根据评估结果进行训练指导。腕部桡侧偏练习请参考任务二十。

4.1　手指屈伸练习

双手重复五指张开、屈曲、握拳动作，指掌关节、指间关节依次活动（图21–4）。

指导康复训练

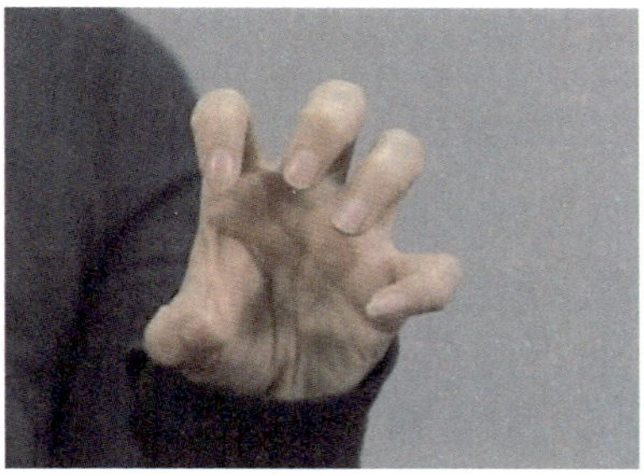

图21-4　手指屈伸练习

4.2　网球抓握练习

用力捏网球或弹力球，练习手指的抓握能力（图21-5）。

图21-5　网球抓握练习

4.3　手指伸展/外展练习

手指套五指拉力圈或橡皮筋，五指伸展、外展，并在最大幅度处保持3～5秒（图21-6）。

4.4　拇指展肌/伸肌放松按摩

自然坐姿，训练侧前臂放于桌面，另一侧手持按摩球在训练侧前臂外侧、内侧滚动（图21-7）。

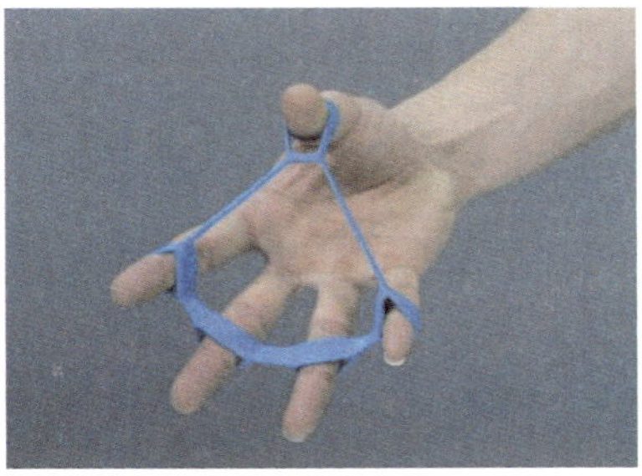

图21-6　手指拉力圈练习

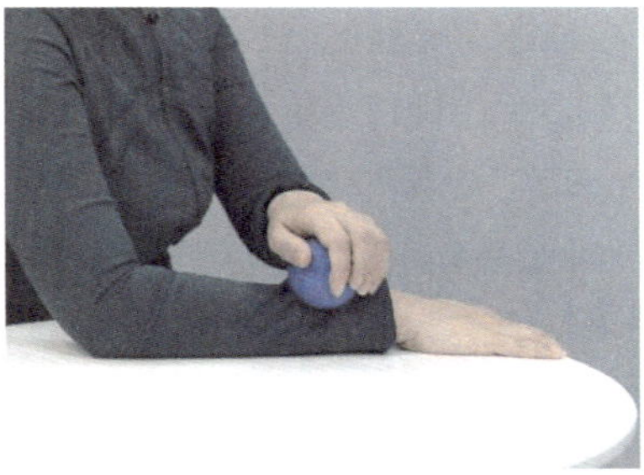

图21-7　拇指展肌/伸肌放松按摩

5. 运用贴扎技术

通过角色扮演，演练桡骨茎突部狭窄性腱鞘炎贴扎技术（表21-4），并将贴扎方法填入桡骨茎突部狭窄性腱鞘炎运动康复计划制订与实施任务单（表21-2）。

表21-4 桡骨茎突部狭窄性腱鞘炎贴扎

步骤	准备工作	贴法
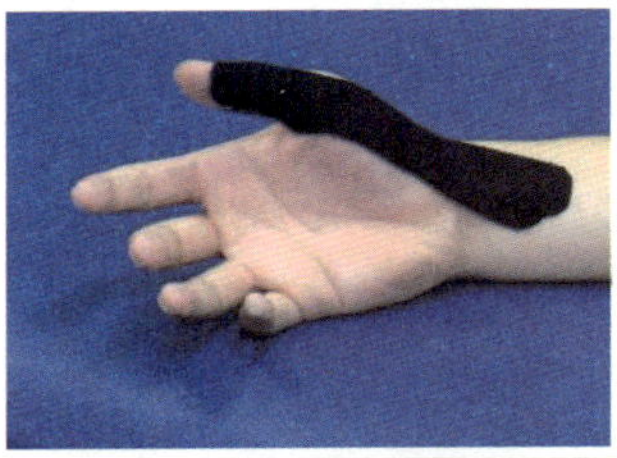	体位：腕部中立 形状：I形（窄） 数量：2	锚点：桡骨茎突处 尾点：腕横纹中部、拇指远节指骨内侧 拉力：自然拉力
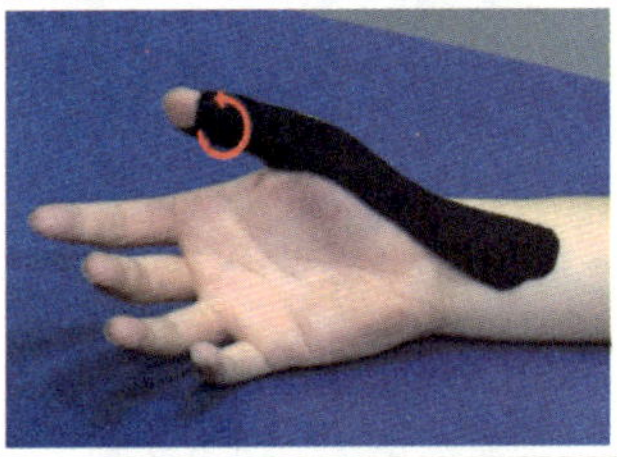	体位：腕部中立 形状：I形（窄） 数量：1	锚点：拇指远节指骨 尾点：包绕拇指指间关节 拉力：自然拉力
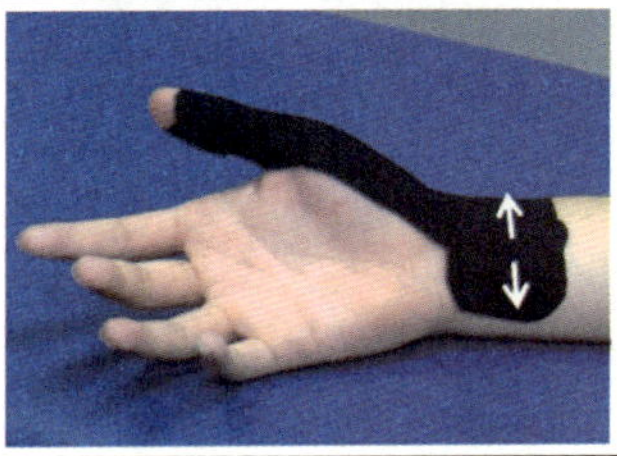	体位：腕部中立 形状：Y形 数量：1	锚点：腕横纹中部 尾点：自然延伸 拉力：自然拉力

桡侧茎突部狭窄性腱鞘炎贴扎

6. 生活管理教育

请根据案例生活方式，以角色扮演的形式模拟生活管理教育，并将生活管理要点填入桡骨茎突部狭窄性腱鞘炎运动康复计划制订与实施任务单（表21-2）。

桡骨茎突部狭窄性腱鞘炎能够引起大鱼际肌肌力下降，严重时会导致明显的大鱼际肌萎缩。这种手部的过度使用导致的损伤也被称为“妈妈手”“打字手”“鼠标手”。例如，职业电竞选手在训练和比赛时，每分钟需要对键盘或鼠标执行400多次操作，这对手部、腕部乃至上肢、肩颈部都带来了很大的负荷。现代生活中人们越来越依赖手机等电子产品，经常过度使用腕部和手部，生活中应该注意保持腕部中立。

◆ 思政园地

健康电竞　为国争光

2003年，国家体育总局正式批准，将电子竞技运动列为我国第99个正式体育竞赛项目。在第19届杭州亚运会上，电子竞技运动被列为正式比赛项目，比赛一共产生7枚金牌，中国队获得了4金1铜，金牌数排名第一。

与传统体育运动项目相比，电子竞技运动看似没有身体对抗，事实上，电子竞技运动不光在虚拟世界中产生视觉、听觉、触觉等多种形式的交互，更是竞技双方在现实中智力和体能的比拼。电子竞技运动的健康发展弘扬了中华体育精神，并在各大赛事和国际舞台上为国争光。

任务评价

1. 实训评价

学生根据实训评价标准，自评、互评实训成果和实训表现（表21-5）。评分时，先确定评价等级，再从相应的等级中勾选相应的分数。

表21-5　实训评价标准

评价内容	评价指标	评价等级					
		✿		✿✿		✿✿✿	
筛查评估（12分）	基本资料评估全面、准确	1		2		3	
	健康状态评估全面、准确	1		2		3	
	生活方式评估全面、准确	1		2		3	
	姿势、功能评估全面、准确	1		2		3	
康复计划制订（40分）	目标明确、周期合理	5	6	7	8	9	10
	训练形式、内容科学	5	6	7	8	9	10
	训练强度、难度适宜	5	6	7	8	9	10
	防护与安全教育有效	5	6	7	8	9	10
康复计划实施（40分）	穿着合适、体型健康	5	6	7	8	9	10
	指导方法科学、保护帮助可靠	5	6	7	8	9	10
	示范规范、纠错及时准确	5	6	7	8	9	10
	贴扎熟练、安全教育恰当	5	6	7	8	9	10
团队配合（8分）	分工合理、精神饱满、感染力强	1		2		3	
	场地布置合理，器材准备完善	1		2		3	
	现代化手段运用，思政元素融入	0		1		2	
总分							

2. 学习评价

学生自评、小组互评，评价自己是否完成学习，是否完成评估、康复计划、评价等实训成果资料，实训任务有无遗漏。老师对学生进行的评价包括方案、计划书写是否工整规范，报告成果是否出自实训、是否真实合理且阐述详细，学生自评分析是否合理、收获体

会是否深刻，个人能力是否得到提升。（表21–6）

评价按照A（优秀）、B（良好）、C（合格）、D（努力）4个档次进行。

表21–6 学习评价表

任务	完成情况记录
相关理论学习情况	
技能训练情况	
任务完成情况	
任务创新情况	
成果上交情况	
收获	

3. 知识测评

（1）[判断题]用剪刀剪东西时，拇收肌参与用力的捏紧动作。（ ）

（2）[判断题]手外在肌的近端附着在前臂或手臂，其远端附在手内部。（ ）

（3）[判断题]尺神经受损或瘫痪会严重影响小鱼际肌。（ ）

（4）[判断题]掌指关节中，拇指掌指关节活动度最大。（ ）

（5）[单选题]手指屈肌腱鞘炎又被称为（ ）。

A. 狭窄性腱鞘炎　B. 纤维性腱鞘炎　C. 浆液性腱鞘炎　D. 结核性腱鞘炎

（6）[单选题]狭窄性腱鞘炎最常发生的部位是（ ）。

A. 手与腕部　B. 肘部　C. 肩部　D. 足趾部

扫码答题

模块六　下肢部常见运动损伤的防护

模块导读

本模块的主要内容是介绍下肢部常见运动损伤类型、损伤产生原理、评估筛查技术、康复训练方法、贴扎技术和生活管理策略。

通过辨析髂胫束综合征、髌股关节痛、踝关节韧带扭伤、跟腱炎等仿真案例，能够对案例进行健康评估与分析，提炼案例康复需求，制订短期和长期康复目标，指导康复训练，并针对案例实施贴扎、开展运动防护教育，培养服务社会的意识，践行体育强国梦。

学习目标

1. 描述下肢部的解剖结构和关节活动范围
2. 解释下肢部的正常运动学
3. 描述下肢部常见运动损伤及典型表现，并讨论致伤因素
4. 描述可以用于筛查常见下肢部运动损伤的评估方法
5. 实施下肢部常见运动损伤的康复性训练
6. 实施下肢部常见运动损伤的贴扎技术
7. 实施预防下肢部常见运动损伤的生活管理策略
8. 培养尊重科学，尊重规律的理性思维
9. 培养国家认同感，树立服务体育强国的志向

任务二十二
髂胫束综合征的康复与防护

情景导入

韩教练是运动康复机构的体能训练师，为当地消防部门提供体能康复保障，一名消防员在跑步后出现膝外侧疼痛，请你帮助韩教练评估该消防员的健康状况，根据该消防员的情况为其制订康复计划，示范和指导康复训练动作，展示贴扎方法并列举生活管理策略。该消防员的情况如下。

宋某，男，43岁，消防员。除了参加日常体能训练，每天跑步5km。近1个月以来，宋某跑步后双膝关节外侧出现明显疼痛感，上下楼梯特别是下楼时疼痛更明显。涂抹扶他林3日后疼痛缓解。

【医学检查情况】

身高：176cm；体重：64kg；心率：65次/分；血压：125/80mmHg；脉搏节律正常；心脏听诊无异常；安静心电图正常；影像检查未见异常。

【姿势及功能检查情况】

奥伯试验呈阳性。

任务要求

任务内容	髂胫束综合征的康复与防护	学习维度		
		识记	理解	应用
学习任务	髂胫束综合征形态与肌力失衡情况	★		
	髂胫束综合征评估检查方法	★		
	康复训练方法、贴扎技术和生活管理策略		★	
实训任务	识读、评估案例并设计康复计划			★
	指导案例康复训练，实施贴扎技术			★
	开展运动防护教育			★
个人目标				

任务说明

识读案例，分析损伤原因，通过小组协作和角色扮演（客户、教练员、助教员、会籍顾问等）填写、汇报髂胫束综合征评估任务单（表22-1）和髂胫束综合征运动康复计划制订与实施任务单（表22-2），模拟康复训练指导、实施贴扎技术和生活管理教育。

表22-1　髂胫束综合征评估任务单

姓名：		年龄：		性别：		BMI：	
损伤史							
医学诊断：				相关损伤史：			
疼痛位置、时长：							
客户目标：							
生活方式							
职业特点：				运动习惯：			
睡眠情况：				吸烟饮酒：			
膳食营养：							
医学检查							
心率：				血压：			
血脂：				血糖：			
其他：							
姿势/动作检查							
检查名称：				结果：			
短期目标（　~　周）							
中期目标（　~　周）							
长期目标（　~　周）							

表22-2 髂胫束综合征运动康复计划制订与实施任务单

第一阶段（ ~ 周）		
目标：		频率：
监控：		时间：
部位（内容）	动作	安排（强度/次数/组数）
第二阶段（ ~ 周）		
目标：		频率：
监控：		时间：
部位（内容）	动作	安排（强度/次数/组数）
第三阶段（ ~ 周）		
目标：		频率：
监控：		时间：
部位（内容）	动作	安排（强度/次数/组数）
贴扎		
生活管理教育		

任务准备

1. 阅读任务说明，识读案例。
2. 观看“髂胫束综合征”相关的线上资源。
3. 收集髂胫束综合征运动康复与防护的知识。
4. 结合髂胫束综合征运动康复与防护的知识与技能要求，总结难点和常见问题。

任务实施

1. 认识损伤原因

1.1 髂胫束综合征的表现

髂胫束综合征是较为常见的膝关节损伤，在运动爱好者中尤其在喜欢跑步或骑自行车的运动爱好者中较常见，因此也被称作跑步膝。患者通常在跑步后出现膝外侧的股骨外侧髁处疼痛，严重时可能影响正常行走、上下楼等日常活动。

1.2 髂胫束

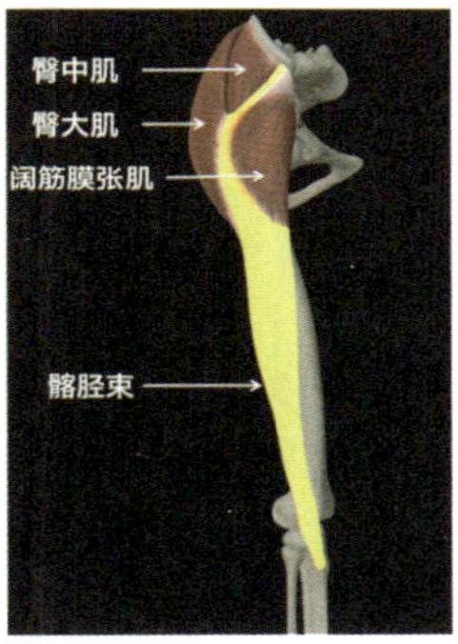

图22–1　髂胫束

髂胫束（图22–1）是强韧的结缔组织，位于大腿外侧，是阔筋膜张肌、臀大肌纤维和臀中肌腱膜在水平方向上的延续。由髂嵴延伸至胫骨外侧髁，穿过膝关节，插入胫骨外侧髁和髌骨外侧支持带。

髂胫束是保持髋、膝关节外侧稳定的重要结构之一，也是人体直立的重要结构。髂胫束的主要功能是限制胫骨内旋、膝关节伸展和髋关节外展。

1.3 与髂胫束相连的肌肉

与髂胫束相连的肌肉

臀中肌无力步态

在与髂胫束相连的肌肉中（表22–3），阔筋膜张肌和臀大肌在步态周期的支撑相负责稳定下肢。支撑相占步行或跑步周期的60% ~ 70%，且为单腿支撑。在单腿支撑时，臀大肌大约支撑2.5倍身体重量，跑步时支撑的重量更多。支撑相发力的肌肉有髋外展肌，同侧腿的髋内收肌和对侧腿的腰方肌。当髋内收肌紧张时，臀大肌会被延展、抑制，阔筋膜张肌不受抑制，在下肢的冠状面介入进行代偿，为下肢提供稳定性。这将在股骨外侧髁上产生对髂胫束向前的拉力，导致髂胫束张力增加，膝外侧及股骨外侧髁部位压力增大。

同时，阔筋膜张肌和臀中肌都是髋外展肌。如果臀中肌肌力弱，阔筋膜张肌必须更强烈地收缩协助外展，导致髂胫束将长时间过度工作，承受额外压力。

表22-3 与髂胫束相连的肌肉

肌肉		位置	主要功能
阔筋膜张肌	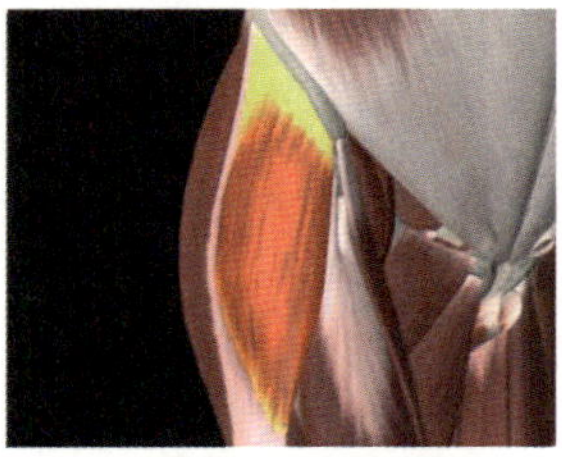	起点：髂前上棘 止点：胫骨外侧髁	使髋关节屈曲、外展、旋内；拉紧髂胫束
臀大肌	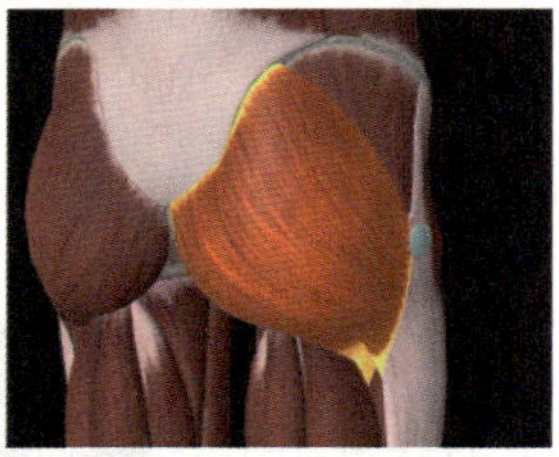	起点：骶骨背面、髂骨翼外面 止点：臀肌粗隆、髂胫束	使髋关节伸、旋外；下固定时伸展躯干，防止躯干前倾
臀中肌	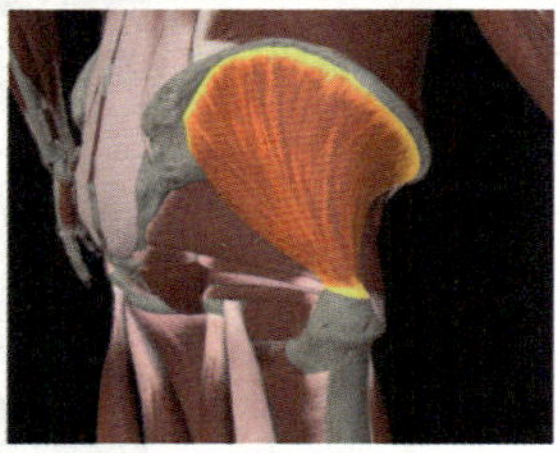	起点：髂骨翼 止点：股骨大转子	前部肌束使髋关节旋内，后部肌束使髋关节旋外，整块收缩使大腿外展，大腿固定时使骨盆倾斜

2. 实施评估筛查

通过问卷、谈话，结合医学检查结果，分析案例损伤史和生活方式，并在此基础上进行姿势和功能检查，了解案例损伤类型和程度，为制订康复计划提供依据。请根据评估筛查结果填写髂胫束综合征评估任务单（表22-1）。

改良奥伯测试（图22-2）。

（1）被测试者侧卧，健侧腿在下，屈髋45°，屈膝90°；

（2）测试者从身后一手固定被测试者骨盆，另一手固定患侧踝关节，带动髋关节、膝关节伸直；

（3）被测试者被动内收、外展髋关节；

（4）放开被测试者踝关节，让被测试者髋关节自然内收。膝部下落到水平线以下为阴性，位于水平线以上为阳性。

改良奥伯测试

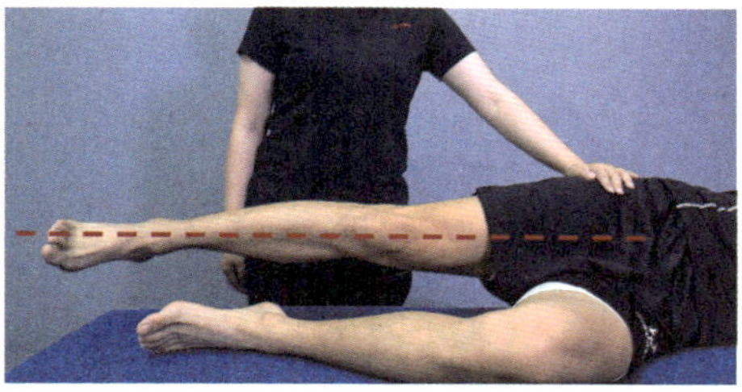

图22-2　改良奥伯测试

3. 制订康复计划

通过分析髂胫束综合征产生的原因，结合评估筛查情况，改善髂胫束综合征的训练思路如图22-3所示，请根据评估筛查结果填写髂胫束综合征运动康复计划制订与实施任务单（表22-2）。

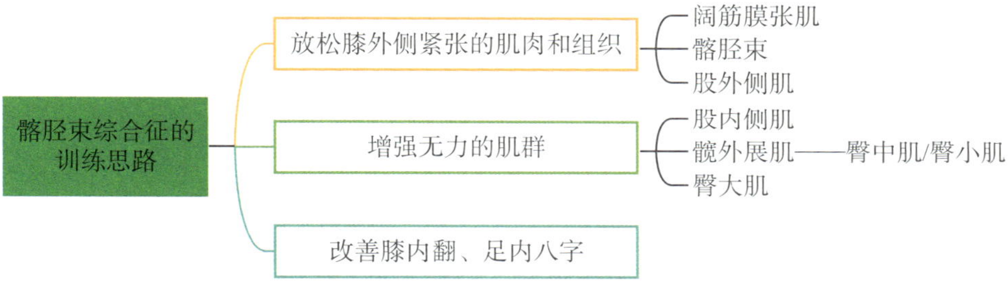

图22-3　改善髂胫束综合征的训练思维导图

4. 指导康复训练

通过角色扮演（客户、教练员、助教员、会籍顾问等），根据评估结果进行康复训练指导。

4.1　放松膝外侧紧张的肌肉和组织

（1）阔筋膜张肌放松（图22-4）。

侧支撑，微屈髋，放松侧在下；对侧腿屈膝，脚在前方支撑，将网球置于垫上放松侧的髋关节前，然后上下前后滚压网球。

图22-4　阔筋膜张肌放松

（2）髂胫束放松（图22-5）。

侧支撑，放松侧在下，对侧脚在前方支撑；将泡沫轴置于下方腿髂胫束的位置且缓慢滚动，找到疼痛点后在疼痛处附近来回滚动。

（3）髂胫束拉伸（图22-6）。

自然站立，拉伸侧腿向后迈步；双手并拢，躯干向对侧前屈，维持10～15秒后还原。

图22-5 髂胫束放松

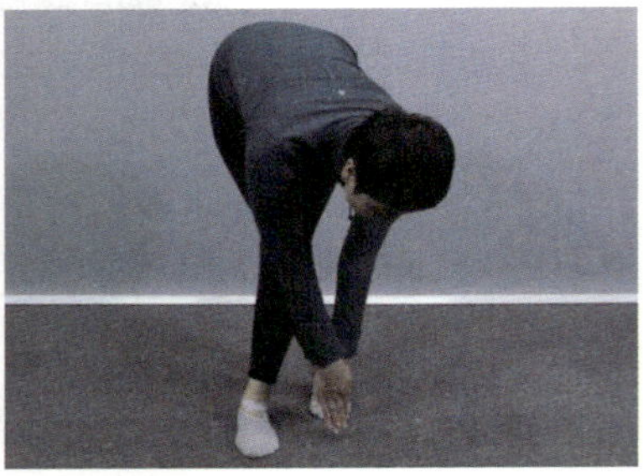

图22-6 髂胫束拉伸

4.2 股内侧肌肌力强化练习

仰卧，腘窝处垫泡沫轴，骨盆在中立位，腰部贴紧垫面；呼气，在15°范围内伸直膝关节；吸气，缓慢屈曲膝关节。进阶练习时可采取坐姿，并辅以弹力带抗阻。（图22-7至图22-9）

图22-7 仰卧泡沫轴伸膝

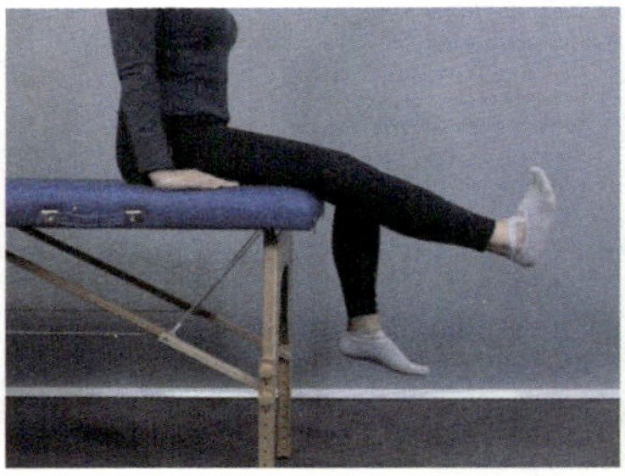

图22-8 坐姿伸膝

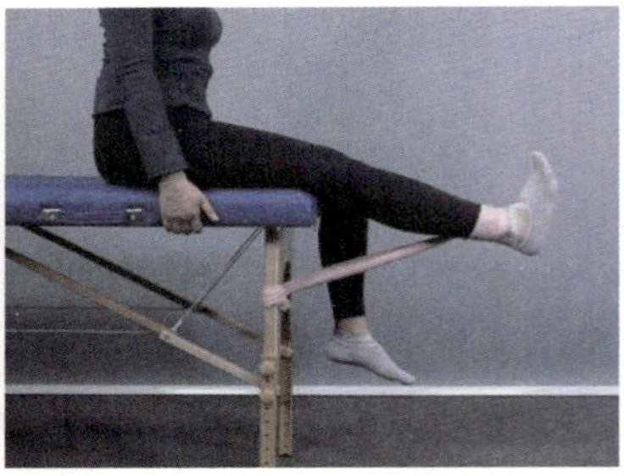

图22-9 坐姿弹力带伸膝

4.3 臀中肌/臀小肌肌力强化练习

（1）蚌式开合（图22-10至图22-12）。

侧卧，头枕下方手臂，上侧手在身体前侧辅助支撑，双腿并拢屈膝，保持骨盆稳定；吸气，打开上侧腿膝部；呼气，上侧腿缓慢落下。进阶练习时，可将上侧手放在骨盆处上抬双侧脚。

图22-10 蚌式开合

图22-11 蚌式开合进阶1

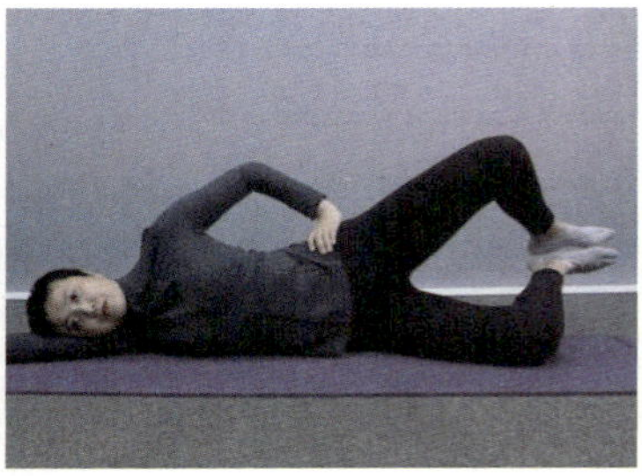

图22-12 蚌式开合进阶2

（2）小狗式（图22-13）。

四足支撑，重心移至非训练侧；呼气时训练侧腿向外充分打开；吸气时训练侧腿缓慢放下；训练侧腿打开与放下时不要翻转骨盆。

（3）四足后外展（图22-14）。

四足支撑，一侧腿伸出脚尖点地；呼气时向后外展；吸气时缓慢放下至脚尖轻触垫面；腿部活动过程中不要翻转骨盆。

图22-13　小狗式

图22-14　四足后外展

（4）站姿单腿后外展（图22-15）。

自然站立，膝部上方绑迷你带；微屈膝，将中心移至非训练脚；呼气，训练腿后外展；吸气，训练腿缓慢还原；腿部活动过程中不要翻转骨盆。

（5）魔鬼步（图22-16）。

半蹲位，膝部上方绑迷你带，抬头挺胸；手脚协调侧向跨步，重心不发生上下移动。

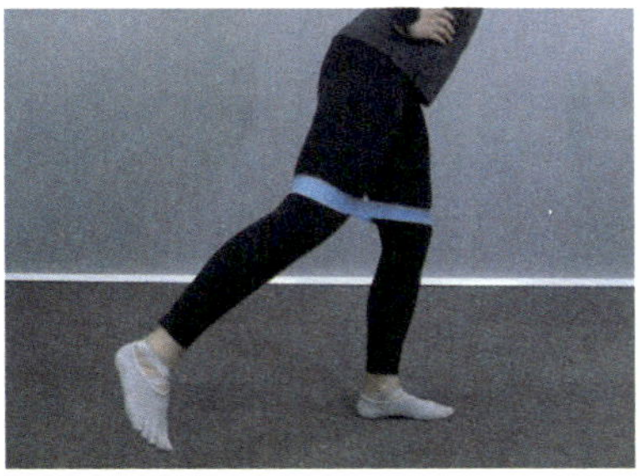

图22-15　站姿单腿后外展

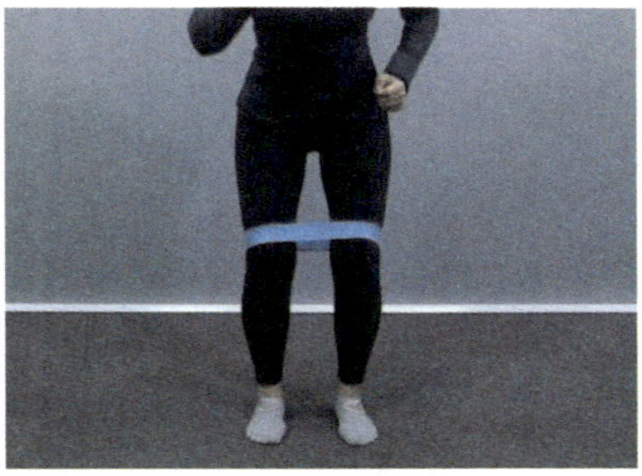

图22-16　魔鬼步

4.4　臀大肌强化练习

（1）俯身提臀（图22-17）。

俯卧，前额枕于手背，双腿弯曲，小腿与地面基本垂直，脚内侧相抵，膝关节往外打开；呼气，收紧核心和臀部，将膝关节抬离垫面；吸气，将膝关节缓慢落下。

（2）双腿硬拉（图22-18）。

自然站立，双手放于腹股沟处，微屈髋屈膝；吸气，向后向上提臀；呼气，脚跟蹬地发力还原。可以在膝部绑迷你带以纠正膝内翻。

图22-17 俯身提臀

图22-18 双腿硬拉

5. 运用贴扎技术

通过角色扮演，演练髂胫束贴扎技术（表22-4），并将贴扎方法填入髂胫束综合征运动康复计划制订与实施任务单（表22-2）。

表22-4 髂胫束贴扎

步骤	准备工作	贴法
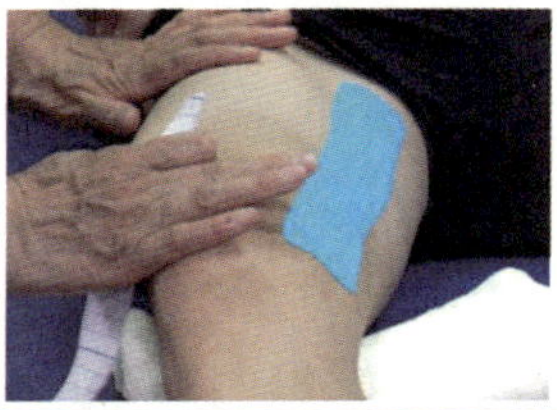	体位：坐姿，腘窝下垫毛巾，股骨外旋 形状：I形 数量：1	锚点：股骨内侧髁 尾点：腹股沟处 拉力：中等拉力
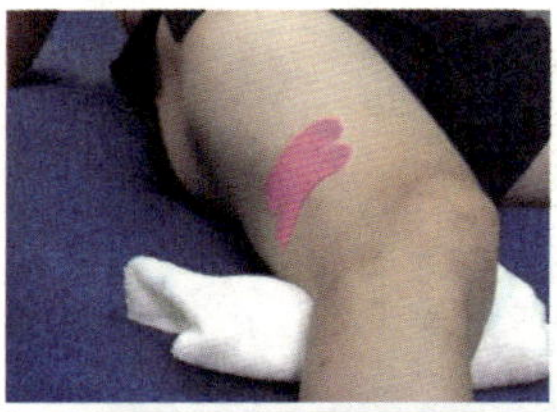	体位：坐姿，腘窝下垫毛巾，股骨内旋 形状：X形 数量：1	锚点：疼痛处 尾点：自然延展 拉力：中等拉力
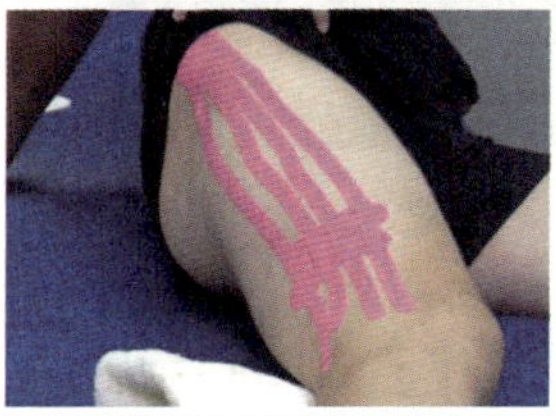	体位：坐姿，腘窝下垫毛巾，股骨内旋 形状：爪形 数量：1	锚点：股骨大转子 尾点：股骨外侧髁附近 拉力：自然拉力

髂胫束贴扎

6. 生活管理教育

请根据案例生活方式，以角色扮演的形式模拟生活管理教育，并将生活管理要点填入髂胫束综合征运动康复计划制订与实施任务单（表22-2）。

膝关节是人体动力链的中间环节，在跑步、落地、变向等动作中都承受着很大的负荷，是容易出现运动损伤的部位。人类天生会跑步，也让人误以为跑步技术简单。事实上，跑步是导致运动伤病最常见的运动之一，跑步的动作非常复杂，大多数跑步造成的受伤是因不正确的跑步姿势导致的，优化跑步技术动作对于降低受伤风险十分重要。

6.1　跑步技术特点及其常见致伤因素

跑步是一项全身性协调运动，跑步的时候以肩为轴摆臂，以髋为轴摆腿，躯干需要保持相对稳定的姿势。

跑步时双脚着地阶段可以分为缓冲期、支撑期和蹬伸期（图22-19）。一般跑步时，脚跟外侧先着地，此时会受到地面比较大的冲击力，踝部迅速外翻，将冲击力转到内侧进行缓冲，之后重心前移，脚掌着地，随后重心继续前移，发力蹬地产生向前、向上的动力，推动身体继续向前移动。

图22-19　跑步时双脚着地阶段的三个时期

跑量、体重、力量、身体姿势等很多因素都会导致人体承受过大的应力负荷，从而超出自身的承受能力和修复能力，引发损伤。如臀中肌不够稳定时，走路和跑步时骨盆明显上下摆动，从而加重对髋关节、膝关节、踝关节的压力。膝关节有积液时，脚落地时受到来自地面的反作用力更大，膝关节不得不增加屈伸动作幅度来进行缓冲，这需要更多的力量才能完成落地动作，这也增加了损伤的风险。

6.2　良好的跑步技术

良好的跑步技术应该是躯干稳定、蹬地摆动协调、着地轻盈的，要避免错误的跑步姿势。良好的跑步技术至少包括以下几个方面：

（1）避免髋内收、膝外翻、足过度旋前。因为髋内收、膝外翻、足过度旋前会对膝关节产生巨大的压力，也更容易出现足底筋膜炎、足跟痛和踝关节扭伤。

（2）适当加快步频，因为着地时间越短，缓冲期受到的地面冲击力越小。着地时，膝关节适度弯曲，有利于分散冲击力对膝关节的作用。

（3）保持躯干稳定，躯干和整个身体保持轻微前倾，但不要含胸驼背。

◆ 思政园地

髂胫束与军姿

我们站立时，不用下肢肌肉用力工作就能保持很长时间站立，就是因为髂胫束处于绷紧状态。比如，站军姿就需要髂胫束一直处于绷紧状态。

军姿是军人的常态，不仅是一种身姿，更是专注的态度，坚毅的品格，执着的精神的表现。不论是在喧闹的广场还是在孤寂的边陲，不论是在酷热的海岛还是在严寒的雪山，不论是否有人看到，中国军人都挺拔着军姿，守护中华儿女，护航伟大复兴中国梦，做维护人类命运共同体和平发展的坚定力量。

任务评价

1. 实训评价

学生根据实训评价标准，自评、互评实训成果和实训表现（表22-5）。评分时，先确定评价等级，再从相应的等级中勾选相应的分数。

表22-5　实训评价标准

评价内容	评价指标	评价等级					
		✿		✿✿		✿✿✿	
筛查评估（12分）	基本资料评估全面、准确	1		2		3	
	健康状态评估全面、准确	1		2		3	
	生活方式评估全面、准确	1		2		3	
	姿势、功能评估全面、准确	1		2		3	
康复计划制订（40分）	目标明确、周期合理	5	6	7	8	9	10
	训练形式、内容科学	5	6	7	8	9	10
	训练强度、难度适宜	5	6	7	8	9	10
	防护与安全教育有效	5	6	7	8	9	10
康复计划实施（40分）	穿着合适、体型健康	5	6	7	8	9	10
	指导方法科学、保护帮助可靠	5	6	7	8	9	10
	示范规范、纠错及时准确	5	6	7	8	9	10
	贴扎熟练、安全教育恰当	5	6	7	8	9	10
团队配合（8分）	分工合理、精神饱满、感染力强	1		2		3	
	场地布置合理，器材准备完善	1		2		3	
	现代化手段运用，思政元素融入	0		1		2	
总分							

2. 学习评价

学生自评、小组互评，评价自己是否完成学习，是否完成评估、康复计划、评价等实训成果资料，实训任务有无遗漏。老师对学生进行的评价包括方案、计划书写是否工整规范，报告成果是否出自实训、是否真实合理且阐述详细，学生自评分析是否合理、收获体会是否深刻，个人能力是否得到提升。（表22-6）

评价按照A（优秀）、B（良好）、C（合格）、D（努力）4个档次进行。

表22-6　学习评价表

任务	完成情况记录
相关理论学习情况	
技能训练情况	
任务完成情况	
任务创新情况	
成果上交情况	
收获	

3. 知识测评

（1）[单选题]髂胫束综合征与（　　）薄弱有关。

A.股直肌　　B.臀大肌　　C.阔筋膜张肌　　D.缝匠肌

（2）[单选题]以下哪个肌肉是单关节肌？（　　）

A.股二头肌长头　　B.臀大肌　　C.股直肌　　D.缝匠肌

（3）[单选题]坐姿腿屈伸主要练习哪块肌肉（　　）。

A.腓肠肌　　B.比目鱼肌　　C.股二头肌　　D.股四头肌

（4）[多选题]蚌式主要可以练习哪些肌肉？（　　　　）

A.臀大肌　　B.臀中肌　　C.臀小肌　　D.梨状肌

（5）[多选题]髂胫束综合征的表现有（　　　　）。

A.膝外侧局部疼痛　　B.膝关节伸直时疼痛明显

C.休息后疼痛好转　　D.上下楼梯时疼痛减轻

扫码答题

任务二十三
髌股关节痛的康复与防护

情景导入

高老师是某省田径队的运动防护师，为该省举办的国际马拉松赛做运动防护保障工作。比赛期间，高老师在运动员休息区对需要帮助的运动员进行肌体拉伸及放松按摩工作，一名运动员完成半程马拉松比赛后双膝关节疼痛，向高老师请求帮助。请你协助高老师评估该运动员的健康状况，并根据其个人需求为其制订康复计划，示范和指导康复训练动作，展示贴扎方法并列举生活管理策略。该运动员的情况如下。

董某，女，56岁，自营餐饮店。马拉松爱好者，每周跑3次，每周跑量约为15km。一个月前她报名参加了某国际马拉松半马赛事，完赛后双膝关节疼痛，上下楼梯特别是下楼时疼痛更明显，久坐起立或蹲起时疼痛加重。涂抹扶他林5日后疼痛缓解。

【医学检查情况】

身高：160cm；体重：57kg；心率：71次/分；血压：112/70mm/Hg；脉搏节律正常；心脏听诊无异常；安静心电图正常；影像检查提示双侧髌骨稍向外上方移位，未见其他异常。

【姿势及功能检查情况】

髌骨碾压试验为阳性。

任务要求

任务内容	髌股关节痛的康复与防护	学习维度		
		识记	理解	应用
学习任务	膝关节的结构及运动学原理	★		
	髌股关节痛的内部和外部原因	★		
	髌股关节痛功能检查方法		★	
	康复训练方法、贴扎技术和生活管理策略		★	
实训任务	识读、评估案例并设计康复计划			★
	指导案例康复训练，实施贴扎技术			★
	开展运动防护教育			★
个人目标				

任务说明

识读案例，分析损伤原因，通过小组协作和角色扮演（运动员、运动防护师、会籍顾问等）填写、汇报髌股关节痛评估任务单（表23–1）和髌股关节痛运动康复计划制订与实施任务单（表23–2），模拟康复训练指导、实施贴扎技术和生活管理教育。

表23–1　髌股关节痛评估任务单

姓名：		年龄：		性别：		BMI：	
损伤史							
医学诊断：				相关损伤史：			
疼痛位置、时长：							
客户目标：							
生活方式							
职业特点：				运动习惯：			
睡眠情况：				吸烟饮酒：			
膳食营养：							
医学检查							
心率：				血压：			
血脂：				血糖：			
其他：							
姿势/动作检查							
检查名称：				结果：			
短期目标（　～　周）							
中期目标（　～　周）							
长期目标（　～　周）							

表23-2　髌股关节痛运动康复计划制订与实施任务单

第一阶段（　~　周）		
目标：		频率：
监控：		
部位（内容）	动作	安排（强度/次数/组数）
第二阶段（　~　周）		
目标：		频率：
监控：		
部位（内容）	动作	安排（强度/次数/组数）
第三阶段（　~　周）		
目标：		频率：
监控：		
部位（内容）	动作	安排（强度/次数/组数）
贴扎		
生活管理教育		

任务准备

1. 阅读任务说明，识读案例。
2. 观看“髌股关节痛”相关的线上资源。
3. 收集髌股关节痛运动康复与防护的知识。
4. 结合髌股关节痛运动康复与防护的知识与技能要求，总结难点和常见问题。

任务实施

1. 认识损伤原因

髌股关节痛有许多名称，如髌股疼痛综合征、髌骨软化症、膝前痛等，是髌骨软骨长期异常的摩擦、挤压发生损伤而导致的病变。由于髌股关节痛和髂胫束综合征一样经常出现在跑步爱好者中，因此有时也被称为跑步膝。

髌股关节痛

1.1　髌股关节痛的表现

髌股关节痛痛点一般位于膝盖前侧下部，很难说清到底是哪里疼痛，在上下楼、做下蹲动作或者登山远足、膝关节深屈时疼痛感会加重。

1.2　膝关节的结构

膝关节是全身最大的关节，由胫股关节和髌股关节组成（图23-1）。完整的股骨、胫骨、髌骨、半月板结构，在交叉韧带、内外侧副韧带等软组织的支持下使膝关节保持静态稳定，限制膝关节的过度运动。膝关节周围的肌肉通常共同作用，传导、吸收、储存能量，控制膝关节活动，维持膝关节动态稳定。

膝关节

髌骨又称膝盖骨，是嵌入股四头肌腱内的一块三角形骨（图23-2）。髌骨上端连接于股四头肌肌腱，下端通过髌韧带连接到胫骨粗隆处。髌骨周围每一侧都有支持带，髌骨的形状与股骨髁间窝匹配，有利于保持髌骨稳定。

髌骨

髌骨在正常的膝关节运动中传导股四头肌跨过膝关节的力量，同时增加股四头肌的力臂，让股四头肌伸膝能力提高了大约25%。

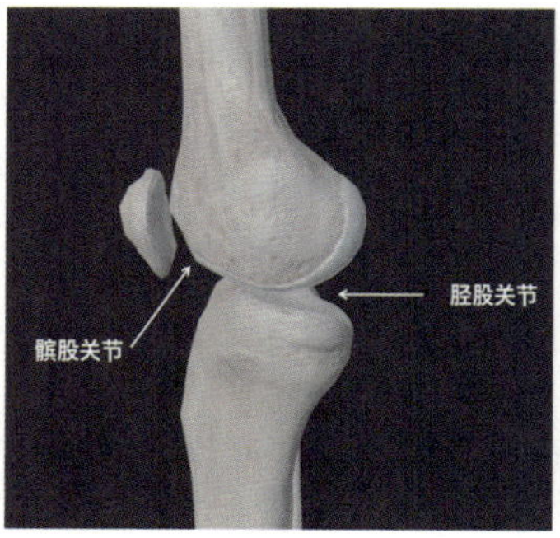

图23-1 膝关节

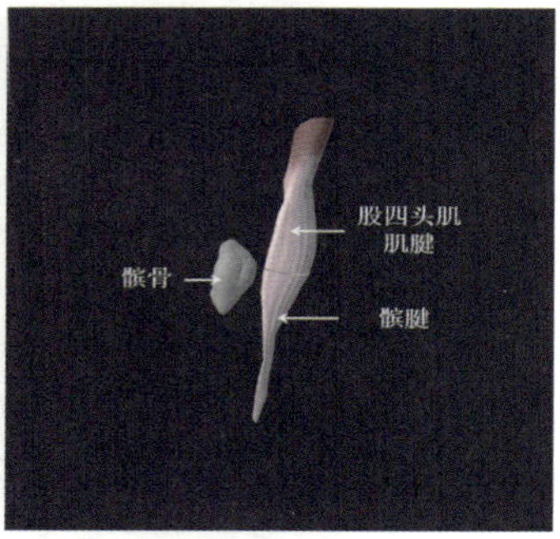

图23-2 髌骨

1.3 膝关节运动学

膝关节最主要的活动是屈伸运动，膝关节的肌肉主要分为屈膝肌和伸膝肌两大类（图23-3），屈膝肌有半膜肌、半腱肌、股二头肌、股薄肌、缝匠肌、腓肠肌、跖肌和腘肌，其中半膜肌、半腱肌、股二头肌构成了腘绳肌，覆盖了大腿后部，是最主要的屈膝肌。

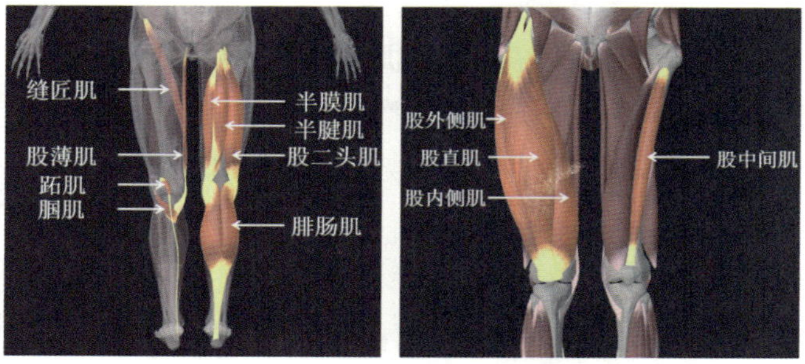

图23-3 屈膝肌和伸膝肌

伸膝肌是股四头肌，由股直肌、股内侧肌、股外侧肌和股中间肌组成，起于股骨或骨盆，它们结合在一起，作为一个整体通过髌骨附着在胫骨粗隆上。其中股直肌跨过髋关节和膝关节，可以使膝关节伸展，髋关节屈曲。股内侧肌可以使膝关节伸展，向内拉动髌骨。股外侧肌可以使膝关节伸展，向外拉动髌骨。股中间位于股直肌深层，可以使膝关节伸展。股四头肌每块肌肉产生的力必须相互平衡，髌骨才能自然滑动。

膝关节屈伸时会伴随胫骨的轻度旋转，髌骨在股骨滑车沟内移动。当膝关节屈曲时，胫骨内旋，髌骨向远端滑动；当膝关节伸展时，胫骨外旋，髌骨向近端滑动。股四头肌的收缩会同时将髌骨向外拉，让髌骨倚靠在股骨外侧的关节面上，防止髌骨外侧半脱位。

膝关节运动时髌骨滑动

1.4 髌股关节痛的内外部原因

髌股关节痛的内部原因是髌骨四周的肌力不平衡。在正常情况下，髌骨软骨不会受到异常的力的作用，几乎没有摩擦。但是，股内侧肌减弱或股外侧肌肥大会造成内外侧肌力不平衡，髂胫束紧张、股骨髁间窝

髌骨外移

外侧面坡度减小使髌骨移动轨迹不正常，过度外移容易导致异常的摩擦和挤压的发生，最终导致疼痛和炎症，甚至是髌骨向外侧脱位。

髌股关节痛的外部原因是膝外翻，也就是膝内扣对髌骨移动轨迹的影响。髋关节外旋、外展肌较弱，会使股骨变为内收、内旋位，坐下、蹲下、下台阶的时候疼痛感尤为明显。股骨的过度内旋和内收会增加膝外翻的角度，膝外翻的角度越大，髌骨过度外移的可能性也越大。同时，足内旋导致的胫骨内移也会增加膝外翻程度，加剧髌骨外移。

膝外翻

2. 实施评估筛查

通过问卷、谈话，结合医学检查结果，分析案例损伤史和生活方式，并在此基础上进行评估检查，了解案例损伤类型和程度，为制订康复计划提供依据。请根据评估筛查结果填写髌股关节痛评估任务单（表23-1）。

2.1 髌骨碾压试验

（1）被测试者仰卧，膝关节伸直；（2）测试者下压被测试者的髌骨，让其收缩股四头肌带动髌骨上下移动；（3）测试者下压被测试者的髌骨向左、右错动。如果出现疼痛感或粗糙摩擦感即为阳性反应。（图23-4）

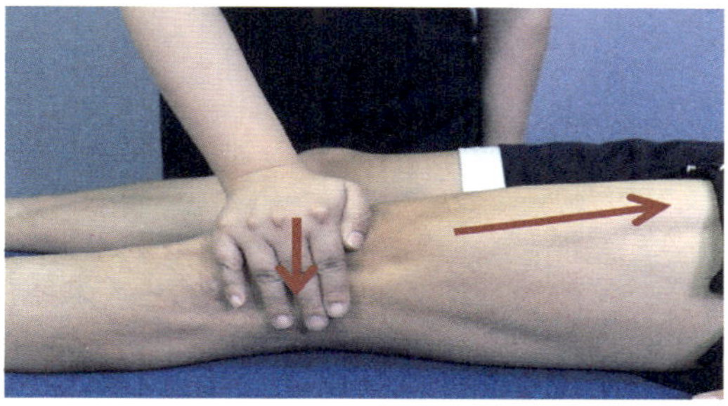

图23-4　髌骨碾压试验

髌骨碾压实验

2.2 伸膝抗阻试验

（1）被测试者仰卧，自然屈曲膝关节；（2）测试者一手放在被测试者患侧膝后方，另一手握住小腿前方给予一定阻力，让被测试者膝关节由屈曲位逐渐伸直。伸膝无力或出现疼痛即为阳性反应。（图23-5）

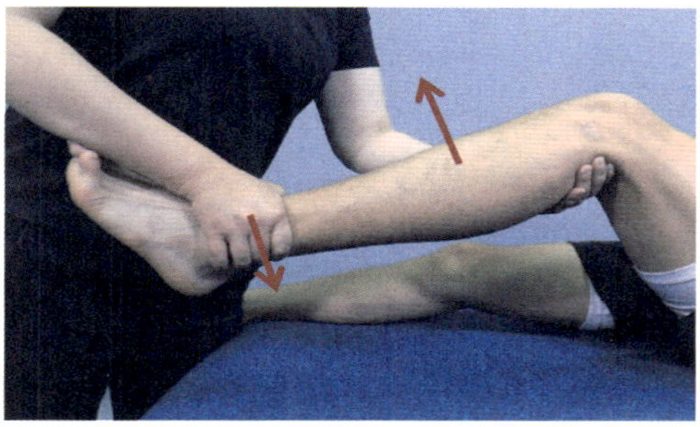

图23-5　伸膝抗阻试验

伸膝抗阻试验

3. 制订康复计划

通过分析髌股关节痛产生的原因，结合评估检查情况，改善髌股关节痛的训练思路如图23-6所示，请根据评估筛查结果填写髌股关节痛运动康复计划制订与实施任务单（表23-2）。

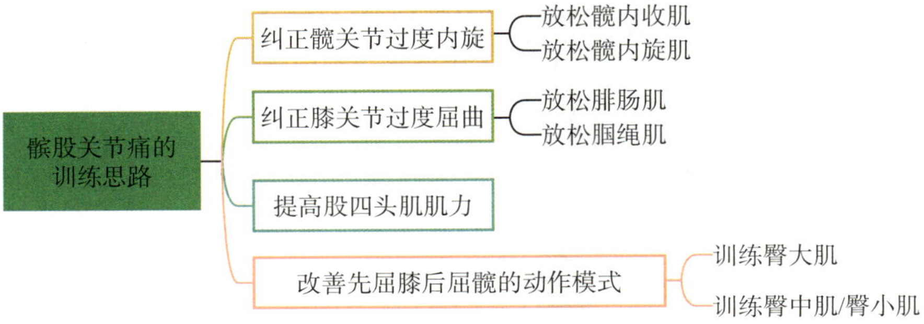

图23-6　改善髌股关节痛的训练思维导图

4. 指导康复训练

通过角色扮演，根据评估结果进行康复训练指导。

指导康复训练

4.1　纠正髋关节过度内旋

（1）髋内收肌放松（图23-7）。

俯卧，前臂支撑保持身体平衡，一侧大腿内侧放在泡沫轴上，向膝关节方向滚动，找到酸痛感最明显的点，在痛点附近小范围滚动泡沫轴放松。

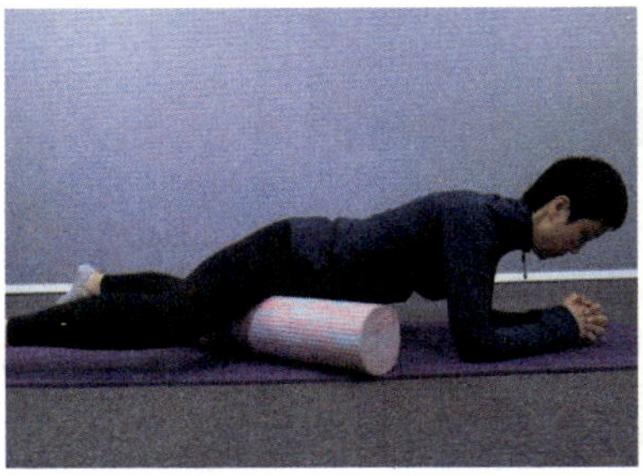

图23-7　髋内收肌放松

（2）髋内收肌拉伸（图23-8、图23-9）。

束角式，坐姿，两脚心相对向会阴方向靠拢；两手放在膝盖上方轻微下压，坚持约30秒。

蝴蝶式，坐姿，两脚心相对向会阴方向靠拢；两手交叉握于两脚背处，两腿像蝴蝶翅膀一样上下扇动。

图23-8　束角式

图23-9　蝴蝶式

4.2 改善膝关节过度屈曲

（1）腓肠肌放松（图23-10）。

坐姿，一侧小腿放在泡沫轴上，双手在体后支撑，臀部轻微抬离垫面；外旋膝关节，泡沫轴在腓肠肌外侧头滚动；内旋膝关节，泡沫轴在腓肠肌内侧头滚动进行放松。

图23-10　腓肠肌泡沫轴滚动

（2）腘绳肌拉伸（图23-11至图23-13）。

仰卧，拉伸侧屈髋屈膝约90°，双手放在拉伸腿大腿后侧，反复伸膝、屈膝。进阶拉伸时，可以坐在床沿，腰背挺直，一侧腿反复伸膝、屈膝。或跨栏式坐在按摩床上，躯干向前移动。

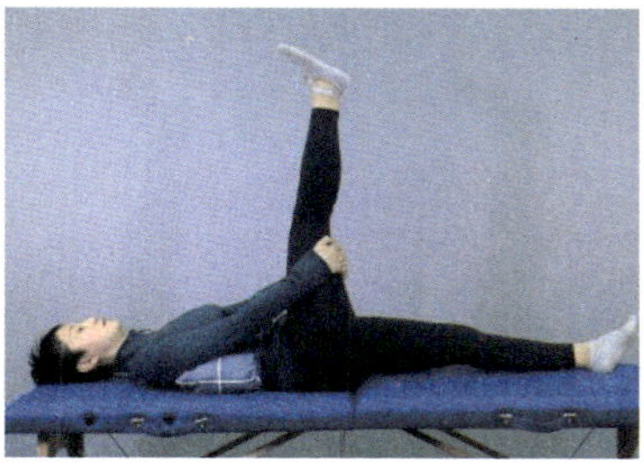

图23-11　仰卧直腿伸膝

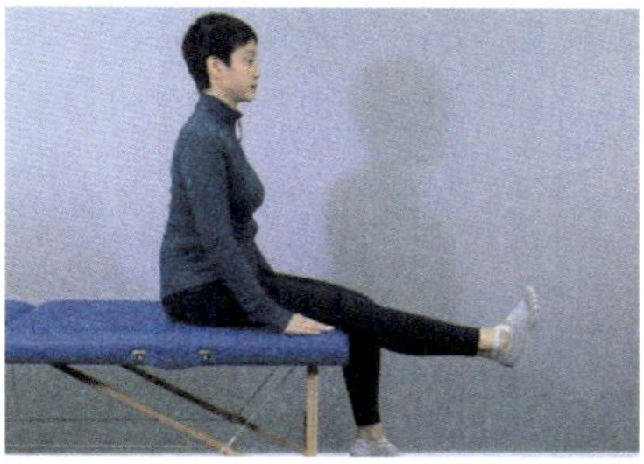

图23-12　坐姿腿屈伸

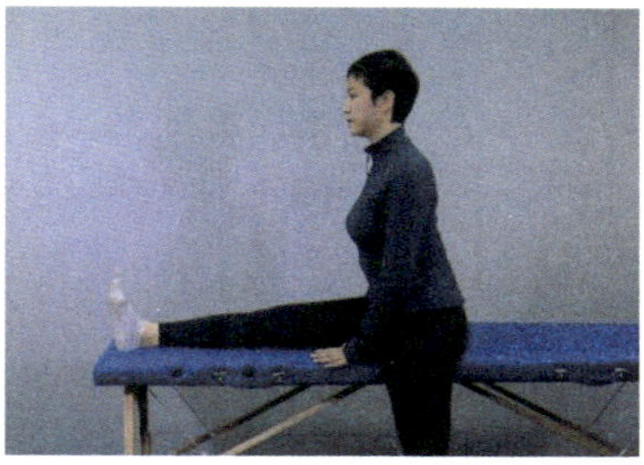

图23-13　跨栏式坐拉伸

4.3 股四头肌整体肌肉力量练习

靠墙蹲（图23-14、图23-15）。

靠墙站立，双脚距离墙壁一脚长，躯干靠于墙面，微屈膝；背部和骨盆沿着墙面向下滑动，骨盆不要离开墙面，膝关节不要完全伸直。也可以抬起一侧脚进行进阶练习。

图23-14　靠墙蹲

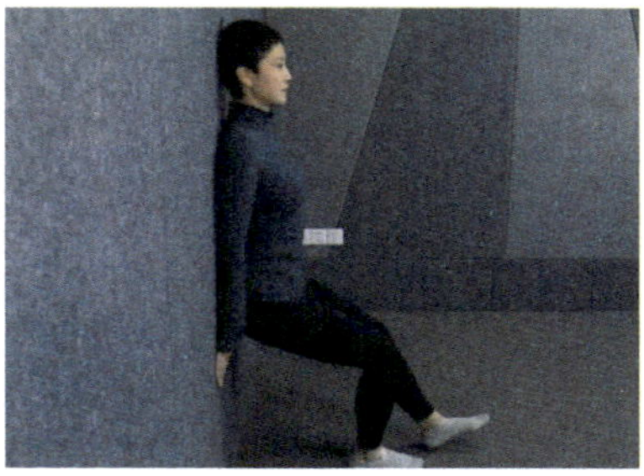

图23-15　靠墙单腿蹲

4.4 髋外展肌、外旋肌练习

臀大肌、臀中肌、臀小肌的训练还可以参考任务二十二。

（1）平板支撑（图23–16）。

俯卧，双手和单膝触地，脊柱处于中立位；呼气时另一侧腿伸展至平板支撑姿势；正常呼吸，根据体力，保持10～30秒。

（2）平板腿拉伸（图23–17）。

以平板支撑姿势开始，一侧腿缓慢抬离地面，呼气，继续上抬腿；吸气，降低腿部，轻触垫面。

图23–16 平板支撑

图23–17 平板腿拉伸

（3）单腿侧滑（图23–18）。

自然站立，双脚与髋同宽，屈髋与躯干夹角约135°；膝关节微屈，将重心移至训练侧脚；吸气，对侧脚擦地靠近训练侧脚；呼气，对侧脚向外滑。

（4）骨盆下沉（图23–19）。

训练侧腿站在10cm高的台阶上，微屈膝；吸气，骨盆向对侧倾斜，对侧脚轻触地面；呼气，训练侧臀中肌收缩，带动对侧骨盆抬高，对侧腿回到略高于台阶的位置。

（5）弹力带单腿蹲（图23–20）。

训练侧腿支撑，对侧腿屈膝后伸；训练侧膝关节外侧缠绕弹力带，弹力带向对侧拉；完成小幅度的下蹲。

图23–18 单腿侧滑

图23–19 骨盆下沉

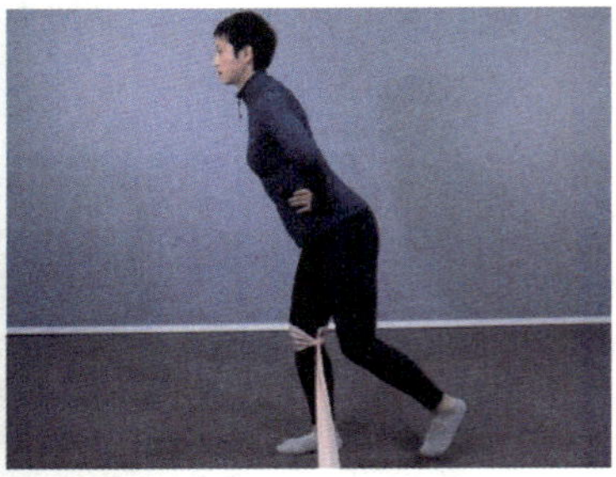

图23–20 弹力带单腿蹲

5. 运用贴扎技术

通过角色扮演，演练髌股关节痛贴扎（表23–3）和股四头肌拉伤贴扎（表23–4）技术，并将贴扎方法填入髌股关节痛运动康复计划制订与实施任务单（表23–2）。

表23-3　髌股关节痛贴扎

步骤	准备工作	贴法
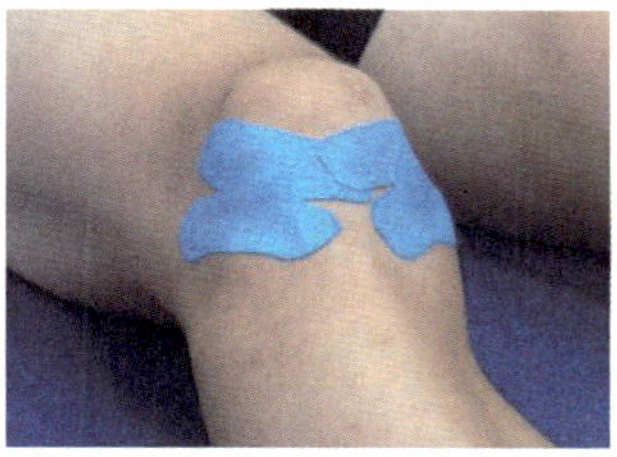	体位：坐姿，微屈膝 形状：X形 数量：2	锚点：髌腱两侧 尾点：自然延展 拉力：中等拉力
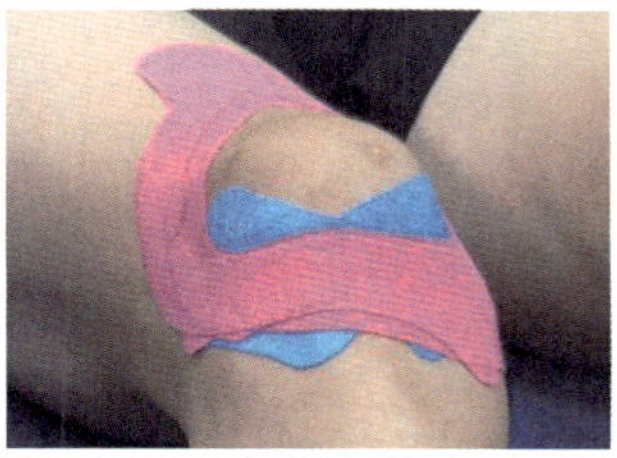	体位：坐姿，微屈膝 形状：Y形 数量：2	锚点：股直肌下段1/3处 尾点：髌腱 拉力：自然拉力
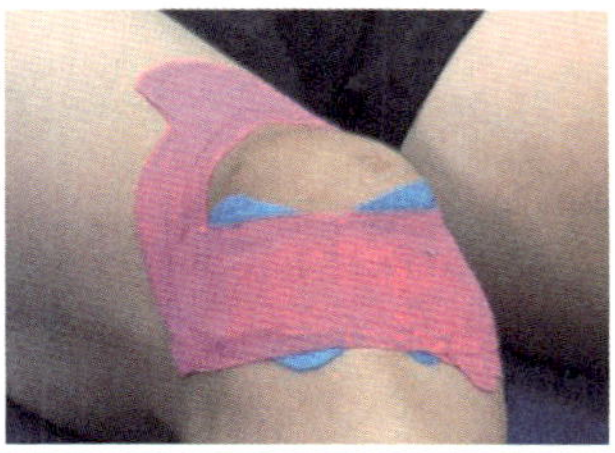	体位：坐姿，微屈膝 形状：I形 数量：1	锚点：髌腱 尾点：股骨内、外侧髁 拉力：自然拉力

髌股关节痛贴扎

表23-4　股四头肌拉伤贴扎

步骤	准备工作	贴法
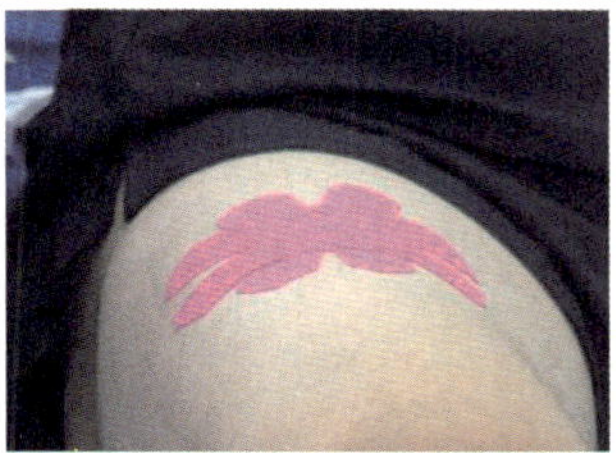	体位：坐姿，伸膝 形状：X形 数量：2	锚点：股直肌中段 尾点：自然延展 拉力：中等拉力
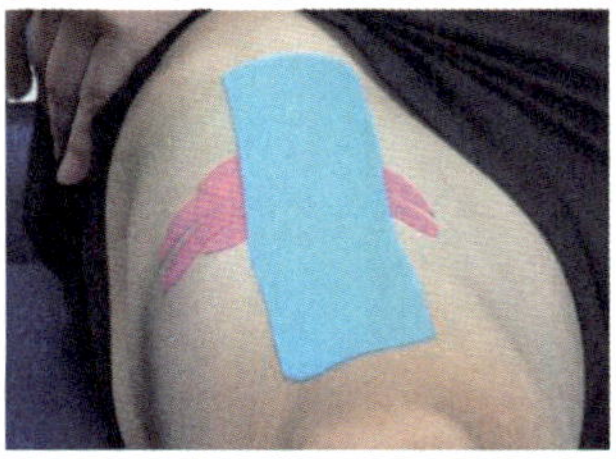	体位：坐姿，伸膝 形状：I形 数量：1	锚点：股直肌中段 尾点：股直肌上段、髌骨上方 拉力：自然拉力
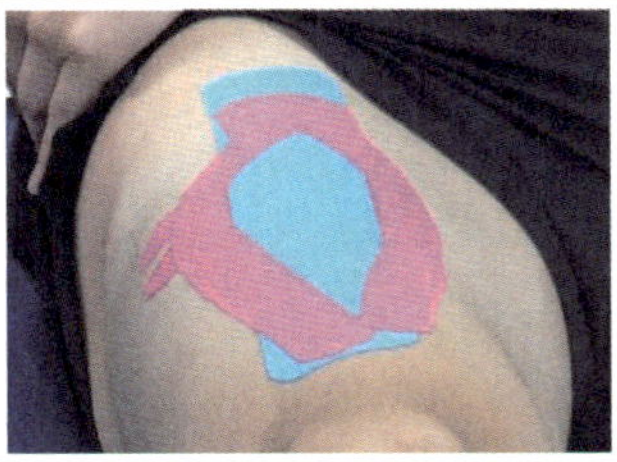	体位：坐姿，伸膝 形状：Y形 数量：1	锚点：股直肌上段 尾点：髌骨上方 拉力：自然拉力

股四头肌拉伤贴扎

6. 生活管理教育

请根据案例生活方式，以角色扮演的形式模拟生活管理教育，并将生活管理要点填入髂股关节痛运动康复计划制订与实施任务单（表23–2）。

避免膝关节的损伤，要注意选择合适的运动负荷、运动量，运动中穿带缓冲的运动鞋，佩戴护具。优先选择骑自行车、游泳等对膝关节压力较小的运动。日常生活中要减少对髌骨的压力，特别是减少持重物下蹲、长距离跑步、长时间行走、爬楼梯、跪坐和蹲坐的次数。纠正膝内扣、过度屈膝、先屈膝后屈髋的动作模式，体重过大的需要减脂减重。

6.1 下肢姿势与髌股关节压力

当膝盖伸直或轻微弯曲时，髌骨和股骨之间的压力最小。需要深屈膝盖、跳跃和着地、推拉重物、起停的运动和活动对髌股关节和髌腱造成的压力较大。在水平面上行走时，髌骨对股骨的压力是体重的1.8倍，这个压力在上楼时是体重的3.5倍，下楼时是体重的5倍左右。当跑步或起跳着地时，压力可超过体重的10～12倍。所以髌股关节痛会出现下楼比上楼疼，下山比上山更疼的特点。

6.2 蹲与髌股关节痛

在日常生活和健身训练时，经常需要做下蹲动作或进行深蹲练习。深蹲时，需要全身各节段的肌肉共同参与，小腿三头肌、股四头肌、腘绳肌、臀大肌、臀中肌、竖脊肌、腹肌等协同作用，让踝关节、膝关节、髋关节在良好的力线上运动，并保持躯干正直。但是大部分人经常用弯腰来代替屈髋，长此以往，屈髋肌紧张，臀肌被拉长和减弱，不能让骨盆和膝保持稳定的姿势。

刚开始练习深蹲时，双脚打开与肩同宽，脚尖略向外，背部挺直，收紧核心，臀部向后坐，屈曲髋关节，身体重心后移，让站立时微屈的膝关节自然伸直，然后再屈膝下蹲，体会先屈髋再屈膝的感觉，此时臀部会很好地固定身体姿势，膝关节也难以超过脚尖。

在下蹲过程中，注意不要膝外翻（内扣），可以在膝上绑迷你带纠正（图23–21）。

在下蹲过程中，不要过度追求动作幅度，起身时不要过度向前顶髋，避免骨盆过度前后倾斜（图23–22）。

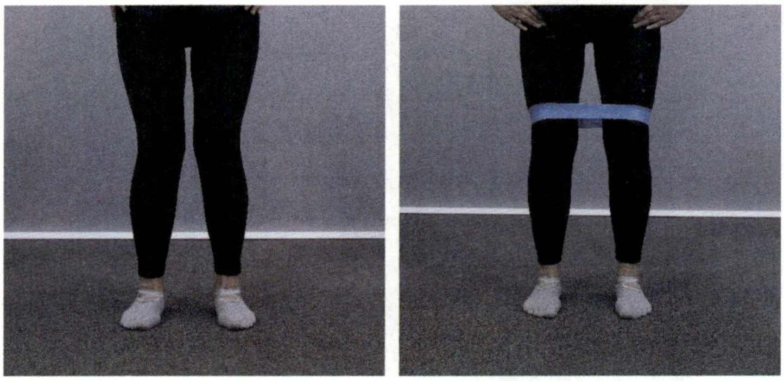

图23–21　利用迷你带纠正下蹲时膝外翻（内扣）

图23-22　深蹲时骨盆过度倾斜

◆ 思政园地

如何看待“跑步百利唯伤膝”的说法?

一些网络资料提出“跑步百利唯伤膝”，你同意这种说法吗?

看待问题应该尊重事实和证据，用科学的思维方式认识、理解事物，解决问题、指导行为。

相比静坐少动的人群来说，健身跑爱好者髋关节炎和膝关节炎的发生率更低，健身跑可以保护膝关节免受静坐少动带来的危害。业余马拉松等高强度、大运动量的跑步运动，的确存在膝关节损伤的风险。但这种风险不是跑步本身带来的，而是由错误的跑姿、不平衡的肌力、异常的下肢力线、错误的动作模式、过度的负荷等原因造成的，可以通过训练进行纠正。确实由于各种因素不适合参与跑步运动时，也不要因噎废食放弃运动，可以选择其他对膝关节压力较小的运动。

任务评价

1. 实训评价

学生根据实训评价标准，自评、互评实训成果和实训表现（表23-5）。评分时，先确定评价等级，再从相应的等级中勾选相应的分数。

表23-5　实训评价标准

评价内容	评价指标	评价等级					
		✿		✿✿		✿✿✿	
筛查评估（12分）	基本资料评估全面、准确	1		2		3	
	健康状态评估全面、准确	1		2		3	
	生活方式评估全面、准确	1		2		3	
	姿势、功能评估全面、准确	1		2		3	
康复计划制订（40分）	目标明确、周期合理	5	6	7	8	9	10
	训练形式、内容科学	5	6	7	8	9	10
	训练强度、难度适宜	5	6	7	8	9	10
	防护与安全教育有效	5	6	7	8	9	10
康复计划实施（40分）	穿着合适、体型健康	5	6	7	8	9	10
	指导方法科学、保护帮助可靠	5	6	7	8	9	10
	示范规范、纠错及时准确	5	6	7	8	9	10
	贴扎熟练、安全教育恰当	5	6	7	8	9	10
团队配合（8分）	分工合理、精神饱满、感染力强	1		2		3	
	场地布置合理，器材准备完善	1		2		3	
	现代化手段运用，思政元素融入	0		1		2	
总分							

2. 学习评价

学生自评、小组互评，评价自己是否完成学习，是否完成评估、康复计划、评价等实训成果资料，实训任务有无遗漏。老师对学生进行的评价包括方案、计划书写是否工整规范，报告成果是否出自实训、是否真实合理且阐述详细，学生自评分析是否合理、收获体会是否深刻，个人能力是否得到提升。（表23-6）

评价按照A（优秀）、B（良好）、C（合格）、D（努力）4个档次进行。

表23-6　学习评价表

任务	完成情况记录
相关理论学习情况	
技能训练情况	
任务完成情况	
任务创新情况	
成果上交情况	
收获	

3. 知识测评

（1）[判断题]前交叉韧带的作用是防止胫骨过度向前。（　）

（2）[判断题]正确的下蹲动作模式是先屈膝后屈髋。(　　)

（3）[判断题]屈膝时内侧副韧带较为松弛。(　　)

（4）[判断题]能使膝关节伸展的主要肌肉是股四头肌。(　　)

（5）[单选题]膝关节突然性过伸动作易导致（　　）发生损伤。

A.膝前交叉韧带　B.膝内侧副韧带　C.膝外侧副韧带　D.膝后交叉韧带

（6）[单选题]膝关节交锁多发生于（　　）损伤。

A.膝外侧副韧带　B.膝关节交叉韧带　C.膝内侧副韧带　D.半月板

（7）[单选题]膝关节由（　　）组成。

A.股骨、胫骨和髌骨　B.股骨、胫骨和腓骨　C.股骨和胫骨　D.股骨和腓骨

（8）[多选题]杠铃深蹲主要练习哪块肌肉？(　　　　)

A.腓肠肌　B.比目鱼肌　C.股四头肌　D.臀大肌

（9）[多选题]能够产生膝关节屈曲的肌肉有（　　　　）。

A.股四头肌　B.股二头肌　C.半腱肌　D.半膜肌

（10）[多选题]束角式可以拉伸到哪些肌肉？(　　　　)

A.长收肌　B.短收肌　C.大收肌　D.缝匠肌

（11）[多选题]下列哪些肌肉骨骼损伤俗称为“跑步膝”？(　　　　)

A.髂胫束综合征　B.髌腱炎　C.半月板撕裂　D.髌股疼痛综合征

扫码答题

任务二十四
踝关节韧带扭伤的康复与防护

情景导入

郭教练是某体育教培机构的体能教练员，一名初中生习惯性踝关节扭伤，请你帮助郭教练评估该学生的健康状况，根据该学生的需求为其制订康复计划，示范和指导康复训练动作，展示贴扎方法并列举生活管理策略。该学生的情况如下。

马某，男，15岁，初中生，喜欢参加各项体育活动，3个月后即将参加中考体育测试，考试项目为1000米跑、50米跑、立定跳远等。在一次打篮球时右脚扭伤，未经处理，近1个月内在练习中考体测项目时反复扭伤。

【医学检查情况】

身高：166cm；体重：64kg；心率：72次/分；血压：110/68mmHg；脉搏节律正常；心脏听诊无异常；安静心电图正常；影像检查未见异常。

【姿势及功能检查情况】

踝关节前抽屉试验呈阳性。

任务要求

任务内容	踝关节韧带扭伤的康复与防护	学习维度		
		识记	理解	应用
学习任务	足踝部关节、韧带结构	★		
	足踝部稳定踝关节肌肉功能	★		
	康复训练方法、贴扎技术和生活管理策略		★	
实训任务	识读、评估案例并设计康复计划			★
	指导案例康复训练，实施贴扎技术			★
	开展运动防护教育			★
个人目标				

任务说明

识读案例，分析损伤原因，通过小组协作和角色扮演（学生、教练员、助教员、会籍顾问等）填写、汇报踝关节韧带扭伤评估任务单（表24–1）和踝关节韧带扭伤运动康复计划制订与实施任务单（表24–2），模拟康复训练指导、实施贴扎技术和生活管理教育。

表24–1　踝关节韧带扭伤评估任务单

<table>
<tr><td>姓名：</td><td></td><td>年龄：</td><td></td><td>性别：</td><td></td><td>BMI：</td><td></td></tr>
<tr><td colspan="8">损伤史</td></tr>
<tr><td colspan="4">医学诊断：</td><td colspan="4">相关损伤史：</td></tr>
<tr><td colspan="8">疼痛位置、时长：</td></tr>
<tr><td colspan="8">客户目标：</td></tr>
<tr><td colspan="8">生活方式</td></tr>
<tr><td colspan="4">职业特点：</td><td colspan="4">运动习惯：</td></tr>
<tr><td colspan="4">睡眠情况：</td><td colspan="4">吸烟饮酒：</td></tr>
<tr><td colspan="8">膳食营养：</td></tr>
<tr><td colspan="8">医学检查</td></tr>
<tr><td colspan="4">心率：</td><td colspan="4">血压：</td></tr>
<tr><td colspan="4">血脂：</td><td colspan="4">血糖：</td></tr>
<tr><td colspan="8">其他：</td></tr>
<tr><td colspan="8">姿势/动作检查</td></tr>
<tr><td colspan="4">检查名称：</td><td colspan="4">结果：</td></tr>
<tr><td colspan="4"></td><td colspan="4"></td></tr>
<tr><td colspan="4"></td><td colspan="4"></td></tr>
<tr><td colspan="4"></td><td colspan="4"></td></tr>
<tr><td colspan="8">短期目标（　~　周）</td></tr>
<tr><td colspan="8"></td></tr>
<tr><td colspan="8"></td></tr>
<tr><td colspan="8">中期目标（　~　周）</td></tr>
<tr><td colspan="8"></td></tr>
<tr><td colspan="8"></td></tr>
<tr><td colspan="8">长期目标（　~　周）</td></tr>
<tr><td colspan="8"></td></tr>
<tr><td colspan="8"></td></tr>
</table>

表24-2 踝关节韧带扭伤运动康复计划制订与实施任务单

<table>
<tr><th colspan="3">第一阶段（ ~ 周）</th></tr>
<tr><td colspan="2">目标：</td><td>频率：</td></tr>
<tr><td colspan="2">监控：</td><td>时间：</td></tr>
<tr><td>部位（内容）</td><td>动作</td><td>安排（强度/次数/组数）</td></tr>
<tr><td></td><td></td><td></td></tr>
<tr><td></td><td></td><td></td></tr>
<tr><td></td><td></td><td></td></tr>
<tr><td></td><td></td><td></td></tr>
<tr><td></td><td></td><td></td></tr>
<tr><th colspan="3">第二阶段（ ~ 周）</th></tr>
<tr><td colspan="2">目标：</td><td>频率：</td></tr>
<tr><td colspan="2">监控：</td><td>时间：</td></tr>
<tr><td>部位（内容）</td><td>动作</td><td>安排（强度/次数/组数）</td></tr>
<tr><td></td><td></td><td></td></tr>
<tr><td></td><td></td><td></td></tr>
<tr><td></td><td></td><td></td></tr>
<tr><td></td><td></td><td></td></tr>
<tr><td></td><td></td><td></td></tr>
<tr><th colspan="3">第三阶段（ ~ 周）</th></tr>
<tr><td colspan="2">目标：</td><td>频率：</td></tr>
<tr><td colspan="2">监控：</td><td>时间：</td></tr>
<tr><td>部位（内容）</td><td>动作</td><td>安排（强度/次数/组数）</td></tr>
<tr><td></td><td></td><td></td></tr>
<tr><td></td><td></td><td></td></tr>
<tr><td></td><td></td><td></td></tr>
<tr><td></td><td></td><td></td></tr>
<tr><td></td><td></td><td></td></tr>
<tr><th colspan="3">贴扎</th></tr>
<tr><td colspan="3"></td></tr>
<tr><td colspan="3"></td></tr>
<tr><th colspan="3">生活管理教育</th></tr>
<tr><td colspan="3"></td></tr>
<tr><td colspan="3"></td></tr>
</table>

任务准备

1. 阅读任务说明，识读案例。
2. 观看“踝关节韧带扭伤”相关的线上资源。
3. 收集踝关节韧带扭伤运动康复与防护的知识。
4. 结合踝关节韧带扭伤运动康复与防护的知识与技能要求，总结难点和常见问题。

任务实施

1. 认识损伤原因

足和踝在人体行走、跑动时支撑身体重量、传递作用力，是保持平衡，适应不同平面的重要部位，踝关节是运动损伤发生率最高的关节，踝关节韧带扭伤是最常见的运动损伤之一。

1.1　踝关节韧带扭伤的表现和类型

根据损伤的部位，踝关节韧带扭伤可以分为内翻扭伤、外翻扭伤和骨间膜扭伤。内翻扭伤占踝关节韧带扭伤的90%左右。外翻扭伤比较少见，但外翻扭伤比较严重，通常是外翻位撕脱性骨折伴有三角韧带扭伤。骨间膜扭伤通常是在强大的外部旋转或足背屈作用下被撕裂，常常同时伴有内外侧韧带的严重损伤，在恢复中需要固定的时间更长。

踝关节扭伤类型

1.2　踝关节和距下关节

踝关节又称距小腿关节，在功能活动和体育运动中，踝关节通常和足部的骨骼、关节、肌肉相互配合完成关节活动、适应各种地面。距下关节是人体非常重要的承重关节，是关联小腿和足的重要枢纽结构，不但可以承受下肢的压力，还可以传递身体旋转时出现的应力。（表24-3）

踝关节和距下关节

表24-3　踝关节和距下关节

肌肉		组成	关节活动
踝关节 （距小腿关节）	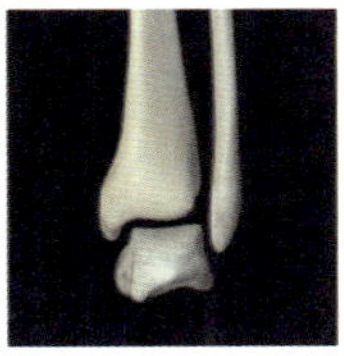	距骨滑车与远端胫腓骨凹腔	背屈：0～20° 跖屈：0～50° 第五跖骨和腓骨之间的夹角为90°时，踝关节处于中立位

续表

肌肉		组成	关节活动
距下关节	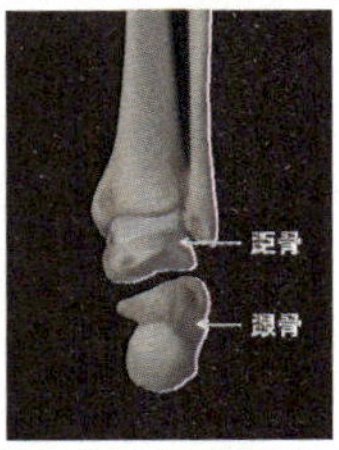	距骨下表面和跟骨上表面	内翻/内收：20° 外翻/外展：15° 冠状面和水平面的组合活动

1.3 影响踝关节稳定的因素

（1）骨骼结构。

距骨顶部前宽后窄（图24–1），所以，当足背屈时，大多数侧副韧带和所有跖屈肌处于拉伸位置，距骨滑车较宽的前部滑入榫眼，此时距骨与榫眼紧密贴合，踝关节最为稳定。跖屈时，大部分副韧带和所有跖屈肌变得松弛，距骨顶部较窄的部分滑入榫眼，此时距骨与榫眼贴合最不紧密，踝关节最不稳定，容易造成韧带扭伤。

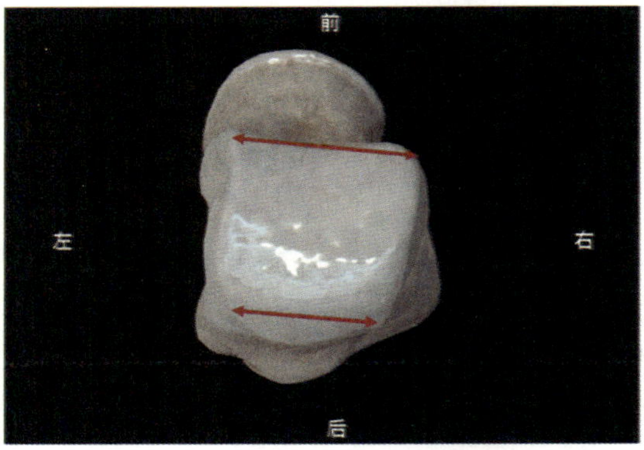

图24–1　距骨（右俯视图）

（2）韧带分布。

骨间膜将胫骨与腓骨结合起来，也是很多足踝肌肉的附着点，为远端胫腓关节和踝关节提供稳定性。三角韧带起自内踝，分为三束，合体形成三角形结构，韧带厚实、宽阔且坚固，主要限制跟骨外翻。与三角韧带相比，外侧副韧带（距腓前韧带、跟腓韧带、距腓后韧带）更为松弛、薄弱，加之内翻活动度大于外翻活动度，故更容易出现内翻扭伤。（图24–2）

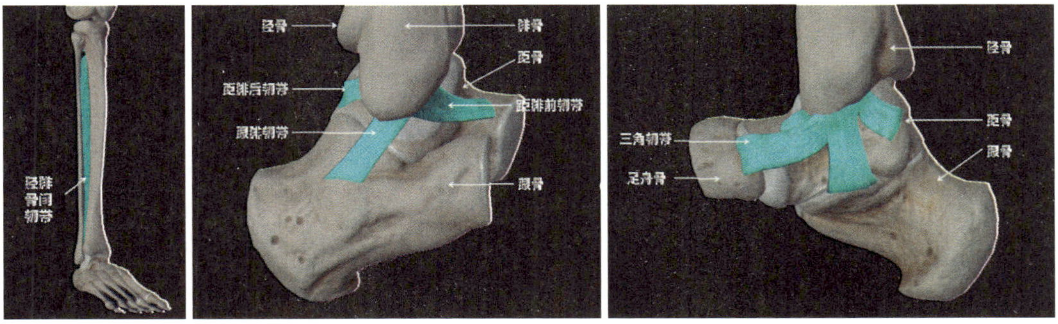

图24-2　稳定足踝的主要韧带

（3）肌肉分布。

足踝和小腿外侧、前侧、后侧附着的肌肉相互协调，以维持踝关节的稳定（表24-4）。

维持踝关节稳定的主要肌肉

表24-4　维持踝关节稳定的主要肌肉

肌肉		位置	主要功能
胫骨前肌	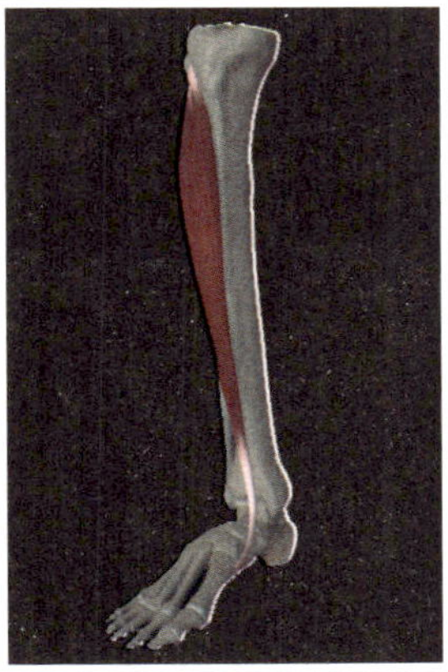	起点：胫骨上端外侧面 止点：内侧楔骨内面、第1跖骨底	使足背屈； 使足内翻
腓骨长肌	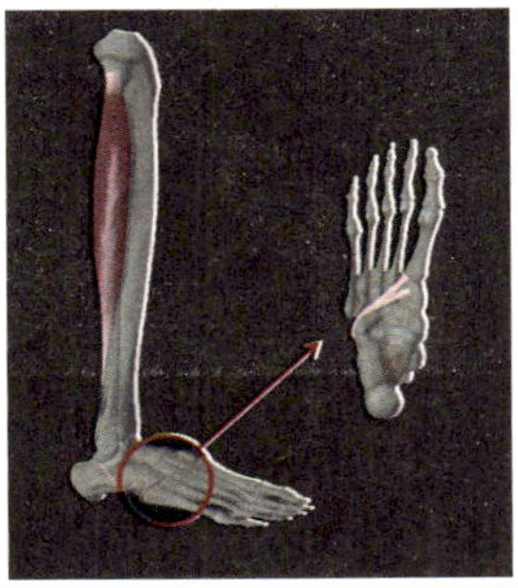	起点：腓骨外侧上2/3处 止点：内侧楔骨、第1跖骨底	使足跖屈； 使足外翻

续表

肌肉		位置	主要功能
小腿三头肌	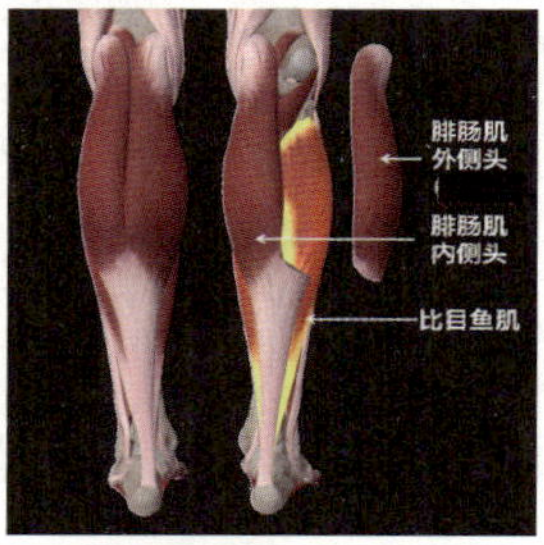	腓肠肌（浅层） 起点：股骨外上髁、内上髁后面 止点：跟骨结节 比目鱼肌（深层） 起点：腓骨上端、比目鱼肌腱弓、胫骨上段 止点：跟骨结节	腓肠肌使足跖屈、膝屈； 比目鱼肌使足跖屈
胫骨后肌	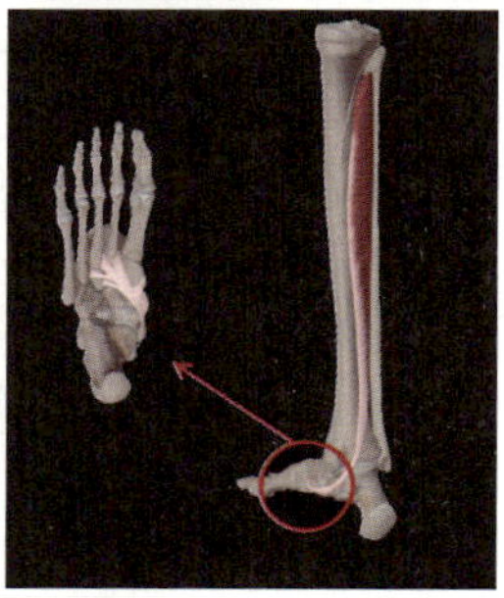	起点：胫、腓骨后面及骨间膜 止点：舟骨粗隆处	使足跖屈； 使足内翻； 维持足弓

2. 实施评估筛查

通过问卷、谈话，结合医学检查结果，分析案例损伤史和生活方式，并在此基础上进行姿势和功能检查，了解案例损伤类型和程度，为制订康复计划提供依据。请根据评估筛查结果填写踝关节韧带扭伤评估任务单（表24-1）。

2.1 前抽屉试验

（1）被测试者坐在按摩床边上，屈曲膝关节，腓肠肌放松；

（2）测试者一手固定被测试者小腿，另一手握住被测试者跟骨，用前臂支撑被测试者足部，使足轻微跖屈；

（3）固定住被测试者胫骨的同时，将被测试者跟骨和距骨向前拉动；如果有明显空洞感或疼痛感，则提示距腓前韧带扭伤。（图24-3）

前抽屉试验

2.2 距骨倾斜试验

（1）距骨倾斜试验检查跟腓韧带时，被测试者仰卧或坐在按摩床上；

（2）测试者一手固定被测试者小腿，另一手抓住被测试者跟骨和距骨，用前臂支撑被测试者足部，使足背屈约10°，让跟腓韧带紧张；

（3）测试者手指放在被测试者跟腓韧带处，带动跟骨内翻；如果距骨倾斜或间隙过大，或有疼痛感，则提示跟腓韧带扭伤。跟腓韧带损伤时，往往伴随距腓前韧带和距腓后韧带损伤。（图24-4）

距骨倾斜试验
（跟腓韧带）

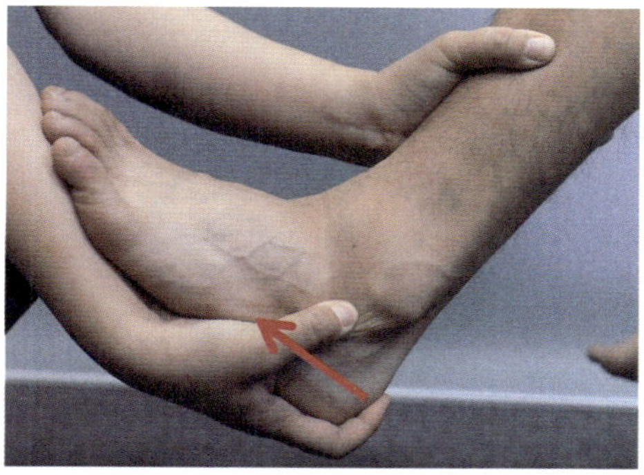

图24-3　前抽屉试验

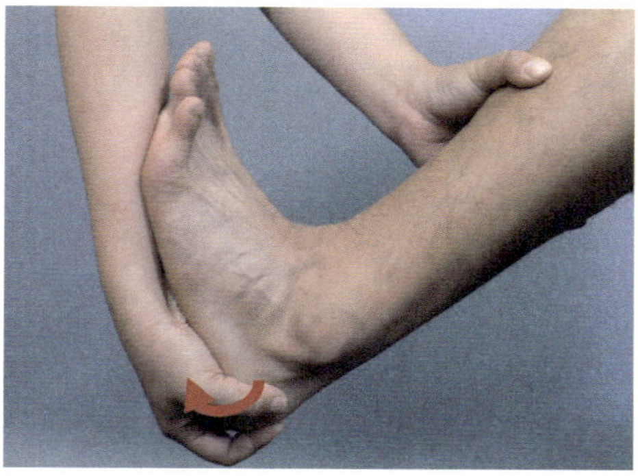

图24-4　距骨倾斜试验

2.3　距骨倾斜试验

（1）距骨倾斜试验检查三角韧带完整性时，被测试者仰卧或坐在按摩床上；

（2）测试者一手固定被测试者小腿，另一手抓住被测试者跟骨和距骨，用前臂支撑被测试者脚部，让脚踝处于中立位；

（3）测试者手指放在被测试者三角韧带处，带动跟骨外翻；如果距骨倾斜或间隙过大，或有疼痛感，则提示三角韧带扭伤。（图24-5）

距骨倾斜试验（三角韧带）

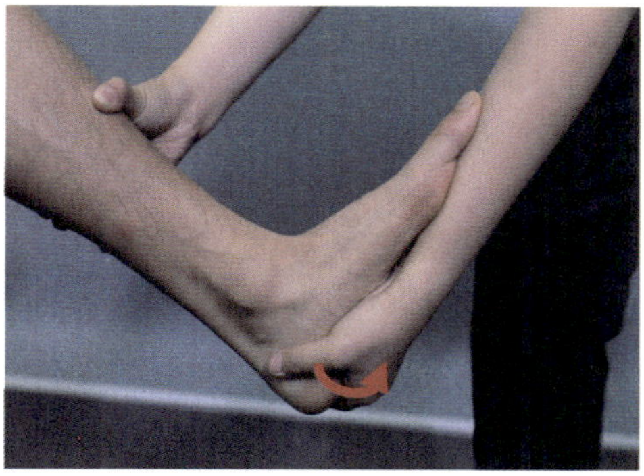

图24-5　距骨倾斜试验

3. 制订康复计划

通过分析踝关节韧带扭伤产生的原因，结合踝关节扭伤的发展阶段，根据评估检查情况，改善踝关节韧带扭伤的训练思路如图24-6所示，请根据评估筛查结果填写踝关节韧带扭伤运动康复计划制订与实施任务单（表24-2）。

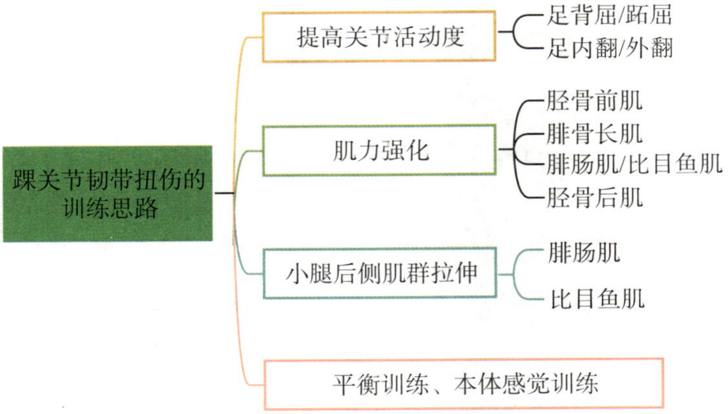

图24-6 改善踝关节韧带扭伤的训练思维导图

◆ 小提示

踝关节韧带扭伤康复早期主要以维持关节活动度的无痛训练为主，应避免过早进行内翻和外翻的练习。中期以提高关节活动度，提升肌力为主。后期训练时，在继续加强前期训练项目的同时，应增加小腿后侧肌群的拉伸、平衡训练和各类功能训练。练习时，两侧都需要训练，但重点训练患侧。

4. 指导康复训练

指导康复训练

通过角色扮演（客户、教练员、助教员、会籍顾问等），根据评估结果进行康复训练指导。

4.1 关节活动度练习

仰卧位或坐卧，在无痛范围内足背屈、足跖屈（图24-7、图24-8）。尽量避免进行内翻和外翻练习。

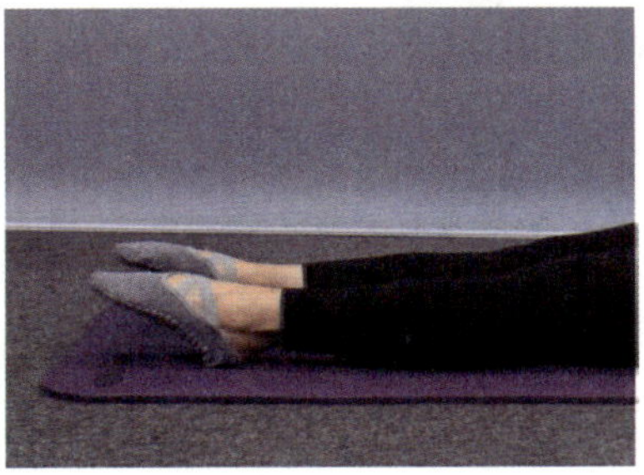

图24-7 卧位足背屈、足跖屈训练

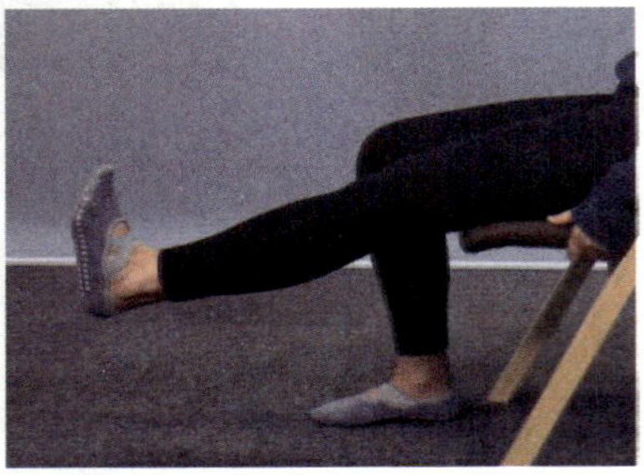

图24-8 坐位足背屈、足跖屈训练

4.2　肌力强化练习

（1）足背屈、足跖屈力量训练（图24-9、图24-10）。

对抗弹力带，完成足背屈或足跖屈。

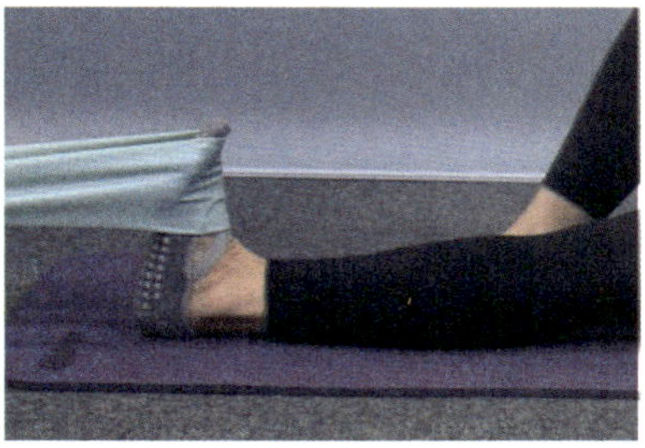

图24-9　足背屈力量训练

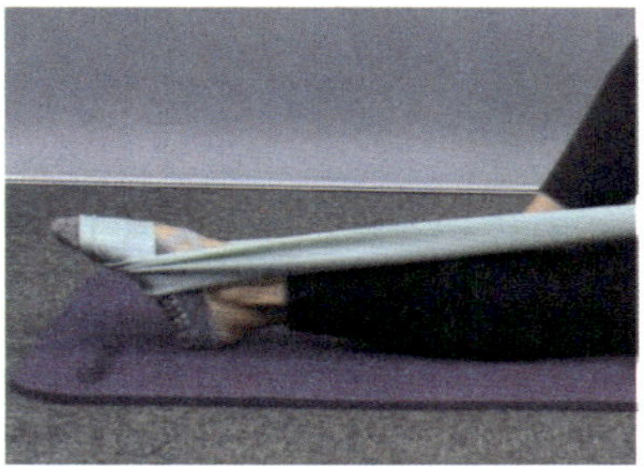

图24-10　足跖屈力量训练

（2）足内翻、足外翻力量训练（图24-11、图24-12）。

弹力带在身体一侧固定，对抗弹力带，完成足内翻或足外翻。

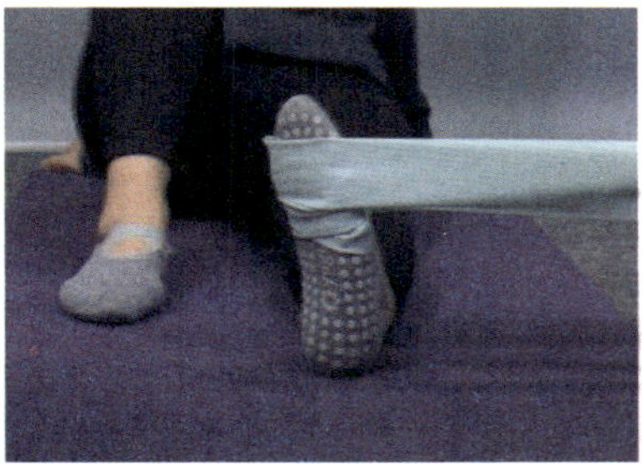

图24-11　足内翻力量训练

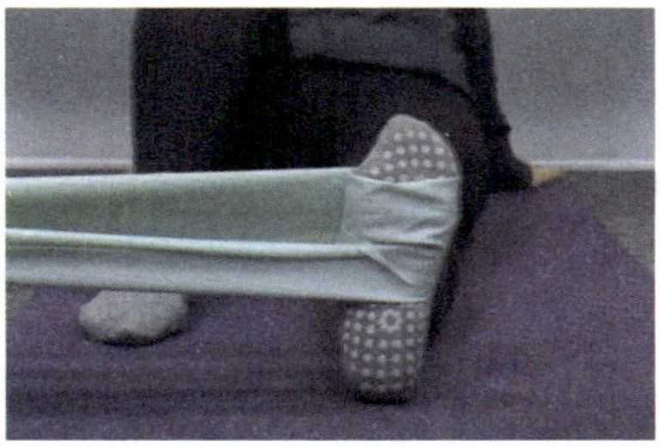

图24-12　足外翻力量训练

（3）毛巾卷动练习（图24-13）。

训练者坐在椅子上，脱去鞋子，将毛巾平铺在地面上，用脚趾“抓”起毛巾。

（4）提踵练习（图24-14至图24-17）。

坐姿提踵，训练者坐在椅子上，脱去鞋子，两脚稍微分开，平踩于垫面；慢慢抬起两脚足弓，压力落在大脚趾上，短暂停留后缓慢落下。

进阶练习时，可选择站姿提踵和单脚提踵，也可以前脚踩在瑜伽砖或踏板上，抬起脚跟后下落至低于水平，进行离心训练。

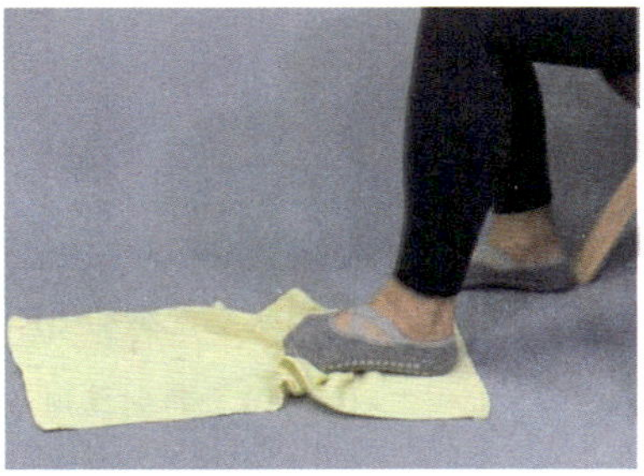

图24-13　毛巾卷动练习

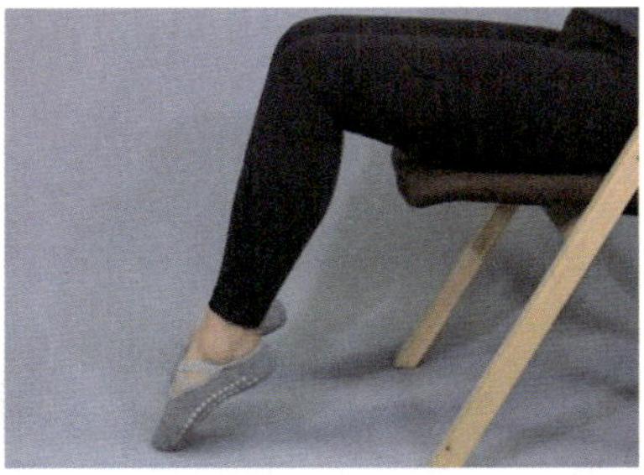

图24-14　坐姿提踵

图24-15　站姿提踵

图24-16　单腿提踵

图24-17　三头肌离心训练

（5）小腿三头肌、胫骨后肌训练（图24-18、图24-19）。

雨刮器训练，训练者坐在椅子上，除去鞋子，两腿分开与髋同宽，两拳夹于两膝之间；以脚跟为轴，向外滑动足底；再向内滑动，让两个大脚趾靠近。

进阶练习时，两前脚对抗力带相互靠近。

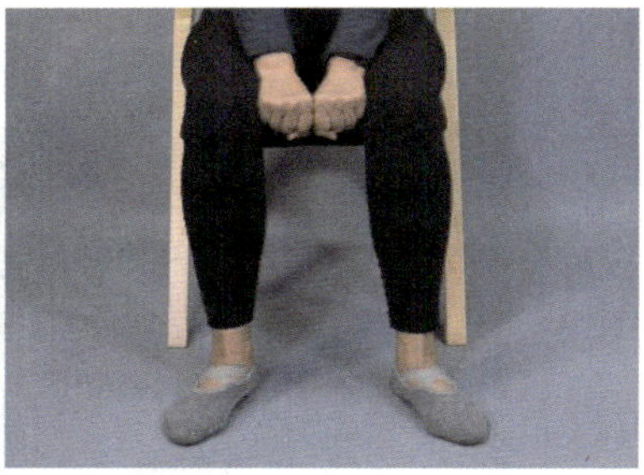

图24-18　雨刮器训练

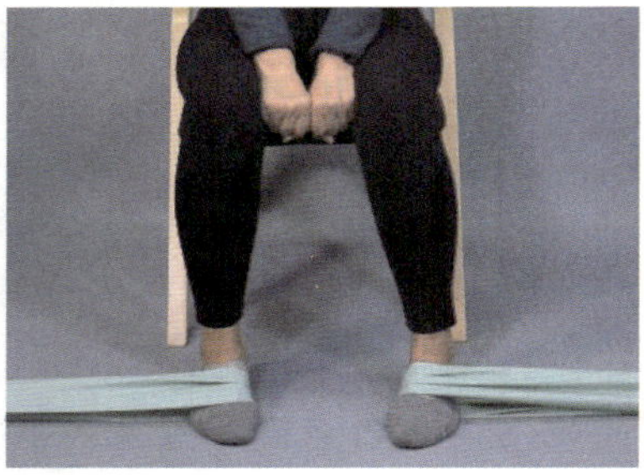

图24-19　抗阻雨刮器训练

4.3　小腿后侧肌群拉伸

拉伸腓肠肌时，训练者面对墙壁站立，拉伸侧腿在后，迈出对侧脚，两手向前推墙面；拉伸侧脚跟踏实地面，最大限度屈足背，膝关节伸展，保持30秒。膝关节微屈时，可拉伸比鱼肌。（图24-20、图24-21）

图24-20　腓肠肌拉伸

图24-21　比目鱼肌拉伸

4.4　平衡训练

（1）单脚站立（图24–22至图24–24）。

自然站立，两脚分开与髋同宽，膝关节伸直，重心移到练习脚外侧；抬起对侧脚，保持单脚站立的姿势，保持30秒以上。

进阶练习时，可以在睁眼或闭眼状态下，保持单脚站立并让手臂在胸前反复进行外展和交叉。

（2）星形平衡练习（图24–25）。

练习侧单脚站立，重心在脚外侧；在身体前后左右设置4个标志点，对侧脚外展、内收、后伸、前屈，依次触碰各标志点。

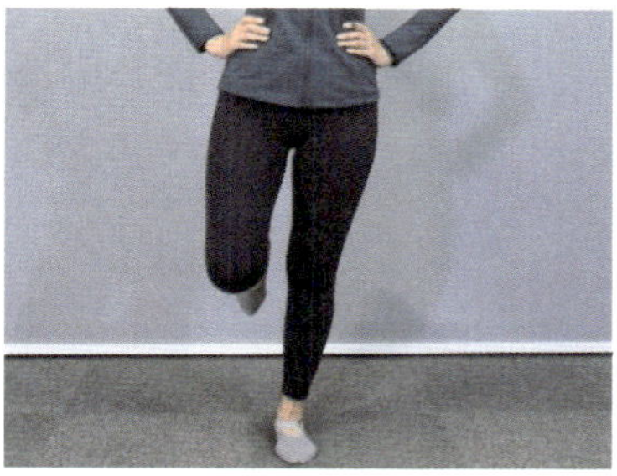

图24-22　单脚站立

图24-23　摆臂单脚站立

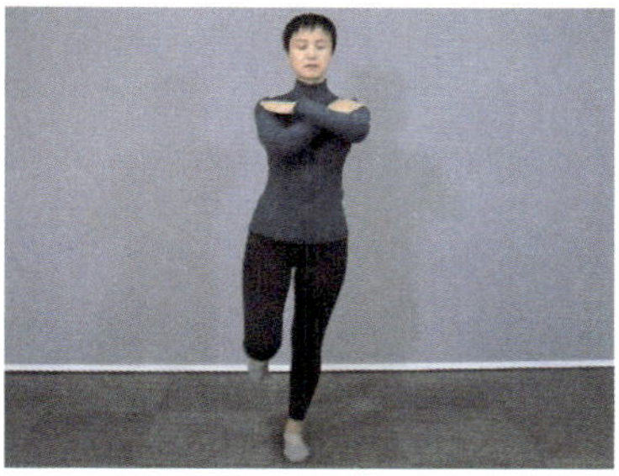

图24-24　闭眼摆臂单脚站立

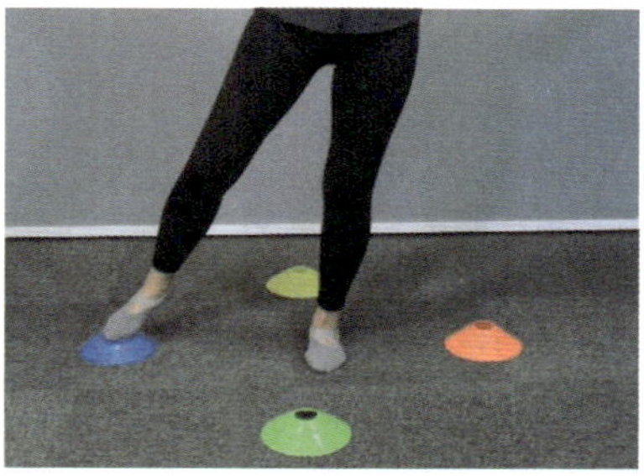

图24-25　星形平衡练习

除此之外，后期训练中还可以在水中或平坦的平面上直线走、直线慢跑、曲线走、曲线慢跑、8字跑等功能训练。

5. 运用贴扎技术

通过角色扮演，演练踝关节贴扎技术（表24-5、表24-6），并将贴扎方法填入踝关节韧带扭伤运动康复计划制订与实施任务单（表24-2）。

表24-5 踝关节扭伤肿胀贴扎

步骤	准备工作	贴法
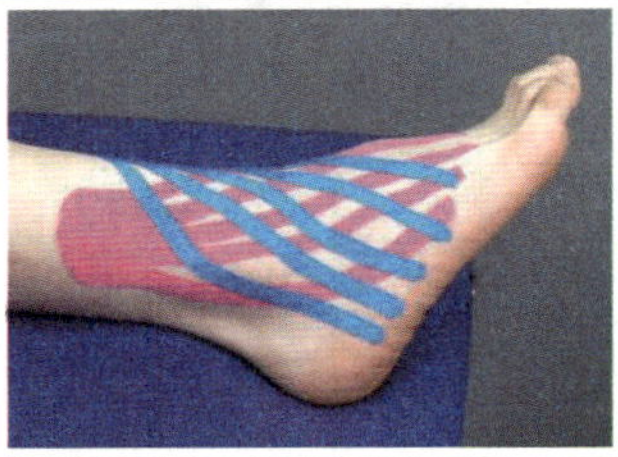	体位：坐姿，足跖微屈 形状：爪形 数量：2	锚点：胫骨内踝、腓骨外踝 尾点：覆盖肿胀 拉力：自然拉力

踝关节扭伤肿胀贴扎

表24-6 踝关节稳定贴扎

步骤	准备工作	贴法
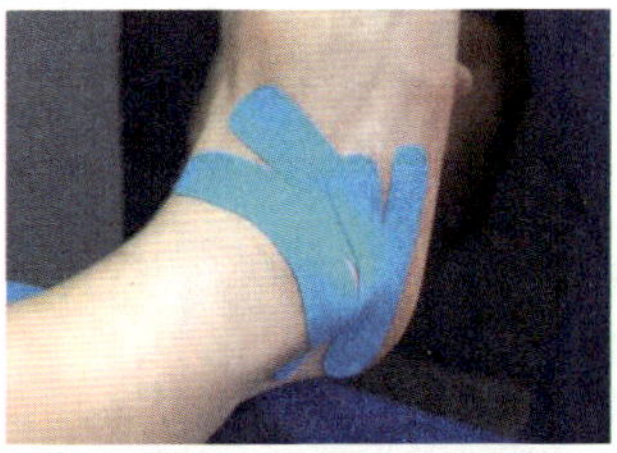	体位：卧姿，足中立位 形状：X形 数量：2	锚点：距腓前韧带和跟腓韧带处 尾点：自然延展 拉力：中等拉力
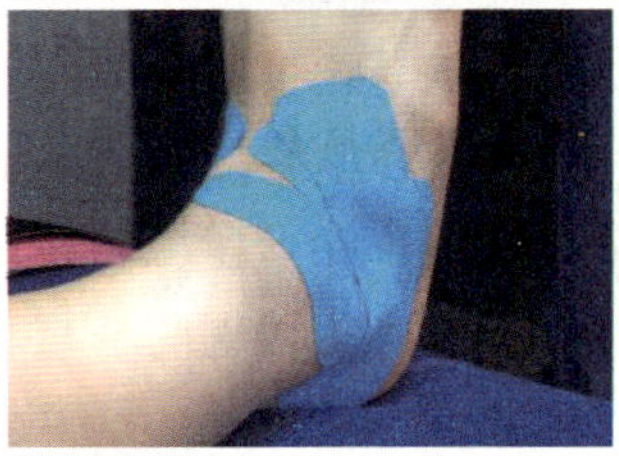	体位：卧姿，足中立位 形状：I形 数量：1	锚点：足跟后方 尾点：足前方 拉力：自然拉力
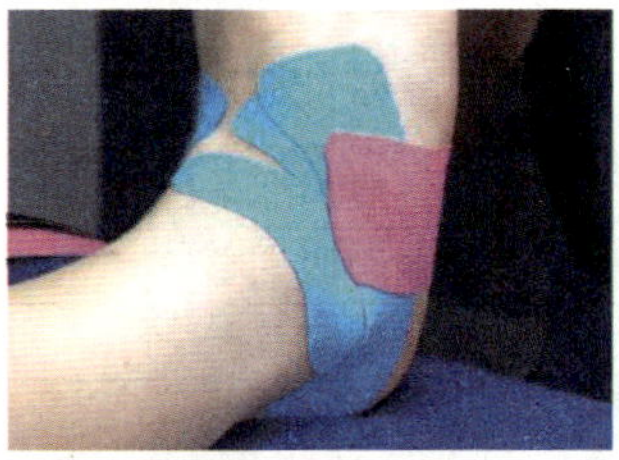	体位：卧姿，足中立位 形状：I形 数量：1	锚点：胫骨内踝 尾点：腓骨外踝前侧 拉力：自然拉力
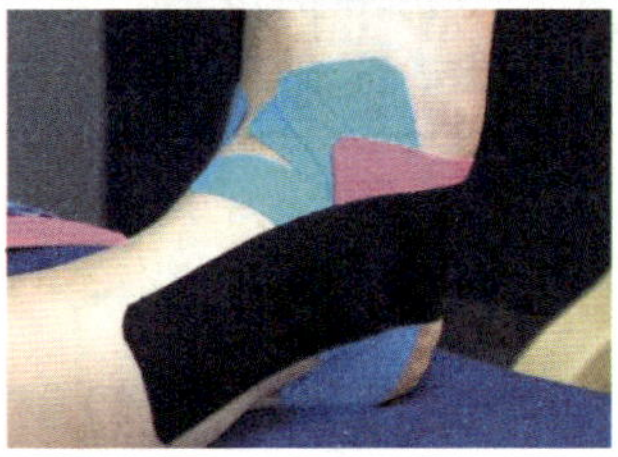	体位：卧姿，足中立位 形状：I形 数量：1	锚点：小腿外侧中段 尾点：胫骨内踝 拉力：自然拉力

踝关节稳定贴扎

6. 生活管理教育

请根据案例生活方式，以角色扮演的形式模拟生活管理教育，并将生活管理要点填入踝关节韧带扭伤运动康复计划制订与实施任务单（表24–2）。

足部外八字或内八字体态会增加走、跑、跳等动作落地时踝关节损伤的概率，影响身姿和体态。研究还发现，超重的人出现足部健康问题的风险明显提高，并且更容易发生足部严重疼痛的情况。因此，减重也是预防足踝部损伤的有效方法。

◆ 小提示

旋前是足外翻、外展、背屈的组合运动，旋后是足内翻、内收、跖屈的组合运动。跗横关节可以单独产生旋前和旋后动作，为足提供了极大的灵活性。足部的旋前和旋后主要依靠距下关节和跗横关节完成。

过度旋前会让足部呈现外八字，缝匠肌、臀大肌、髂腰肌和髋外旋肌群紧张缩短，臀小肌、阔筋膜张肌和髂胫束被拉长；过度旋后会让足部呈现内八字，缝匠肌、臀大肌、髂腰肌和髋外旋肌群被拉长，臀小肌、阔筋膜张肌和髂胫束缩短。纠正足踝部的过度旋前和旋后，可以有效解决足部不稳定和疼痛问题。

过度旋前

过度旋后

◆ 思政园地

体育强国梦

儿童少年是国家的未来，民族的希望。国家提出了多项政策关注儿童少年的身体健康，《“健康中国2030”规划纲要》提出将健康教育作为所有教育阶段素质教育的重要内容。《国务院关于实施健康中国行动的意见》提出把学生体质健康状况纳入学校绩效考核，将体育纳入高中学业水平测试。“少年强则中国强，体育强则中国强”。习近平总书记十分关心青少年的成长和发展，将其与国家前途、民族希望、中国梦联系在一起。作为体育专业的学生和未来体育行业的从业者，我们要紧跟政策，利用专业知识和职业技能回报社会、服务社会，为继承和发展体育强国梦，实现“中国梦”贡献自己的力量。

任务评价

1. 实训评价

学生根据实训评价标准，自评、互评实训成果和实训表现（表24-7）。评分时，先确定评价等级，再从相应的等级中勾选相应的分数。

表24-7 实训评价标准

评价内容	评价指标	评价等级					
		✿		✿✿		✿✿✿	
筛查评估（12分）	基本资料评估全面、准确	1		2		3	
	健康状态评估全面、准确	1		2		3	
	生活方式评估全面、准确	1		2		3	
	姿势、功能评估全面、准确	1		2		3	
康复计划制订（40分）	目标明确、周期合理	5	6	7	8	9	10
	训练形式、内容科学	5	6	7	8	9	10
	训练强度、难度适宜	5	6	7	8	9	10
	防护与安全教育有效	5	6	7	8	9	10
康复计划实施（40分）	穿着合适、体型健康	5	6	7	8	9	10
	指导方法科学、保护帮助可靠	5	6	7	8	9	10
	示范规范、纠错及时准确	5	6	7	8	9	10
	贴扎熟练、安全教育恰当	5	6	7	8	9	10
团队配合（8分）	分工合理、精神饱满、感染力强	1		2		3	
	场地布置合理，器材准备完善	1		2		3	
	现代化手段运用，思政元素融入	0		1		2	
总分							

2. 学习评价

学生自评、小组互评，评价自己是否完成学习，是否完成评估、康复计划、评价等实训成果资料，实训任务有无遗漏。老师对学生进行的评价包括方案、计划书写是否工整规范，报告成果是否出自实训、是否真实合理且阐述详细，学生自评分析是否合理、收获体会是否深刻，个人能力是否得到提升。（表24-8）

评价按照A（优秀）、B（良好）、C（合格）、D（努力）4个档次进行。

表24-8 学习评价表

任务	完成情况记录
相关理论学习情况	
技能训练情况	
任务完成情况	
任务创新情况	
成果上交情况	
收获	

3. 知识测评

（1）[判断题]踝关节扭伤时最容易受伤的是跟腓韧带。(　　)

（2）[判断题]第五跖骨和腓骨之间的夹角为90°时，踝关节处于中立位。(　　)

（3）[判断题]腓骨长肌无力可能导致足下垂。(　　)

（4）[判断题]前抽屉试验可以检查三角韧带扭伤。(　　)

（5）[判断题]足内翻、外翻主要发生在距小腿关节。(　　)

（6）[单选题]跳起落地时脚踩不平，产生（　　）动作，易导致踝关节外韧带损伤。

A. 足旋后、踝关节内翻　　B. 足旋后、踝关节外翻

C. 足旋前、踝关节内翻　　D. 足旋前、踝关节外翻

（7）[单选题]距骨的形状为（　　）。

A. 前宽后窄　　B. 前窄后宽　　C. 前后一致　　D. 左宽右窄

（8）[单选题]篮球运动中易发的踝关节损伤类型为（　　）。

A. 踝外侧韧带扭伤　　B. 踝内侧韧带扭伤

C. 胫腓横韧带扭伤　　D. 骨间膜扭伤

（9）[单选题]冷疗一般用于踝关节韧带扭伤的（　　）。

A. 急性期　　B. 炎症期　　C. 增生期　　D. 重建期

（10）[单选题]负重勾脚尖主要锻炼的肌肉是（　　）。

A. 胫骨前肌　　B. 胫骨后肌　　C. 腓肠肌　　D. 比目鱼肌

（11）[多选题]下列有关踝关节的叙述，正确的有（　　　　）。

A. 由距骨滑车和胫腓骨下端组成

B. 可单独做屈、伸、内翻、外翻运动

C. 外侧有距腓前、后韧带和跟腓韧带

D. 内侧有三角韧带

（12）[多选题]踝关节内翻扭伤比外翻扭伤更易发生的原因包括（　　　　）。

A. 外踝较内踝长　　B. 距骨体前窄后宽　　C. 三角韧带较强　　D. 旋后肌群有力

扫码答题

任务二十五
跟腱炎的康复与防护

情景导入

杜教练是某运动康复机构的私人教练员，一名准备参加舞蹈专业统考的高三学生因跟腱炎前来向他寻求帮助，请你帮助杜教练进一步评估该学生的健康状况，并为其制订康复计划解决其跟腱炎的问题，使该学生能顺利参加艺考。该学生的情况如下。

蔡某，女，18岁，高三学生，3个月后即将参加舞蹈专业统考。最近1个月以来，早上起床时足跟后侧疼痛，参加舞蹈训练时，刚开始足跟后侧疼痛僵硬，随着训练的持续有所缓解。

【医学检查情况】

身高：168cm；体重：48kg；心率：70次/分；血压：110/70mmHg；脉搏节律正常；心脏听诊无异常；安静心电图正常；影像检查未发现骨骼和肌肉结构变化。

【姿势及功能检查情况】

足跟上方5cm处疼痛。

任务要求

任务类型	跟腱炎的康复与防护	学习维度		
		识记	理解	应用
学习任务	跟腱炎的表现	★		
	维持足弓稳定的结构	★		
	跟腱炎评估检查方法	★		
	康复训练方法、贴扎技术和生活管理策略		★	
实训任务	识读、评估案例并设计康复计划			★
	指导案例康复训练，实施贴扎技术			★
	开展运动防护教育			★
个人目标				

任务说明

识读案例，分析损伤原因，通过小组协作和角色扮演（客户、教练员、助教员、会籍顾问等）填写、汇报跟腱炎评估任务单（表25-1）和跟腱炎运动康复计划制订与实施任务单（表25-2），模拟康复训练指导、实施贴扎技术和生活管理教育。

表25-1　跟腱炎评估任务单

<table>
<tr><td>姓名：</td><td></td><td>年龄：</td><td></td><td>性别：</td><td></td><td>BMI：</td><td></td></tr>
<tr><td colspan="8">损伤史</td></tr>
<tr><td colspan="4">医学诊断：</td><td colspan="4">相关损伤史：</td></tr>
<tr><td colspan="8">疼痛位置、时长：</td></tr>
<tr><td colspan="8">客户目标：</td></tr>
<tr><td colspan="8">生活方式</td></tr>
<tr><td colspan="4">职业特点：</td><td colspan="4">运动习惯：</td></tr>
<tr><td colspan="4">睡眠情况：</td><td colspan="4">吸烟饮酒：</td></tr>
<tr><td colspan="8">膳食营养：</td></tr>
<tr><td colspan="8">医学检查</td></tr>
<tr><td colspan="4">心率：</td><td colspan="4">血压：</td></tr>
<tr><td colspan="4">血脂：</td><td colspan="4">血糖：</td></tr>
<tr><td colspan="8">其他：</td></tr>
<tr><td colspan="8">姿势/动作检查</td></tr>
<tr><td colspan="4">检查名称：</td><td colspan="4">结果：</td></tr>
<tr><td colspan="4"></td><td colspan="4"></td></tr>
<tr><td colspan="4"></td><td colspan="4"></td></tr>
<tr><td colspan="4"></td><td colspan="4"></td></tr>
<tr><td colspan="8">短期目标（　～　周）</td></tr>
<tr><td colspan="8"></td></tr>
<tr><td colspan="8"></td></tr>
<tr><td colspan="8">中期目标（　～　周）</td></tr>
<tr><td colspan="8"></td></tr>
<tr><td colspan="8"></td></tr>
<tr><td colspan="8">长期目标（　～　周）</td></tr>
<tr><td colspan="8"></td></tr>
<tr><td colspan="8"></td></tr>
</table>

表25-2 跟腱炎运动康复计划制订与实施任务单

第一阶段（ ~ 周）		
目标：		频率：
监控：		时间：
部位（内容）	动作	安排（强度/次数/组数）
第二阶段（ ~ 周）		
目标：		频率：
监控：		时间：
部位（内容）	动作	安排（强度/次数/组数）
第三阶段（ ~ 周）		
目标：		频率：
监控：		时间：
部位（内容）	动作	安排（强度/次数/组数）
贴扎		
生活管理教育		

任务准备

1. 阅读任务说明，识读案例。
2. 观看“跟腱炎”相关的线上资源。
3. 收集跟腱炎运动康复与防护的知识。
4. 结合跟腱炎运动康复与防护的知识与技能要求，总结难点和常见问题。

任务实施

1. 认识损伤原因

跟腱是腓肠肌和比目鱼肌的共同肌腱，是人体中最长、最强韧的肌腱，其中比目鱼肌肌腱较短，腓肠肌肌腱较长。正常人的跟腱长度在15cm左右，用手在小腿后面向着脚跟的方向向下就能触摸到跟腱。

1.1　跟腱炎的表现

跟腱炎是典型的过度使用损伤，任何人、任何年龄段都可能发生。当跟腱不能承受拉伸或压缩负荷时，就会表现出僵硬或疼痛感。跟腱炎有时也被称为跟腱病或跟腱疼痛。

跟腱炎

跟腱炎的产生与突然增加的训练强度或训练量、骨骼结构和肌肉功能有关。小腿三头肌收缩时，跟腱向上拉动跟骨，在跳跃、跑步这些对速度和力量要求很高的运动中，跟腱承受了极大的弹性负荷。例如，跑步时，脚蹬地的阶段，跟腱会承受相当于7倍左右身体重力的冲击力。在过度伸展、直接创伤压迫、离心和向心收缩变化时，比如突然加速、变向和跳跃等都可能导致跟腱完全或不完全撕裂。

1.2　足弓

从后方观察足部骨骼，胫骨中线与跟骨中线并不重合（图25–1），这就意味着，足跟受到体重或其他向下的力，并不等于地面给足跟的反作用力，有一部分应力被内侧纵弓所吸收。足弓分横弓、内侧纵弓和外侧纵弓，内侧纵弓是足部主要的减震结构（图25–2）。

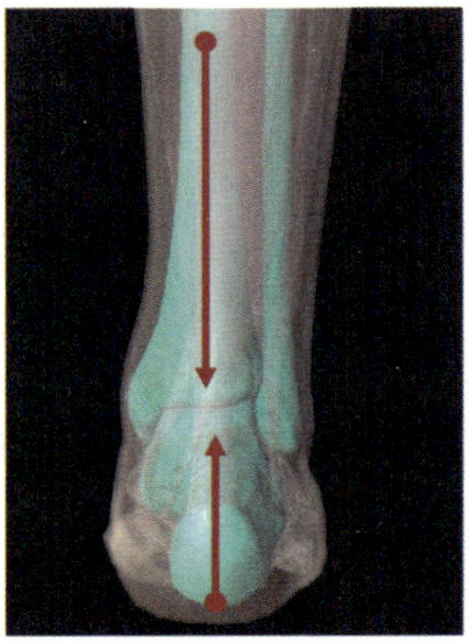

图25-1 胫骨中线与跟骨中线

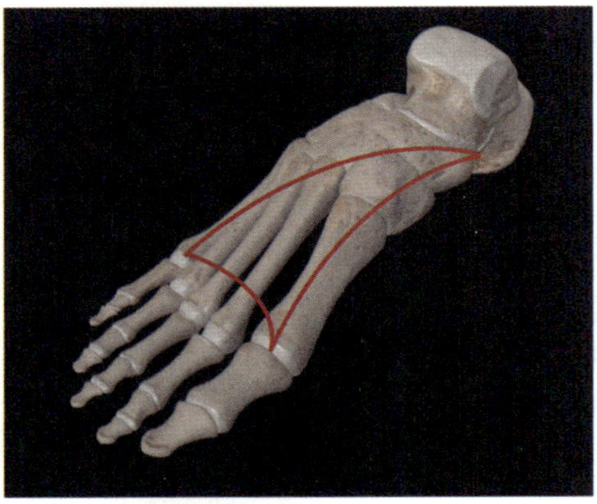

图25-2 足弓

支撑内侧纵弓的结构有韧带、关节和筋膜，其中足底筋膜是足部最重要、最强韧的结构，不光能吸收重力，还能支撑内侧纵弓的高度。跟腱上方连接小腿三头肌、下方附着在跟骨上、并和足底筋膜相连，小腿三头肌、跟腱、跟骨、足底筋膜成为人体活动和承重的复合体。(图 25–3)

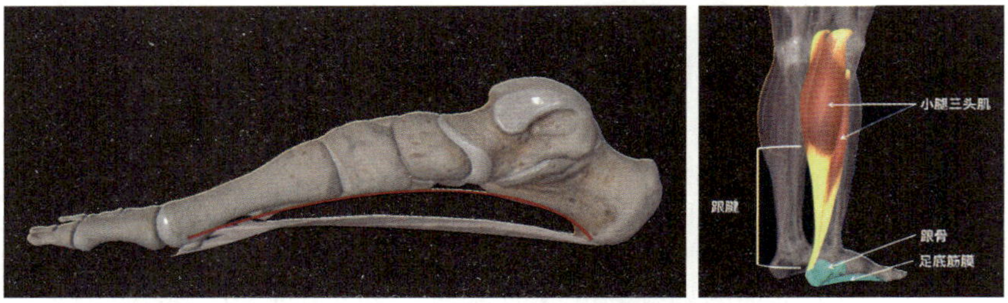

图25-3 小腿三头肌、跟腱、跟骨、足底筋膜形成功能复合体

1.3 载距突

跟骨上有一个很特殊的结构，叫载距突，是跟骨内侧的延伸，用于支撑跟骨内侧（图 25–4）。当重力变大时，载距突承受的力也会变大，会带动整个跟骨向内侧倾斜，踝关节出现背屈、外翻和外展的组合活动，也就是过度旋前，小腿外侧的腓骨长肌、腓骨短肌紧张缩短，足底筋膜被过度拉伸，长此以往会使足底筋膜无力，内侧足弓下降，必须依靠附近的肌肉主动收缩提供力量来支撑足弓，其中贡献最大的是胫骨后肌，这种过度代偿会逐渐导致足部肌肉疲劳、跟骨骨刺、跟腱炎、足底筋膜炎等诸多问题。

足弓下降

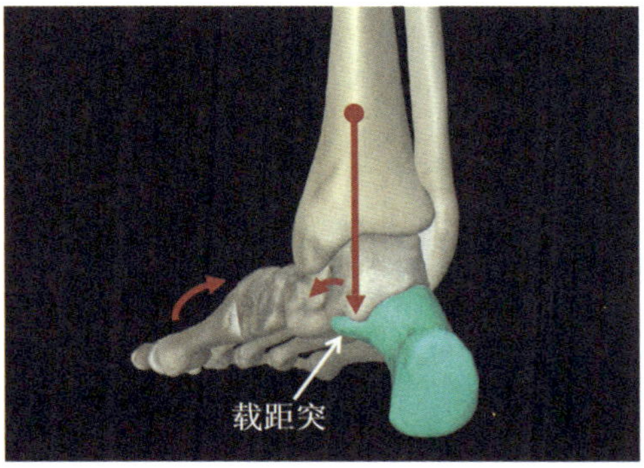

图25-4 载距突

1.4 筋膜链—螺旋线

在维持踝部平衡、支撑足弓的肌肉中有一组特殊的肌肉，就是腓骨长肌和胫骨前肌，它们在足底形成U形的“马镫”状结构，来维持足弓。（图25-5）

这两块肌肉的功能相反，腓骨长肌可以使足跖屈、外翻，胫骨前肌可以使足背屈、内翻。内侧纵弓塌陷时，胫骨前肌无力，腓骨长肌缩短紧张。内翻肌和外翻肌强大并且平衡，才能让足踝部保持稳定。

根据人体螺旋动力法，胫骨前肌连接着髂胫束进而固定在髂前上棘，作用于骨盆；而腓骨长肌连接股二头肌长头进而连接坐骨结节，作用于骨盆。（图25-6）

所以无论是膝关节的外翻（X型腿）或内翻（O型腿），或是骨盆过度倾斜，都和“马镫”状结构有关系。

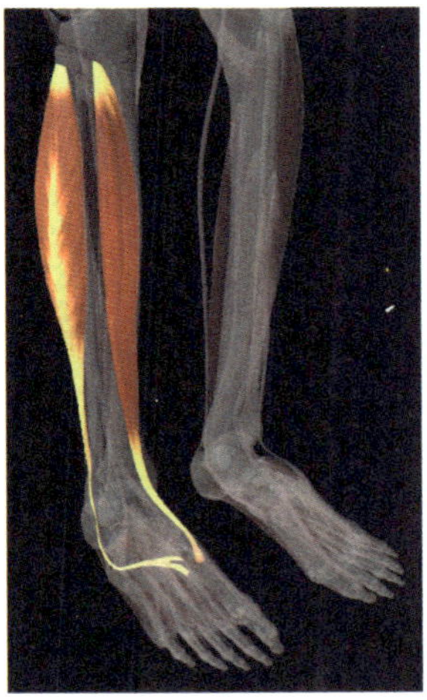

图25-5 腓骨长肌和胫骨前肌形成的“马镫”状结构

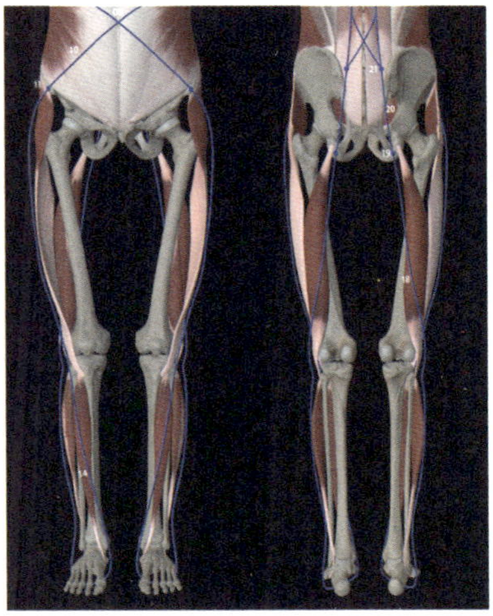

图25-6 筋膜链—螺旋线（下肢部分）

2. 实施评估筛查

通过问卷、谈话，结合医学检查结果，分析案例损伤史和生活习惯，并在此基础上进行评估检查，了解案例损伤类型和程度，为制订康复计划提供依据。请根据评估筛查结果填写跟腱炎评估任务单（表25–1）。

2.1 跟腱压痛测试

（1）被测试者俯卧在按摩床上，脚踝伸出按摩床床沿；

（2）测试者按压被测试者跟骨和跟骨上方2 ~ 6cm的位置，出现疼痛感，则提示有跟腱炎。（图25–7）

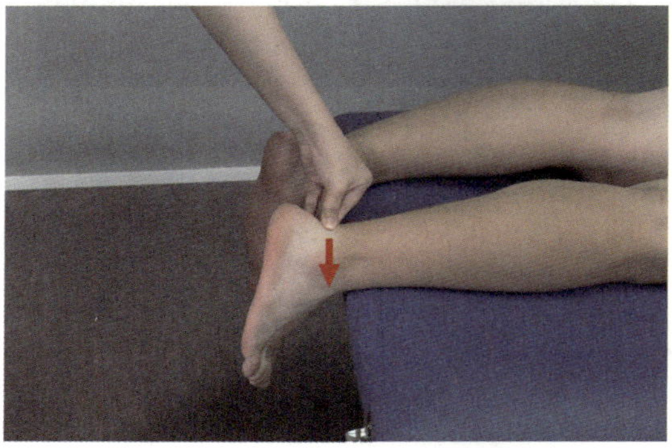

跟腱炎压痛测试

图25–7　跟腱压痛测试

2.2 疼痛弧征测试

（1）被测试者俯卧在按摩床上，小腿下半段和脚伸出床沿外；

（2）测试者用手捏住被测试者跟腱处肿胀最明显的部位，让被测试者主动跖屈和背屈。如果肿胀部位随着踝关节的活动上下移动，说明疼痛和肿胀由跟腱炎引起；如果肿胀部位不随踝关节的活动产生移动，说明疼痛和肿胀由肌腱的周围组织损伤引起。（图25–8）

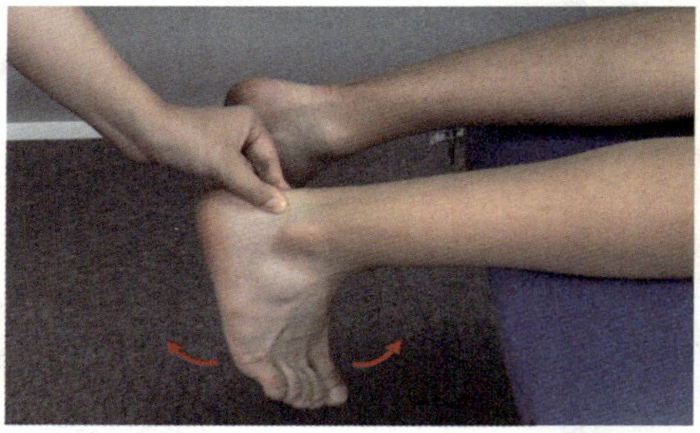

疼痛弧征测试

图25–8　疼痛弧征测试

3. 制订康复计划

通过分析跟腱炎产生的原因，结合评估筛查情况，改善跟腱炎的训练思路如图25–9所示，请根据评估筛查结果填写跟腱炎运动康复计划制订与实施任务单（表25–2）。

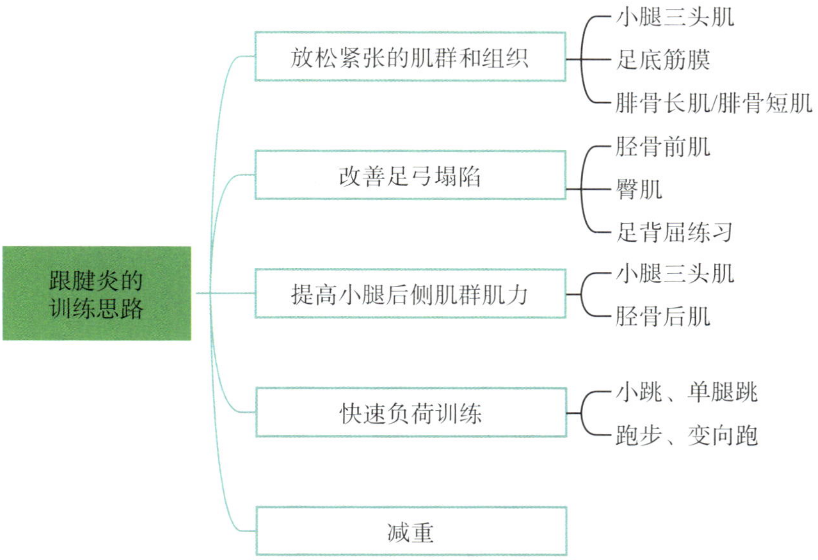

图25-9　改善跟腱炎的训练思维导图

4. 指导康复训练

通过角色扮演（客户、教练员、助教员、会籍顾问等），根据评估结果进行训练指导。

指导康复训练

4.1　放松紧张的肌群和组织

（1）小腿三头肌放松（图25-10）。

单腿跪地，另一腿在前，屈膝90°踝关节处于中立位；两手握按摩棒从前腿腘窝下方向脚跟滚动按摩棒，沿着小腿外侧从上向下滚动；再沿着小腿内侧从上向下滚动。

（2）足底筋膜放松（图25-11）。

坐位，脚心踩按摩球，前后滚动按摩球。

（3）腓骨长肌、腓骨短肌放松（图25-12）。

坐姿，屈膝，踝关节足跖屈并外旋；两手拇指在腓骨近端按压，酸胀感降低时，踝关节足背屈并内旋；向下移动至松解完整条肌肉。

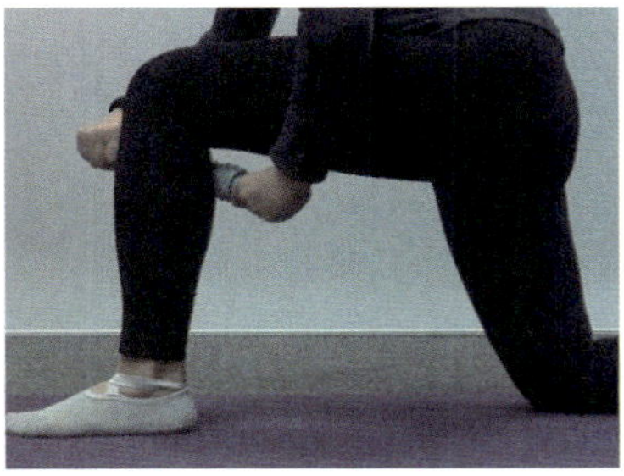

图25-10　小腿三头肌放松

图25-11　足底筋膜放松

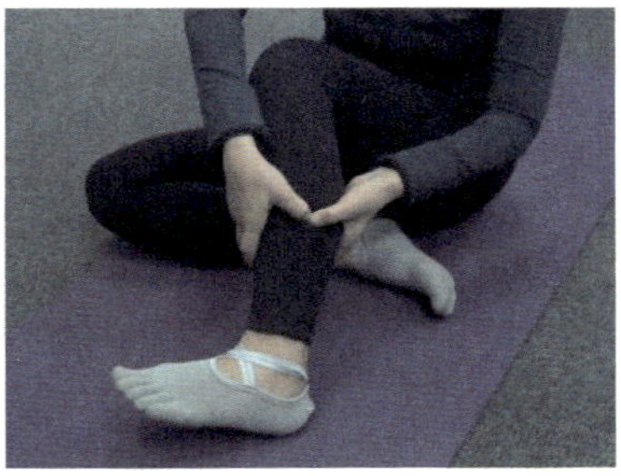

图25-12　腓骨长肌、腓骨短肌放松

4.2 改善足弓塌陷

（1）胫骨前肌练习（图25-13至图25-15）。

足跟外滑练习，自然站立，在踝关节上方套迷你圈；训练脚内侧踩住一根弹力带，施加向前向外的拉力；以第一跖骨头为轴，足跟向外滑，在最大活动位置保持5～10秒。

进阶练习有抗阻足旋后练习，自然站立，在脚下斜放弹力带，大拇指内侧和脚跟外侧固定弹力带；向上、向外拉动弹力带，足部与弹力带对抗，保持稳定，坚持5～10秒。进阶练习也可以用足横弓踩硬币后抓起硬币。

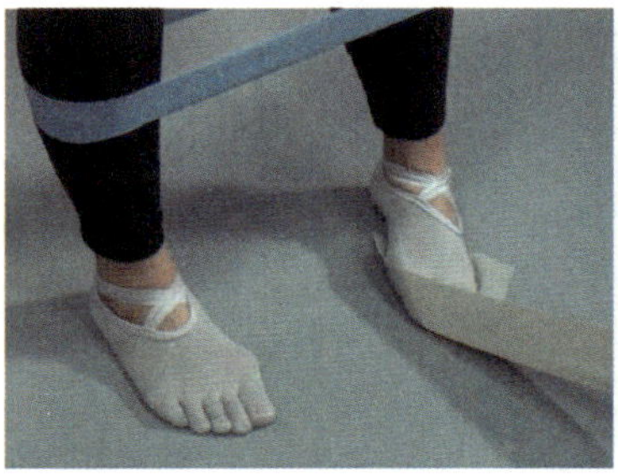

图25-13 足跟外滑练习

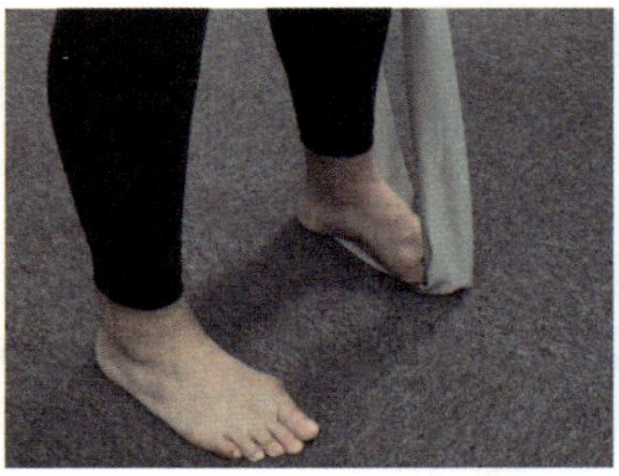

图25-14 抗阻足旋后练习

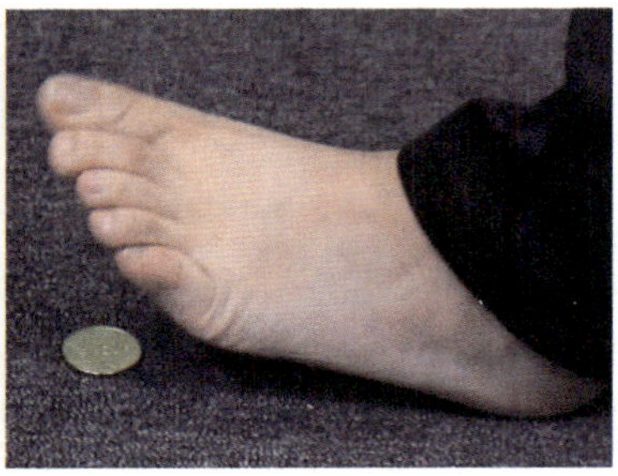

图25-15 足抓硬币练习

（2）足背屈练习（图25-16、图25-17）

站姿抗阻足背屈练习，两脚前后站立，前腿微屈膝，脚踝处于功能位；前脚踝关节前方缠绕强力训练皮筋，前腿向前移动，向正后方拉动训练皮筋；移动到最大幅度时，停留3～5秒后缓慢恢复。进阶练习时，前脚踩在椅面上完成抗阻足背屈练习。

图25-16 站姿抗阻足背屈练习

图25-17 椅面抗阻足背屈练习

4.3 小腿后侧肌群练习

（1）等长练习（图25-18至图25-20）。

双腿等长练习，对墙站立，双手扶墙辅助支撑，抬起双脚足跟，保持40秒以上；缓慢落下，休息2分钟后重复练习。

进阶练习时，可以选择单腿等长练习和单腿负重等长练习。

图25-18　双腿等长练习

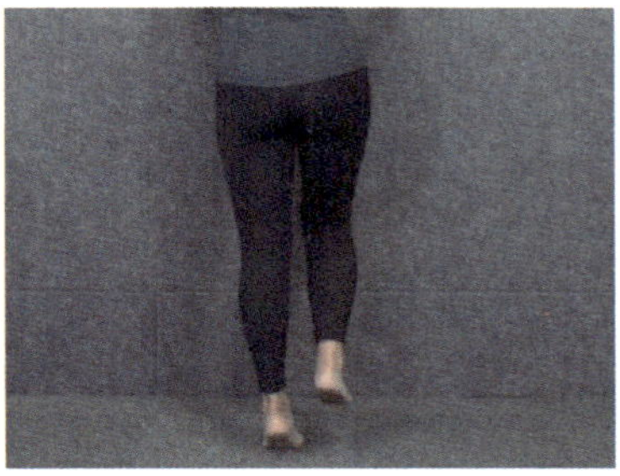

图25-19　单腿等长练习

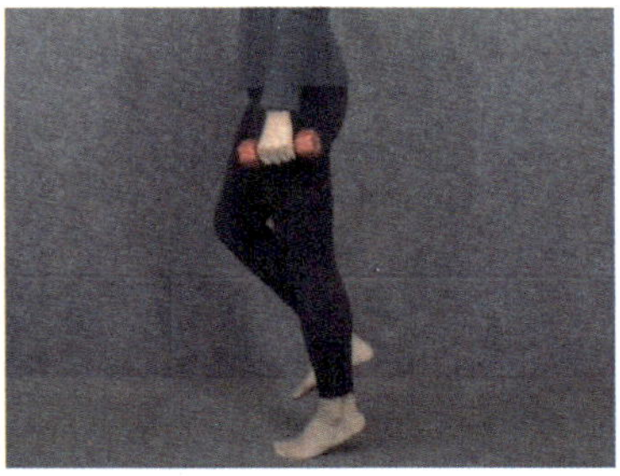

图25-20　单腿负重等长练习

（2）等张练习（图25-21至图25-24）

双腿等张练习，自然站立，膝关节伸直，用2秒的时间抬起足跟，保持2秒；再用2秒放下足跟接触地面。还可以组合屈膝、单腿支撑、负重等动作进行进阶练习。

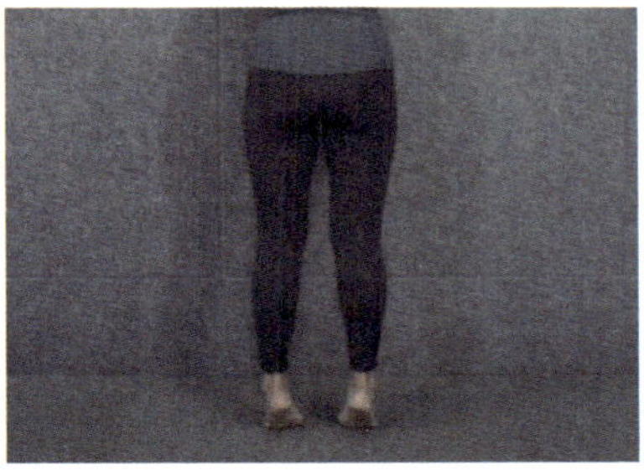

图25-21　双腿等张练习

图25-22　双腿屈膝等张练习

图25-23　单腿屈膝等张练习

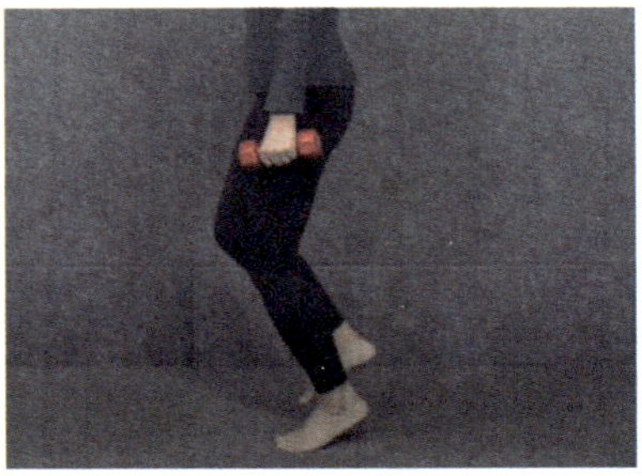

图25-24　单腿负重屈膝等张练习

5. 运用贴扎技术

通过角色扮演，演练跟腱炎贴扎（表25-3）和足底筋膜炎贴扎（表25-4）技术，并将贴扎方法填入跟腱炎运动康复计划制订与实施任务单（表25-2）。

表25-3 跟腱炎贴扎

步骤	准备工作	贴法
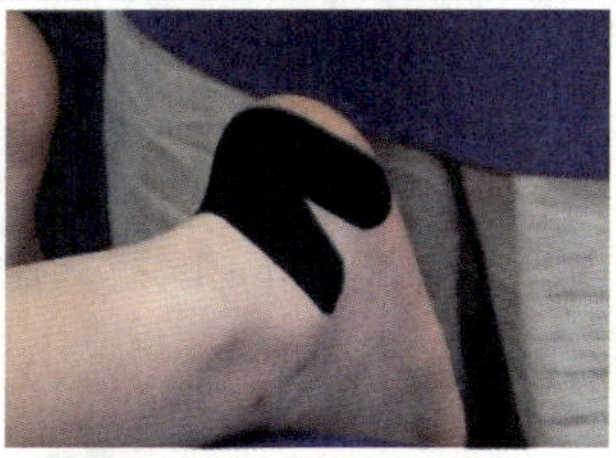	体位：俯卧，足中立 形状：X形 数量：2	锚点：疼痛处 尾点：自然延展 拉力：自然拉力
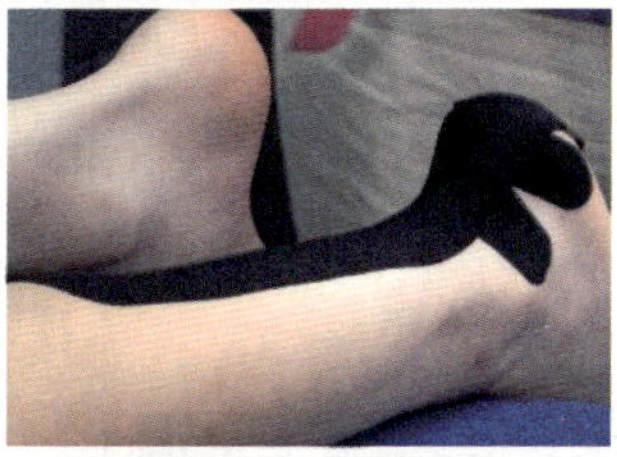	体位：俯卧，足中立 形状：I形 数量：1	锚点：足跟底部 尾点：小腿三头肌上部 拉力：自然拉力
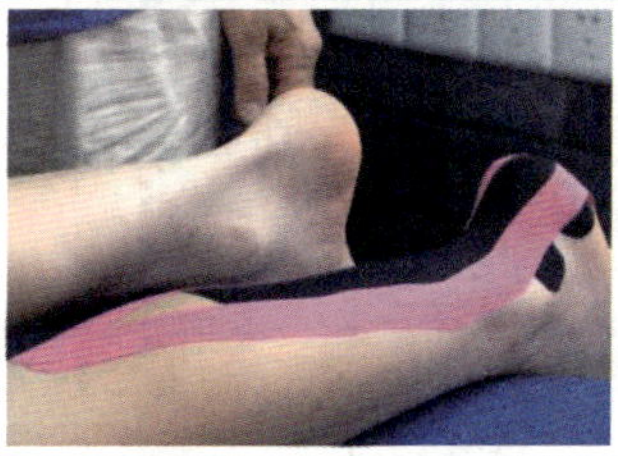	体位：俯卧，足中立 形状：Y形 数量：1	锚点：足跟底部 尾点：腘窝下方 拉力：自然拉力

跟腱炎贴扎

表25-4 足底筋膜炎贴扎

步骤	准备工作	贴法
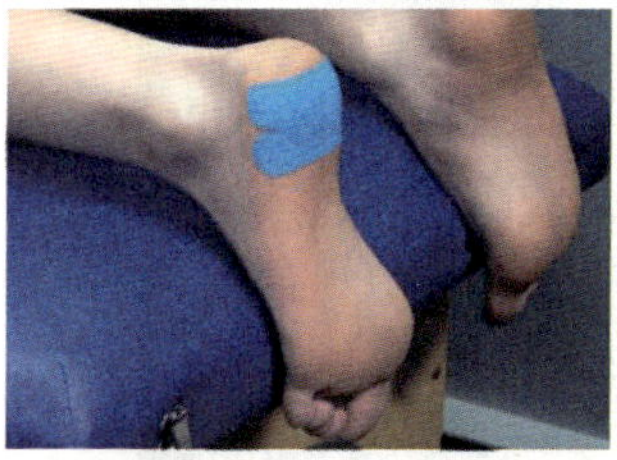	体位：俯卧，足中立 形状：X形 数量：1	锚点：足跟底部 尾点：自然延展 拉力：自然拉力
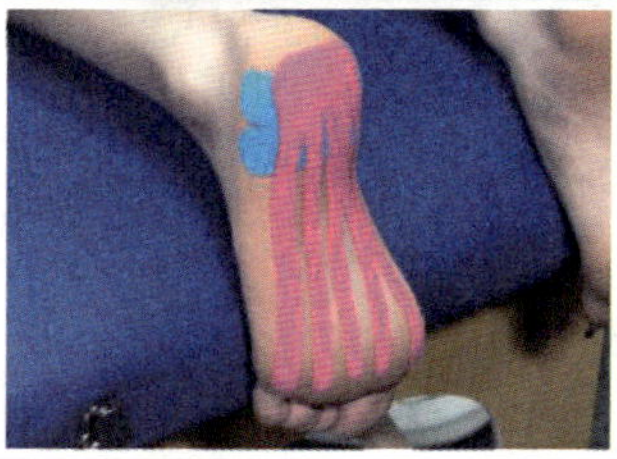	体位：俯卧，足中立 形状：爪形 数量：1	锚点：足跟底部 尾点：跖趾关节处 拉力：自然拉力

足底筋膜炎贴扎

6. 生活管理教育

除了训练和行走的动作、足部异常形态、超重等问题会增加足部损伤外，鞋具也会影响足部和下肢的活动。请根据案例生活方式，模拟对案例进行生活管理教育，并将生活管理要点填入跟腱炎运动康复计划制订与实施任务单（表25–2）。

因为职业特点或者性别的行为差异，不少女性经常穿着高跟鞋。高跟鞋前面低，后面高，穿着时脚后跟抬高，身体重心向前移动。使小腿三头肌和跟腱长期处于被动缩短的状态，小腿前侧的肌肉被拉长，足踝部前后侧肌力不平衡。不穿高跟鞋后，相当于跟腱突然被拉长，跟腱负荷增加，容易引发跟腱炎。

经常穿着人字拖也有足部损伤的隐患。穿人字拖行走时，脚趾要特别用力抓紧鞋子，缺乏足踝部的稳定性，会下意识地缩短步幅、加快步频，身体重心向前移动。穿人字拖走路时易出现内八字，不光影响步态，且容易摔倒。另外，人字拖的鞋底一般比较薄，对足弓没有承托力，过度牵拉足底筋膜和足部的韧带，容易造成拇指疼痛和足底筋膜炎。

有效保护足部完成各种动作和活动的鞋应该满足以下几个条件：一是鞋底应该防汗防水且耐磨损。二是鞋底应该具有减震功能，既能分散脚面受力又能支撑足弓。三是鞋垫应该具有韧性，加强运动中对足弓的支撑。四是鞋跟坚固，覆盖整个脚后跟并与之紧密贴合，增强足部横向的稳定性及起到减震作用，并使踝部在运动时不容易发生侧滑。

◆ 思政园地

适应，让生命更完美

跟腱是人体最强壮的肌腱，大约80%的跟腱损伤是没有症状的，大多时候，细微的跟腱损伤不会影响体育活动和运动训练。即使治疗和训练短期内没有明显的改善，人体强大的适应和调节能力也能让跟腱适应当前的身体状态。

人体的坚韧不屈不仅体现在运动功能上，更体现在心理适应能力上。主动培养自己积极的心理品质和抗挫折能力，调节和管理自己的情绪和心理状态，才能使自己焕发出顽强的生命力！

任务评价

1. 实训评价

学生根据实训评价标准，自评、互评实训成果和实训表现（表25–5）。评分时，先确定评价等级，再从相应的等级中勾选相应的分数。

表25-5 实训评价标准

评价内容	评价指标	评价等级					
		✿		✿✿		✿✿✿	
筛查评估（12分）	基本资料评估全面、准确	1		2		3	
	健康状态评估全面、准确	1		2		3	
	生活方式评估全面、准确	1		2		3	
	姿势、功能评估全面、准确	1		2		3	
康复计划制订（40分）	目标明确、周期合理	5	6	7	8	9	10
	训练形式、内容科学	5	6	7	8	9	10
	训练强度、难度适宜	5	6	7	8	9	10
	防护与安全教育有效	5	6	7	8	9	10
康复计划实施（40分）	穿着合适、体型健康	5	6	7	8	9	10
	指导方法科学、保护帮助可靠	5	6	7	8	9	10
	示范规范、纠错及时准确	5	6	7	8	9	10
	贴扎熟练、安全教育恰当	5	6	7	8	9	10
团队配合（8分）	分工合理、精神饱满、感染力强	1		2		3	
	场地布置合理，器材准备完善	1		2		3	
	现代化手段运用，思政元素融入	0		1		2	
总分							

2. 学习评价

学生自评、小组互评，评价自己是否完成学习，是否完成评估、康复计划、评价等实训成果资料，实训任务有无遗漏。老师对学生进行的评价包括方案、计划书写是否工整规范，报告成果是否出自实训、是否真实合理且阐述详细，学生自评分析是否合理、收获体会是否深刻，个人能力是否得到提升。（表25-6）

评价按照A（优秀）、B（良好）、C（合格）、D（努力）4个档次进行。

表25-6 学习评价表

任务	完成情况记录
相关理论学习情况	
技能训练情况	
任务完成情况	
任务创新情况	
成果上交情况	
收获	

3. 知识测评

（1）[判断题]足底筋膜是支撑足弓的重要结构。（ ）

（2）[判断题]经常穿着高跟鞋可能会引起足底筋膜炎或跟腱炎。（　　）

（3）[判断题]扁平足是内侧足弓持续性的缺失或塌陷。（　　）

（4）[判断题]腓肠肌和比目鱼肌都通过跟腱附着在跟骨结节上。（　　）

（5）[单选题]改善跟腱炎比较有效的康复训练是（　　）。

A. 小腿三头肌离心训练　　B. 足部平衡训练

C. 踝关节活动度训练　　D. 速度力量训练

（6）[单选题]负重提踵主要锻炼的肌肉是（　　）。

A. 小腿三头肌　　B. 髂腰肌　　C. 股四头肌　　D. 臀大肌

扫码答题

参考文献

[1] 孙小华，李豪杰. 运动防护［M］. 北京：北京体育大学出版社，2014.
[2] P. A. F. H. 伦斯特伦. 运动损伤预防与治疗的临床实践［M］. 王安利译. 北京：人民体育出版社，2006.
[3] 拉尔斯·彼得松，佩尔·伦斯特伦. 运动损伤学：预防、治疗与康复［M］. 4版. 敖英芳，王健全，杨渝平译. 郑州：河南科学技术出版社，2019.
[4] 梅琳达·J. 弗莱戈尔. 运动损伤处理指导手册［M］. 5版. 罗伟，邓旻，金鑫译. 北京：人民邮电出版社，2020.
[5] 戴维·乔伊斯，丹尼尔·莱文德. 运动损伤管理：提升运动表现的损伤预防、评估与康复指导［M］. 汪敏加，杨斌译. 北京：人民邮电出版社，2020.
[6] 洛林·A. 卡特赖特，威廉·A. 皮特尼. 运动防护指南：运动损伤的预防、评估与恢复［M］. 3版. 郑尉等译. 北京：人民邮电出版社，2019.
[7] 塞尔吉奥·罗查·皮埃达德，菲利普·内雷特，若昂·埃斯普雷盖拉-门德斯等. 专项运动损伤［M］. 付维力，李箭译. 北京：科学出版社，2022.
[8] 罗伯特·S. 高特林. 运动损伤的预防、治疗与恢复［M］. 高旦潇译. 北京：人民邮电出版社，2017.
[9] 中国红十字会总会. 救护员指南［M］. 北京：社会科学文献出版社，2016.
[10] 赵斌. 体育保健康复指南［M］. 北京：人民卫生出版社，2020.
[11] 张钧，张蕴琨. 运动营养学［M］. 3版. 北京：高等教育出版社，2022.
[12] 保罗·杰克逊·曼斯菲尔德，唐纳德·A. 诺依曼. 基础肌动学［M］. 3版. 祁奇，陆佳妮译. 北京：北京科学技术出版社，2022.
[13] 李世昌. 运动解剖学［M］. 3版. 北京：高等教育出版社，2015.
[14] 查德·斯塔奇，沙拉·D. 布朗. 骨科与运动损伤检查手册［M］. 3版. 朱伟，龙绍华，盛伟译. 天津：天津科技翻译出版有限公司，2018.
[15] 莫琳·拉芬斯珀格. 运动损伤的评估与康复训练全书［M］. 汪皓男，陈铮威，杨璐铭译. 北京：人民邮电出版社，2023.
[16] 美国运动医学学会. ACSM运动测试与运动处方指南［M］. 10版. 王正珍译. 北京：北京体育大学出版社，2019.
[17] 贺小桦，陈方灿. 功能性贴扎技术［M］. 北京：电子工业出版社，2019.
[18] 戴维·H. 佩林. 运动贴扎与包扎［M］. 3版. 任玉红译. 北京：人民邮电出版社，2018.
[19] 简·约翰逊. 体态评估操作指南［M］. 陈方灿，姜昊妍译. 天津：天津科技翻译出版有限公司，2017.
[20] 凯蒂·鲍曼. 腹直肌分离修复计划［M］. 李哲，庞炜，林科宇译. 北京：电子工业出版社，2022.